심리상담사를 위한

비언어적 의사소통 기술

노남숙 · 음혜영 · 이형선 · 손유라 · 박희연 · 김미미 공저

Nonverbal Communication Skills for Psychotherapists

학지사

추천사

이 책은 놀이상담사뿐 아니라 심리상담사가 갖추어야 할 매우 중요한 비언어적 의사소통 기술을 다양한 접근 방식 안에서 다루었다는 점에서 큰 의미를 가지고 있습니다. 이 책은 아동에서부터 노인에 이르기까지 그들의 심리정서적 어려움을 도울 수 있는 데 큰 기여를 할 수 있을 것으로 기대합니다.

—선우현(명지대학교 통합치료대학원 아동심리치료학과 주임교수,
선우가족놀이치료센터 소장)

이 책은 비언어적인 의사소통 기술을 통해서 언어 기반 정신치료의 한계를 넘어서서 내담자의 감정이나 생각을 표현하는 데 큰 도움을 주는 내용으로 가득합니다. 또 PSYCHE—SOMA의 반응을 살피며, 상담사와 내담자 간의 현존을 통한 연결이 내담자 변화 경험을 도와주는 신체 예술적 접근으로서 큰 통찰을 주고 있습니다. 이 시대에 꼭 필요한 책을 써 주신 노남숙 교수님과 공저자분들의 노고에 감사드립니다.

—이승민(이승민정신건강의학과의원 원장, 한국임상예술학회 학술이사)

이 책은 비언어적 의사소통의 실제와 원리를 충실하게 설명하며 심리상담 현장에서 실질적으로 적용할 수 있는 다양한 기법과 더불어 창의적으로 응용할 수 있는 구체적인 가이드를 체계적으로 정리하였습니다. 이는 상담사들이 실질적으로 직면하는 과제를 해결하는 데 필요한 깊이와 통찰을 담고 있습니다.

또한 제1장 AEDP를 기반으로 하는 비언어적 의사소통의 새로운 장을 열면서, 다양한 비언어적 의사소통 기술을 설명함으로써 그 진수를 경험할 수 있는 귀중

한 안내서입니다. 현시대, 트라우마와 상처의 한가운데 있는 우리들에게 비언어적 의사소통의 중요함을 알리고 심리상담 분야의 실천가들이 풍부한 상담적 역량을 개발하는 데 있어서 경종을 울리는 길잡이가 될 것입니다.

—임나영(가천대학교 교수, (사)한국예술치료 학회장)

상담 현장에서 내담자뿐 아니라 상담사에게 있어서도 비언어적 소통에 대해 스스로 인식하고 이를 다루는 일은 가장 본질적인 측면임에 대해서 누누이 강조되어 왔습니다. 그럼에도 이를 어떻게 다루어야 하는지에 대해서는 충분히 배우지 못했던 점도 있었던 것 같습니다. 이 책의 공저자분들은 현장 경험의 풍부함과 함께 이론적으로도 잘 이해될 수 있도록 비언어적 의사소통의 다양한 기술과 기법을 보여 주고 있습니다. 이 책을 읽고 적용함으로써 마음을 열고 내면을 다루는 모든 작업이 훨씬 더 풍부하게 이루어질 것을 진심으로 기대해 보며, 모든 상담사가 이 경험을 더 많이 해 보길 바랍니다.

—전명희(한동대학교 상담심리사회복지학부 교수, 한국 AEDP 상담연구회장)

의사소통 연구가 겸, 가족치료사 Watzlawick은 모든 것에 의미가 있다고 하였습니다. 상담은 소통의 과정이며 이러한 소통에는 언어적 또는 비언어적 과정이 있습니다.

침묵도 상담 과정에서는 소통의 의미를 가지며, 그 의미를 파악하고 활용하는 것이 상담의 성공을 위해 중요합니다. 상담사는 상담 과정에서 언어적 소통만이 아닌 비언어적 소통의 기술을 적절히 활용할 수 있어야 합니다.

이러한 맥락에서 이 책은 상담사를 교육시키고 훈련시키는 데 의미 있는 자료가 될 것입니다. 비언어적 소통의 기술을 잘 정리해서 상담사들이 비언어적 기술을 한눈에 정리할 수 있게 한 것도 훌륭합니다.

이 책은 상담을 막 시작한 새내기 상담사와 더불어 비언어적 소통의 기술을 정리하고 싶은 상담사들에게 많은 도움을 줄 것입니다.

—최광현(한세대학교 심리상담대학원 교수, 트라우마가족치료연구소 소장)

머리말

이 책은 인간의 발달적 측면에서 의사소통의 중요성을 기본 바탕으로, 특히 그 중에서도 비언어적 의사소통과 효과적으로 활용할 수 있는 비언어적 의사소통 기술에 관한 실제적인 접근을 널리 알리기 위한 목적에서 저술하게 되었다.

이 책의 공동 저자들인 명지대학교 심리재활학 놀이치료 전공 박사과정 학생분들은 현재 놀이상담 전문가로서 현장에서 다양한 대상의 내담자들을 만나면서, 내담자와 그들 부모님과의 소통을 위한 비언어적 의사소통 기술에 관한 교재가 필요함을 절실히 느끼고 있었다. 그러나 이제까지는 의사소통에 대하여 다룬 기본서는 있었지만, 심리상담사들을 위한 맞춤형 비언어적 의사소통 기술에 관련된 교재는 찾아볼 수가 없었다. 특히 대표 저자인 본인이 박사과정 수업인 '비언어적 의사소통 기술'이라는 교과목을 개설하고 강의계획서를 준비하던 중, 관련 서적을 찾아보았으나 비언어적 의사소통에 대하여 다루고 있는 적절한 교재가 마땅치 않아 외국 자료들과 논문들을 활용할 수밖에 없었다.

이에 놀이치료 전공 박사과정 학생들과 수업을 한 학기 진행한 후, 기본 수업자료들과 학생들의 피드백을 통합하여 비언어적 의사소통 기술 관련 주요 테마를 다시 정하고 이론과 실제 부분을 정리하는 주교재를 공동 집필하기로 하였다. 하지만 이렇게 교재를 만들겠다는 강한 동기가 있음에도 불구하고, 여러 사정으로 인하여 시간이 지체되면서 마음의 짐이 늘어 가게 되었다. 지금도 부족함이 많아 계속 회피하고 싶은 마음이 올라오지만, 심리상담사들에게 있어서 언어적 의사소통 기술만큼이나 비언어적 의사소통 기술 적용이 너무나 중요하기에, 이 책을 저술하게 되었다. 부끄럽지만 이 책을 통하여 그동안 비언어적 의사소통 기술에 관련된 기본서나 개관서 등이 없어서 어려움을 겪고 있는 심리상담사들이 임상 현장에서의 실제적인 적용을 통해 함께 성장하기를 바라는 까닭이다.

책은 총 6개 장으로 구성되었다. 제1장은 비언어적 의사소통 기술과 실제: AEDP(속성경험적 역동심리치료)를 기반으로, 제2장은 신체활동을 통한 비언어적 의사소통 기술, 제3장은 요가 놀이를 통한 비언어적 의사소통 기술, 제4장은 그림책을 활용한 비언어적 의사소통 기술, 제5장은 인형(figure)을 활용한 비언어적 의사소통 기술, 제6장은 퍼펫(puppet)을 활용한 비언어적 의사소통 기술로 구성하였다.

이 책이 나오기까지 도움을 주신 여러분께 감사의 인사를 전한다. 계속되는 수정 작업에도 불구하고 이 책이 나오도록 늘 격려하며 지지해 주신 학지사 김진환 사장님, 세심하게 교정 과정을 진행해 준 편집부 박지영 과장님, 임상 현장과 학업 수행으로 너무나 바쁨에도 집필을 함께해 주신 공동 저자들에게 고마움을 한가득 전하고 싶다.

이 책을 통해 심리상담사들이 자신감을 가지고 비언어적 의사소통 기술에 대하여 적용하고 확장하여 연구하기를 기대한다. 독자분들의 어떠한 피드백도 늘 귀 기울여 들을 준비가 되어 있으며 독자분들과의 적극적인 소통으로 다음에도 더 의미 있는 교재를 발간할 수 있기를 바란다.

2025년 9월 서울 양재천에서
대표 저자 노남숙

차례

제4장 그림책 • 163

손유라

제5장 인형 치료 • 213

박희연

제 1 장

심리상담사를 위한 비언어적 의사소통 기술과 실제:

AEDP(속성경험적 역동심리치료)를 기반으로

노남숙

삶을 살아가면서 여러분은 다른 이들과 교류하는 상호작용에 대하여 생각해 본 적이 있는가? 우리는 매일매일 나 자신, 그리고 가족, 내 주변의 지인, 더 나아가서 새로운 사람들과 소통하면서 살아가고 있다. 이에 원활한 의사소통을 위하여 우리는 언어적 의사소통과 비언어적 의사소통을 함께 활용하면서 타인과 관계 맺기를 하고 있다.

심리치료는 언어적 의사소통과 비언어적 의사소통을 통하여 인간 행동이 변화되기를 추구하는 인간관계이다. 심리상담사가 내담자의 비언어적 의사소통을 잘 관찰한다면, 내담자의 이야기를 보다 더 이해할 수 있으며, 비언어적 의사소통은 심리상담사 자신의 삶에 대한 의미 있고 진정성 있는 태도를 나타내는 데 보조적 역할로 기여할 수 있다.

특별히 이 장을 읽으면서 심리상담사인 여러분들이 비언어적 의사소통 기술에 매력을 느끼게 될 것을 기대하며 비언어적 의사소통에 대하여 이야기해 보고자 한다.

1. 비언어적 의사소통

1) 비언어적 의사소통의 정의

상담학 사전에서 비언어적 의사소통은 언어가 포함되지 않은 신체언어(자세나 몸짓, 의상, 인상, 표정) 등으로 상호작용을 하는 방식이라고 요약한다(김춘경, 이윤주, 정종진, 2016).

단순하게 용어를 정의하자면, non은 '아님'의 의미이며, verbal은 말의 의미로, 비언어적 의사소통은 '말로 하지 않는 의사소통'이다(Adler & Proctor II, 2021). 하지만 문자를 직접 정의하는 것이 여기에서는 도움이 되지 않으며, 이에 보다 명확한 정의를 하는 것이 필요하다.

우리가 타인과 소통할 때 메시지의 65% 정도가 비언어적 행동으로 전해진다. 이에 '비언어적 의사소통'은 '비언어적 방법으로 나타나는 메시지'이며, 이런 정의를 통해 네 가지 차원을 포함할 수 있다. 첫째, 언어를 함께 하지 않는 소리(예: 웃음, 한숨, 헛기침, 소음)로 전달되는 메시지, 둘째, 말의 비언어적 차원(목소리 톤, 속도, 높이, 크기)에 관한 분석, 셋째, 신체적 외모, 의사소통 환경, 사는 곳의 가까움과 멀리 있음, 시간 사용 방법 등의 추상적인 차원, 넷째, 신체언어와 몸짓, 표정과 눈의 접촉이다(Adler & Proctor II, 2021). 이와 같이 비언어적 의사소통은 몸의 움직임, 음성적인 특징, 접촉, 외모, 물리적 공간과 환경, 시간 등의 비언어적 수단으로 표현된 메시지이다.

2) 비언어적 의사소통의 특징과 기능

(1) 비언어적 의사소통의 특징

비언어적 의사소통은 내 생각과 감정 등을 나타내는 것에 어려움이 있거나, 감정을 자연스럽게 잘 표현하지 못한 경우에 큰 도움이 될 수 있다. 이처럼 비언어적 의사소통은 의사소통의 주요한 방법이며, 효과적인 의사 전달, 전달하고 싶은 의미를 표현의 강약에 맞추어 수위를 조절하고 다양한 환경 상황에 따라 해석이 달라질 수 있고 그 의미도 달라질 수 있다. 또 집단에서 용납되는 규칙을 따르기 때문에 비언어적 의사소통은 신뢰할 수 있는 의사소통 수단으로 인식되고 있다(강진령, 2016).

Ron Adler와 Russ Proctor(2021)는 비언어적 의사소통에 있어서 다섯 가지 특징을 언급하였다. 첫째, 비언어적 의사소통 기술은 필수적이고, 둘째, 모든 행동은 의사소통의 가치를 지니고 있으며, 셋째, 비언어적 의사소통은 기본적으로 관계에 기초한다. 넷째, 비언어적 의사소통은 속임에 대한 단서를 제공하고, 다섯째, 비언어적 의사소통은 모호하다.

또 강진령(2016)도 비언어적 의사소통에 대하여 다음의 다섯 가지 특징을 설명하였다. 첫째, 비언어적 의사소통은 여러 비언어적인 요소가 동시에 여기저기에서 활용되는 것으로 다중채널이다. 둘째, 의식의 조절을 조금 적게 받고 이에 비하여 무의식적으로 표현되는 경향이 있는 자발성이 있고, 셋째, 언어 행동과 비교 시 의미가 명확하지 않고 애매모호할 때가 있어서 불명료성이 있다. 넷째, 문화 및 성별 차이로 인한 의미의 변화가 있기 때문에 문화적 차이가 있으며, 다섯째, 언어 행동과 일치되지 않을 때, 모순이 되는 경우가 있다.

(2) 비언어적 의사소통의 기능

비언어적 의사소통의 기능에 대하여 설명하기에 앞서, 먼저 언어적 의사소통과 비언어적 의사소통이 의사소통 행위의 모든 것에 있어서 함께 연결되는 중요 구성요소임을 인식하는 것이 매우 중요하다. 또한 언어적 의사소통과 비언어적 의사소통이 어떠한 차이가 있는지를 살펴보는 것은 의미 있는 일이다. 이에 언어적 의사소통과 비언어적 의사소통의 차이점을 다섯 가지로 설명하고자 한다.

첫째, 다양성의 측면에서 언어적 의사소통은 말로만 전달되는 1차원이다. 이에 비해 비언어적 의사소통은 목소리, 자세, 몸짓, 거리 등의 다차원이다.

둘째, 흐름의 측면에서 언어적 의사소통은 말하기와 침묵이 번갈아 가면서 나타나는 간헐적 형태이다. 이에 비해 비언어적 의사소통은 비언어적으로 의사소통을 하지 않는 것이 불가능한 것으로 연속적이다.

셋째, 명료성의 측면에서 언어적 의사소통은 해석할 때 오류가 적은 편이다. 이에 비해 비언어적 의사소통은 모호한 편이다.

넷째, 영향의 측면에서 언어적 의사소통은 언어와 비언어 단서가 모순될 때 영향력은 감소한다. 이에 비해 비언어적 의사소통은 언어와 비언어 단서가 모순될 때 영향력은 증가한다.

다섯째, 의도성의 측면에서 언어적 의사소통은 의도적인 것이 일반적이다. 이에 비해 비언어적 의사소통은 때때로 비의도적이다(Adler & Proctor II, 2021).

구체적으로 살펴보면 비언어적 의사소통은 〈표 1-1〉에 제시된 반복하기, 보완하기, 대치하기, 강조하기, 조절하기, 모순과 같은 기능을 사용하며 각각의 예시를 살펴볼 수 있다.

표 1-1 비언어적 의사소통 기능과 구체적 예시

기능	예시
반복하기	"안녕. 잘 가."라고 말하면서 양손을 흔들면서 인사
보완하기	"진짜 감사합니다."라고 말할 때의 진솔한 표정과 목소리 톤
대치하기	"아 정말?"이라고 하면서 한숨을 쉬는 것
강조하기	"입 좀 다물어, 제발!"이라고 말하면서 비난이 가득 찬 손가락질을 하는 것
조절하기	머리를 끄덕끄덕하기('당신의 말을 이해합니다'라는 의미 전달)
모순	아빠와 아들이 얼굴이 발개지면서 막 소리를 지르는 갈등 상황에서 "내가 너를 얼마나 사랑하는데, 나는 너를 사랑해."라고 계속 찬사의 말을 하는 것

출처: Adler & Proctor II (2021), pp. 275-276을 수정하여 표로 정리함.

3) 비언어적 의사소통의 유형, 요소, 분류

(1) 비언어적 의사소통의 유형

비언어적 의사소통의 여러 가지 방식을 알아보면 다음의 일곱 가지 영역으로 구분할 수 있다.

첫째, 몸의 움직임은 몸의 방향, 자세, 몸짓(몸동작, 상징적 동작, 적응 행동), 표정, 눈의 접촉(개입의 신호, 접촉의 신호, 긍정적 태도나 부정적 태도) 등이 포함된다.

둘째, 목소리는 비언어적 의사소통에서 매우 중요한 요소이다. 목소리의 톤, 속도, 음높이, 크기, 정지(비의도적 정지, 음성화된 정지) 등을 통하여 부언어적으로 의사소통하는 다양한 방법이 있다.

셋째, 접촉이다. 촉각이라는 것과 연결되며, 접촉은 타인에 대한 우리의 반응 결정 시 매우 중요한 역할을 한다. 실제 상담 현장에서도 심리상담사와 내담자 사이의 접촉이 여러 가지이며 긍정적 변화를 가져오는 가능성이 있음을 보여 주는 연구 결과들이 있다.

넷째, 외모에는 신체적 매력과 의복적 차원이 있다.

다섯째, 물리적 공간에는 거리(친밀한 거리, 개인적 거리, 사회적 거리, 공적 거리)와 영역(움직이지 않고 고정된 것들)이 포함된다.

여섯째, 물리적 환경에는 의사소통 관련, 물리적 환경과 실내 디자인, 건축 등이 있어 여러 영향을 미친다.

일곱째, 시간을 다루는 방법으로 의도적인 메시지, 비의도적 메시지가 다 포함된다. 시간은 힘(파워), 계급의 상징, 동시에 관계의 상징성도 보여 준다.

앞에 언급한 비언어적 의사소통 유형 일곱 가지를 자세하게 기술한 것은 〈표 1-2〉와 같다.

표 1-2 비언어적 의사소통 유형

비언어적 의사소통 유형	설명	
	내용	설명
몸의 움직임	몸의 방향 (body orientation)	• 우리의 몸, 발, 머리가 다른 사람에게 향하는가 또는 피하는가에 대한 정도 • 규칙: 타인을 똑바로 마주 보는 것은 관심이 있다는 의미, 얼굴을 돌려 버리는 것은 개입하지 않겠다는 신호
	자세 (posture)	• 나의 감정 상태를 나의 신체 자세와 연결하는 표현도 많음 –예: 나는 삶의 무게를 등에 한가득 짊어지고 살아간다, 그는 며칠 동안 이번 프로젝트에 주저앉아 있다. • 감정을 이해할 수 있는 자세: 긴장(사회적 지위가 어떠한지 알 수 있음)과 이완 –예: 높은 지위인 사람의 자세와 낮은 지위 사람의 자세
	몸짓	• 몸동작: 말을 할 때 함께 하는 움직임으로 홀로 존재 못함 –예: 북미인들은 감정적 각성 시 몸동작을 더 많이 사용함 • 상징적 동작: 정확한 의미가 있는 의도적인 비언어적 행동 –예: 머리 끄덕이기는 오케이, 손을 흔드는 동작은 안녕 * 엄지척은 문화적 차이가 있음: 미국에서는 오케이, 이라크에서는 음흉한 동작으로 봄 • 적응 행동: 환경과의 반응으로 표현된 무의식적 신체 움직임, 많은 몸짓과 적은 몸짓 모두 혼합된 메시지의 내비게이션 –예: 날이 쌀쌀할 때 팔짱을 끼는 것, 만지작거림이 때로는 불편 신호, 편안할 때 등 다양한 의미 * 주의 깊은 관찰자: 몸짓의 감소와 증가, 이를 잘 살피는 것

<table>
<tr><td rowspan="2">몸의 움직임</td><td>얼굴 표정</td><td>• 얼굴을 주의 깊게 잘 관찰하면서 단서를 찾아낼 수 있음
• 감정을 알아차리는 방법은 첫째, 사실보다 과하게 과장된 표정을 찾기, 둘째, 타인이 겉모습에 신경을 안 쓸 때 그 타인의 표정을 잘 관찰하는 것</td></tr>
<tr><td>눈의 접촉</td><td>• 함께 쳐다본다면 이는 개입의 신호
• 눈을 회피한다면 이는 접촉 회피의 신호
• 눈을 통한 메시지로 긍정적 태도와 부정적 태도 표현
• 지배와 복종의 메시지를 표현할 수 있음</td></tr>
<tr><td rowspan="3">목소리</td><td>내용</td><td>설명</td></tr>
<tr><td>부언어</td><td>• 목소리의 톤, 속도, 음높이, 크기, 정지 등으로 부언어적인 의사소통 방법이 많이 있음
• 부언어는 행동에 영향을 주고 말의 속도, 목소리의 강세와 어조에 따라 문장 의미가 달라질 수 있음
–예: 빈정대는 음성적인 뉘앙스 관련 잘못된 해석</td></tr>
<tr><td>정지</td><td>• 비의도적 정지: 언어 메시지를 전달하는 방법을 결정 전, 생각을 모으기 위해 멈추는 것
–예: 답변하기 어려운 질문을 받은 다음, 오랜 시간 정지하고 있는 것은 체면을 세우기 위한 대답을 나름 찾고 만드는 시간 확보
• 음성화된 정지: ‘음’ ‘아’ ‘어’ 등의 말을 더듬거나 “좋아요.” “아시죠?” 이런 말을 계속 빈번하게 사용함
–예: 본 연구자의 유튜브 동영상에서 이런 음성화된 정지가 많음을 확인함. 이것은 전문적 이미지에 도움을 주지 못한다는 피드백을 지인으로부터 받은 경험이 있음</td></tr>
<tr><td>접촉</td><td colspan="2">• 접촉은 복잡한 비언어적인 메시지임
• 접촉은 다른 사람에 대한 우리 자신의 반응을 결정할 때 강력한 역할을 함
• 접촉 장점: 의학, 건강, 사회복지, 심리치료, 학교, 스포츠 영역 등 나타남
• 문화적으로 허용이 되어야 함
• 적당한 접촉이 의미가 있음</td></tr>
<tr><td rowspan="3">외모</td><td>내용</td><td>설명</td></tr>
<tr><td>신체적 매력</td><td>• 사회적 이득, 삶의 초기부터 신체적 매력의 영향력 발휘됨
• 자세, 몸짓, 얼굴 표정, 여러 행동: 매력을 증가시킴</td></tr>
<tr><td>의복</td><td>• 의복은 다음 메시지를 전달함
–경제적 특성과 수준, 교육 배경과 수준, 교양수준과 성공수준, 도덕적 특이상황, 사회적인 배경, 신용 관련</td></tr>
</table>

<table>
<tr><td rowspan="3">물리적 공간</td><td>내용</td><td>설명</td></tr>
<tr><td>거리</td><td>• 네 가지 거리
–친밀한 거리: 피부가 닿는 거리부터 18인치까지의 거리
–개인적 거리: 18인치에서 4피트까지
–사회적 거리: 4~12피트까지
–공적 거리: 12피트가 넘어섬. 25피트 이상의 거리
• 최적의 거리 선택: 타인에 대한 생각과 반응에 영향을 줌</td></tr>
<tr><td>영역</td><td>• 움직이지 않고 고정됨
–예: 우리 권리 소유의 물리적 공간, 내 방, 내 집, 내 일터 등</td></tr>
<tr><td>물리적 환경</td><td colspan="2">• 물리적 환경, 실내디자인, 건축: 의사소통에 영향을 미침
• 주변 환경에 관한 정보를 서로 주고받는 것은 상호작용 형성에 도움이 됨
–예: 병원 입원실의 포개져 있던 의자들을 테이블 옆에 놓으니 환자들 사이의 대화가 늘어나고 서로 얼굴을 마주 보게 되었음</td></tr>
<tr><td>시간</td><td colspan="2">• 빠르고 신속한 답변을 준다면 긍정적인 평가
• 느리고 부정적인 답변의 경우 신뢰와 전문성에 부정적 영향을 줌</td></tr>
</table>

출처: Adler & Proctor II (2021), pp. 285-303을 수정하여 표로 정리함.

(2) 비언어적 의사소통의 요소

『상담학 사전』(김춘경 외, 2016)에서의 비언어적 의사소통의 요소와 그에 대한 설명은 〈표 1-3〉과 같다.

표 1-3 비언어적 의사소통 요소

비언어적 의사소통의 요소	설명
신체언어	• 인간과 인간 사이의 상호작용에 표현되는 몸동작을 의미함 • 몸짓, 자세, 눈 맞추기, 고개 끄덕이기, 악수, 미소 등을 포함 • 감정 표현 관련 가장 의미 있는 비언어적 의사소통 도구는 얼굴
공간적 행위	• 사람과 사람들이 보편적인 일상 삶 속의 신체적 접촉에서 공간적 거리를 어찌 유지하고 공간적 거리에 의미를 어찌 가지는가? • 실제 건물 및 도시에서 공간 구성과 배열에 의미를 어찌 가지는가?

준언어	• 공식적 언어가 아닌 인간이 내는 다양한 소리를 의미함 • 소리를 내는 인간의 개성, 감정, 듣는 이의 이해와 소통에도 영향을 주므로 상대방의 능력과 사회적인 면도 파악 가능함
신체적 외양	• 인간들이 서로 의사소통을 할 때 나타나는 중요한 비언어적 요소임 • 신체적 매력, 두발, 의상 등

(3) 비언어적 의사소통과 연결된 비언어 행동의 분류

다음과 같이 비언어적 의사소통을 비언어 행동과 연결하여 분류해 볼 수도 있다. 심리치료의 실제적인 적용 측면에서 비언어 행동을 분류하여 동작성, 근접성, 준언어의 범주에 대하여 살펴보겠다.

첫째, 동작성은 신체언어로서, 신체언어 요인에 의하여 전달된 메시지와 연관된 영역이다. 세부적으로는 얼굴 표정, 시선 접촉, 눈물, 머리 움직임, 신체 동작, 자세, 비언어 행동에 대한 태도 이해, 용모(내담자에 대한 정보 제공, 심리상담사도 자신의 역할에 잘 맞는 복장을 갖추도록 함) 등이다.

둘째, 근접성은 사회적 거리, 개인적-사회적 공감 또는 영역에 관한 소통과 관련된 조작을 표현한다. 예로는 내담자가 안전감을 유지하기 위하여 심리상담사와 두고 싶은 적절한 거리를 의미한다.

셋째, 준언어는 언어적 표현과 거의 유사한 의미로 '어떻게 말하는가?'와 연관이 있다. 이 세부 영역에는 억양, 말의 속도, 말의 패턴, 말의 유창성이 포함된다.

보다 명확한 이해를 위하여 비언어 행동 분류를 동작성, 근접성, 준언어의 세 가지 차원으로 〈표 1-4〉를 통하여 설명하고자 한다.

표 1-4 비언어 행동 분류

비언어 행동 분류	설명	
	내용	메시지 설명
동작성	얼굴 표정	• 부드러운 표정: 사려 깊은 태도 • 꽉 다물어진 입술: 집중, 분노, 스트레스
	시선 접촉	• 접촉의 유지: 신뢰, 안전, 평안, 관심 가짐
	눈물	• 정서를 보여 주는 내비게이션
	머리 움직임	• 상하 끄덕끄덕: 동의, 잘 듣고 있음, 긍정적인 관심 • 고개의 숙임: 무기력이나 패배감, 슬픔이나 우울
	신체 동작	• 팔짱 끼기: 접촉 거부, 자신에 대한 방어, 거부감 • 움직임이 잦음: 지루함, 혼란, 피로감, 짜증이 남
	자세	• 뒤로 젖혀짐: 무관심, 인정 못하거나 거부, 무시함 • 어깨가 축 처져 있고 힘 거의 없음: 우울과 무기력
	비언어 행동의 태도 이해	• 부드럽고 따스한 표정 응시: 깊이 생각해 보는 태도 • 의자에 몸을 깊게 구부려 앉은 태도: 거부적 태도
	용모	• 인상, 몸무게, 키, 피부색, 헤어스타일, 옷 스타일, 건강–위생 정도, 문신–흉터, 신체적 어려움의 여부 등
근접성	심리상담에 영향을 주는 근접성: 상담실의 크기, 의자의 위치, 접촉, 심리상담사와 내담자 간의 거리 등	
준언어	억양	• 음성의 높낮이는 내담자의 주제에 관한 관심과 감정 상태를 알 수 있는 지표 역할
	말의 속도	• 문화 배경 혹은 지리적 환경에 의해 달라짐
	말의 패턴	• 순간의 침묵, 빠른 말, 빠른 속도의 생각 표현, 지역 특성과 민족 배경에 의한 억양, 말을 방해하는 부서진 음성, 한숨 등의 표현 방식 측면
	말의 유창성	• 특별한 주제 또는 화제와 연관된 스토리 흐름 정도

출처: 강진령(2016), pp. 67-72을 수정하여 표로 정리함.

2. 심리상담사를 위한 비언어적 의사소통 기술

1) 심리상담사의 비언어적 의사소통 반응–비언어 행동

심리상담사가 내담자와 상호작용을 하는 비언어적 의사소통 반응은 내담자와 심리상담사 서로에게 큰 영향을 주고받게 한다. 심리상담사가 보여 주는 비언어 행동들은 치료 과정을 때로는 긍정적으로 이끌 때도 있지만, 부정적인 영향을 줄 수도 있다.

심리상담사가 가지고 있는 비언어 행동 13가지에 대한 긍정적인 부분과 부정적인 부분을 보다 자세하게 살펴보면 다음과 같다.

첫째, 공간이 팔 길이 정도의 공간이라면 긍정적이고, 너무 멀거나 너무 가깝다면 부정적이다.

둘째, 동작이 지향이라면 긍정적이고, 지양이라면 부정적이다.

셋째, 자세가 이완되고 약간 앞으로 숙여서 집중한다면 긍정적이고, 구부정하거나 굳었거나 뒤로 접힌다면 부정적이다.

넷째, 시선 접촉이 규칙적으로 유지된다면 긍정적이고, 결여되거나 적대적이거나 초조하다면 부정적이다.

다섯째, 시간에 있어 즉각적으로 반응한다면 긍정적이고, 급하게 서두르는 듯하면 부정적이다.

여섯째, 발과 다리가 시선을 별로 끌지 않으면 긍정적이고, 내담자와의 거리를 유지한다면 부정적이다.

일곱째, 가구가 주의집중을 돕는다면 긍정적이고, 주의집중을 돕지 못한다면 부정적이다.

여덟째, 얼굴 표정이 감정과 일치한다면 긍정적이고, 감정과 일치하지 않다면 부정적이다.

아홉째, 제스처가 언어적 표현을 더 돋보이게 한다면 긍정적이고, 언어적 표현과 반대라면 부정적이다.

열째, 버릇이 없거나 시선을 끌지 않으면 긍정적이고, 버릇이 확실해서 산만하다면 부정적이다.

열한째, 목소리 크기에 있어 목소리가 확실히 잘 들리면 긍정적이고, 목소리 크기가 너무 작거나 크다면 부정적이다.

열두째, 목소리 속도가 평균이거나 조금 느리다면 긍정적이고, 속도가 너무 빠르거나 너무 느리다면 부정적이다.

열셋째, 에너지 수준에 있어 오랜 시간 동안의 대화 시 집중하면서 안정적이라면 긍정적이고, 안절부절못하거나 졸리는 듯하다면 부정적이다(강진령, 2016).

심리상담사인 당신이 앞에 언급한 13가지 비언어 행동을 어떻게 사용하고 있는지 점검해 본다면 내담자와의 상호 소통에 도움이 많이 될 것이다. 또한 심리치료에서 내담자의 자세와 비언어 행동에 함께 맞추어 주는 것은 라포 형성에도 큰 도움을 줄 수 있다. 예를 들어, 내담자가 다리를 벌리고 어깨를 펴고 평안하고 이완된 자세로 앉아 있으면, 심리상담사는 내담자의 이것과 비슷한 자세를 취하는 것이다. 이와 같이 심리상담사가 내담자의 비언어 행동 패턴을 잘 관찰하고 반영해 주며 함께 맞추어 가면 치료의 효과는 강력해질 수 있다.

2) 심리상담사의 비언어 행동 관련 지침

유능한 심리상담사로서 성장하기 위하여, 참고해야 할 비언어 행동 지침은 다음과 같다.

비언어 행동인 '시선'의 경우, 심리상담사가 내담자에게 집중하면서 온화한 시선을 보인다는 것은 지속적인 반응을 하면서 잘 듣고 있음을 표현하는 것이며 또한 내담자의 문화적 특성에 부드럽고 적절한 반응을 보여 주는 것이다.

비언어 행동인 '자세'의 경우, 심리상담사가 편안하며 자연스럽게 관심을 보이는 포즈를 취하면서 여유 있게 자연스러운 제스처를 사용한다면 이는 내담자에게

표 1-5 SOLER 약자 설명표

SOLER	내담자를 위하여 심리상담사가 해야 하는 주의집중 지침의 첫 번째 글자들
S(sit squarely)	내담자를 향하여 똑바로 마주 앉기
O(open posture)	마음을 여는 자세
L(lean toward the client)	조금 앞쪽으로 기울여진 자세 취하기
E(maintain eye contact)	시선 접촉 유지하기
R(relaxed)	이완하기

안정적인 심리적 공간을 제공하는 역할을 하는 것이다. 또한 심리상담사의 얼굴 표정의 경우, 논의 주제와 어울리는 표정을 짓는 것도 매우 중요하다.

Egan(2013)은 심리치료 과정에서 내담자에게 온전히 집중하는 심리상담사가 되기 위한 특별 지침을 〈표 1-5〉와 같이 약자 SOLER로 제시하고 있다.

(1) 내담자의 비언어 행동에 대한 치료적 개입

상담 장면에서 내담자는 다양한 비언어 행동을 보여 주고 있다. 이에 대한 심리상담사의 구체적인 치료적 개입을 위해서는 다음의 지침을 활용하길 바란다.

표 1-6 내담자의 비언어 행동에 대한 심리상담사의 참고 지침

첫째, 내담자가 하는 언어 행동과 비언어 행동의 일치도에 집중하라. 둘째, 내담자가 하는 언어적 메시지와 비언어적 메시지의 불일치도에 관심을 가지고 반응하라. 셋째, 내담자가 조용히 침묵한다면, 그때 내담자의 비언어 행동에 관하여 관심을 가지고 반응하라. 넷째, 심리상담사가 심리치료의 주제를 변화시키고자 한다면 내담자의 비언어 행동에 초점을 맞춰라. 다섯째, 특별한 치료 회기, 시리즈로서의 치료 회기 중 내담자가 비언어 행동의 변화가 있다면, 이에 집중하라.

출처: 강진령(2016), p. 75을 수정하여 표로 정리함.

(2) 심리상담사를 위한 효과적인 개입 관련 비언어 행동

심리상담사인 당신이 내담자의 비언어 행동에 대한 개입 시 다음과 같이 구체적으로 내담자의 비언어 행동에 대하여 관찰한 바를 이야기하고 내담자의 의견을 듣는 것을 추천한다.

심리상담사인 당신이 이렇게 이야기하면 어떨까?

> 지금 당신(내담자)은 매우 힘든 주제라고 이야기하면서 눈에서 눈물이 핑 돌고, 한숨을 크게 쉬면서, 어깨를 내려뜨리고, 머리카락을 손가락으로 계속 쓸어 올리고 있네요. 제가 지금 말한 당신의 모습에 대하여 당신은 어떻게 생각하고 어떤 의미로 받아들이는지 궁금합니다.

앞의 예시와 같이 심리상담사가 내담자에게 이야기하기 위해서는 많은 비언어 행동에 대한 관찰 및 반영 연습이 이루어져야 한다. 이와 관련된 구체적인 샘플은 3절의 '5) 실제 사례'에서 다루고 있는, 본 연구자가 훈련받고 있는 AEDP(속성경험적 역동심리치료) 기반의 퍼펫(puppet)[1] 작업에서 상세히 소개하도록 하겠다.

다음으로, 심리상담사를 위한 효과적인 개입을 위해서 비언어 행동에 대하여 살펴보고자 한다. 비언어 행동의 경우 심리치료 효과성의 지표로 볼 수 있다. 이에 비언어적 반응에 대하여 설명하면 다음과 같다.

첫째, 비언어 행동들은 애매모호하므로, 이 행동을 명확하게 읽을 수 있음을 확신하는 것은 매우 위험하다. 또 비언어 행동을 정서 상태와 연결 지어서 이에 대한 반응으로 볼 수 있으나 때로는 비언어 행동을 통해 정서 상태가 일어날 수도 있다. 예로는 사람들에게 미소를 지어 보도록 요구했을 때 사람들은 더욱 좋은 기분이 된다고 이야기하기도 한다. 실제 본 연구자의 경우, 마치 내가 모델이 된 듯하게 모델 워킹을 하면 우울감은 사라지고 즐겁고 신나는 정서 상태로 변화됨을 경

1) 이후부터는 퍼펫으로만 기재하고자 한다.

험하곤 한다.

둘째, 비언어적 반응을 언어적 정서와 연관해서 살펴보면 다음과 같다. 예를 들어, 본 연구자가 심리상담사로서 자부심을 이야기하면서 내 자신의 행동을 관찰하면 어깨가 펴지고 당당하게 곧은 자세로 있게 된다. 또한 이때의 정서는 기쁨과 감사함이 올라온다. 이에 반해 만약 본인이 좌절감에 대하여 이야기할 때는 어깨를 늘어뜨리고 힘이 빠진 쭈그린 자세로 있게 된다. 이때의 정서적 경험은 내 속에서 슬픔이 느껴진다는 것이다. 이와 같이 언어적 정서의 표현이 비언어적 정서의 표현과 함께 상호 연결되었음을 알 수 있다.

앞의 두 가지 내용을 종합해 보면, 내담자의 비언어 행동이 심리치료 효과의 내비게이션이 될 수 있음을 알 수 있다. 예를 들어, 심리치료 초기, 예민하게 인상을 쓰면서 다리를 꼬고, 꼰 다리를 계속 떨면서 짜증을 내던 내담자가 회기가 진행되면서 이완된 편안한 자세와 웃는 표정, 그리고 여러 제스처를 하게 된다면 심리상담사는 어떻게 반응할 것인가? 이럴 때 심리상담사는 내담자의 비언어 행동과 그 변화에 대하여, 내담자가 충분히 그 순간에 머물고 그 행동 변화에 대한 고민, 그리고 이에 대하여 이야기할 수 있는 심리적 공간을 치료 시간 안에서 마련해 주어야 한다.

(3) 심리상담사를 위한 비언어적 의사소통의 실제 연습해 보기

심리상담사가 적절한 치료관계를 형성하기 위한 비언어적 의사소통 기술로서 실제 연습해 볼 수 있는 것은 무언 역할놀이 연습과 주의집중 기술 연습이다.

① 비언어적 의사소통 기술로서의 무언 역할놀이 연습

내담자와의 상담 장면을 다시 생각하고, 그 당시 실제처럼 행동해 보면서 배우는 연습 방법이다. 심리상담사들은 무언 역할놀이 연습을 통해 자기 자신에 대한 통찰과 성찰의 기회를 얻고, 새로운 비언어적 의사소통의 행동 양식을 개발할 수 있다.

표 1-7 무언 역할놀이 연습의 실제 예

- 구성원은 내담자 역할, 심리상담사의 역할, 관찰자 역할을 맡은 후 역할 교대를 함
- 중요한 규칙은 절대로 말을 하지 않으며 오직 행동과 몸짓으로만 역할놀이를 하는 것임
- 관찰자들은 역할놀이 연습 장면을 지켜보고 기록 및 동영상 촬영을 함
- 세 명의 심리상담사가 함께 동영상을 시청하고 심리상담사의 긍정적 행동 관련 이야기를 함
- 시간 구성은 10분 무언 역할놀이, 10분 동안 함께 동영상을 분석하면서 이야기를 나눔
- 더욱 효과적으로 증진할 수 있는 비언어 행동과 방법 등을 함께 제안함
- 토의 후에는 각각 짝을 지어서 무언 역할놀이 연습을 하고 학습한 내용을 다시 연습함

무언 역할놀이 연습에서 동료 심리상담사들과 나누는 피드백은 심리상담사 스스로 자신의 행동과 몸짓언어의 여러 측면을 살펴보면서 통찰과 성장의 귀한 시간이 될 수 있다. 무언 역할놀이 연습 피드백 양식은 다음과 같다.

첫째, 피드백 제공자로서 심리상담사들은 집중하고 자료를 확인한다.

둘째, 무언 역할놀이 연습 참여자들의 피드백을 서로 나눈다.

셋째, 무언 역할놀이 연습에 대한 피드백에서 나누는 질문들은 다음과 같다.

- 무언 역할놀이 연습을 관찰하면서 무엇을 보았는가?
- 무언 역할놀이 연습을 관찰하면서 무엇이 느껴졌는가?
- 이 상황을 다시 경험할 때 심리상담사인 나는 어떻게 다른 반응을 하고 싶은가?

넷째, 무언 역할놀이 연습에서 관찰한 긍정적인 행동이 무엇인지 서로 나눈다.

다섯째, 무언 역할놀이 수행을 향상하기 위한 제안을 함께 나눈다.

② 주의집중 기술 연습

내담자의 비언어 행동을 잘 보면서 관찰하는 기술 연습이다. 주의집중 기술은 내담자의 현재 경험 흐름을 집중하면서 잘 따라가 주는 기술이며, 상대방에게 어떤 일이 일어나고 있는가를 파악하기 위해서 지속적으로 계속 살펴보고 경청하는

표 1-8 워크시트 예시

- 비언어적 의사소통 기술에서의 연습 주제: 주의집중 기술
- 분담된 역할들: 심리상담사/내담자/관찰자
- 스토리는 무엇인가?
- 비언어적 행동 관찰 기록
- 경험에 대한 느낌을 서로 나누어 보기
- 역할 바꾸기: 세 명의 심리상담사가 세 가지 역할을 다 완료하면 마무리

기술이다.

주의집중 기술 연습의 실제 예는 다음과 같다.

첫째, 심리상담사들은 3인 1조가 되어 심리상담사, 내담자, 관찰자 역할을 정한다. 심리상담사 역할자와 내담자 역할자가 주의집중 기술 연습을 실시하고 이를 관찰자가 동영상으로 촬영한다.

둘째, 10분 정도 후, 심리상담사와 관찰자는 주의집중 기술을 가지고 내담자를 살피고 경청한 것에 대하여 논의한다.

셋째, 세 사람은 주의집중 기술 연습 경험에 대하여 함께 나눈다.

넷째, 세 가지 역할을 다 해 볼 때까지 연습을 반복한다.

이와 같이 비언어적 의사소통과 관련된 표현을 상담사가 잘 연습하고 꾸준히 실습을 한다면, 내담자를 보다 더 잘 이해할 수 있게 된다. Sanford(1994)는 비언어적 의사소통의 다양한 표현을 통하여 내담자를 보다 깊게 관찰할 수 있다고 설명하였다.

비언어적 의사소통을 연구한 O'Connor와 McDermott(2010)은 신체언어와 음성적 요소, 목소리 톤 등이 상대방이 얼마나 믿을 만한 사람인가에 대하여 인식된다고 하였다. 이에 만약 어떤 사람이 언어적 의사소통인 말과 비언어적 의사소통이 서로 일치되지 않고 다르다면 우리들은 비언어적 의사소통을 더욱 중요하게 생각한다고 하였다.

심리상담사가 내담자의 말에 집중하고 주의를 기울여 주며 내담자의 가치관을 존중하기 위하여 심리상담사는 내담자의 비언어적 의사소통 표현에 일치를 시키려고 노력해야 한다. 즉, 내담자의 신체적 행동(제스처, 자세, 몸의 위치와 방향), 시선, 목소리의 고저, 분위기를 일치하게 하는 것이다(최광현, 2014).

3. 심리상담사를 위한 비언어적 의사소통 기술의 실제: AEDP(속성경험적 역동심리치료)를 기반으로

본 연구자의 개인적 역사(history)를 밝히자면 첫아이를 출산 후 갑자기 온 산후 우울로 인하여 감정적 표현의 어려움이 있었을 때 퍼펫 만들기 작업을 통해 치유된 경험을 가지고 있다. 퍼펫이라는 매체를 통하여 나의 감정을 표현하고 자연스럽게 표출해 내는 과정을 통해 본 연구자는 진정한 치유의 기쁨을 느꼈다. 이와 같이 내 속의 막연한 어떠한 감정을 퍼펫 만들기 과정을 통하여 치유 포인트를 만난 것이다. 사실 '상담사'인 나의 페르소나는 늘 웃는 스마일 미소의 모습이지만, 나의 내면에는 어깨를 축 내리고 조용히 훌쩍훌쩍 울고 있는 피에로의 모습이 때때로 등장할 때도 있다.

몇 년 전부터 계속 공부하고 있는 AEDP(Accelerated Experiential Dynamic Psychotherapy, 속성경험적 역동심리치료)[2] 트레이닝 과정에서 AEDP의 비언어적 의사소통에 관련된 부분이 많아서 이에 큰 관심을 가지고 본 연구자는 AEDP와 퍼펫을 통합하여 의미 있는 작업을 진행하고 있다.

본 연구자의 슈퍼바이저인 Danny Yeung(2021)[3]은 'AEDP는 수정된 정서 경험을

2) 이후부터는 AEDP로 기재하고자 한다.

3) 정신건강의학과 전문의이자 University of Toronto 의과대학 교수이다. AEDP Institute의 Senior Faculty이며 International Development Chair로서 AEDP 심리상담사 훈련 및 슈퍼바이저로 활동 중이다.

통하여 치유가 가속화되는 것이며, 이러한 치유과정은 안전한 환경과 안정한 관계에서 일어나고 있음'을 밝히고 있다. 특히 '감정을 표현하고 경험한 것이 변화의 과정에서 나오고 AEDP는 심리상담사와 내담자가 공명하는 것이며, 퍼펫이 공명의 매체로서 활용될 수 있음'을 나의 치료사례 슈퍼비전을 통하여 설명하였다. Danny Yeung은 AEDP에서의 심상 작업을 통하여 퍼펫이 내담자의 내면 아이나, 어린 시절의 아이 부분에 접촉되는 것으로 보이며 내담자 내면에 존재하는 어린 시절 자기 자신을 의식화하면서 더 교류할 수 있게 된다고 언급하였다. 실제 AEDP에서의 심상 작업은 핵심 감정과 이것에 연결된 역동 작업을 격려하고 지지한다(Fosha, 2022). Danny Yeung은 내담자가 심상 작업 활동인 퍼펫 만들기 작업 과정에서 퍼펫을 따스하게 안고 있으면서, 동시에 AEDP 접근을 하는 본 심리상담사를 가깝게 느끼고 양육을 받으면서 '애착의 재형성과 재경험하는 안정 애착 프로세스를 경험할 수 있다'는 피드백을 하였다.

또 Danny Yeung은 트라우마와 연결하여 퍼펫 만들기 작업을 살펴보면 트라우마와 만날 수 있을지, 내면 아이 부분을 달래 줄 수 있는지, 그러면 어떤 결과물이 나올 것인지에 관한 호기심을 가지고 이 작업을 연구해 볼 가치가 있다고 언급하였다. 그리고 퍼펫 만들기 작업이 끝나고 나서 AEDP의 메타 프로세스(meta process) 부분으로 확인한다면 다음의 것을 명료화할 수 있다고 하였다. 즉, '내담자는 심리상담사와의 관계에서 퍼펫을 통해 애착을 강하게 형성하면서 안정감을 경험하고, 동시에 내담자 자신이 자기 스스로 만든 퍼펫과도 애착을 형성하는 이중 안정 애착을 경험할 수 있음'을 설명하였다.

이와 같이 Danny Yeung은 내담자가 안전한 관계 기반으로, 심리상담사뿐만 아니라 퍼펫과도 애착의 대상이 될 수 있으니 상호작용 프로세스를 해 보면 어떨지, 실험정신을 가지고 계속 도전하라고 격려해 주었다. 격려와 지지를 하면서 Danny Yeung은 언어적 의사소통뿐만 아니라 따스한 눈빛과 미소의 비언어적 의사소통을 통해 나에게 안정적인 공간 안에서의 평화와 감사를 경험하게 하였다. 그러면서 Danny Yeung은 다음과 같이 표현하였다.

> 퍼펫 작업은 창조적이며, 창조적인 것을 통해 내담자와 심리상담사는 연결되고 서로 공명될 수 있다고…….

이에 본 연구자는 퍼펫을 만들고, 퍼펫놀이를 하면서 내담자와 새로운 애착 프로세스를 맺으며 함께 언어적 · 비언어적 의사소통을 통해 애착 접촉을 깊게 경험할 수 있었다.

심리치료는 내담자에게 새로운 애착 관계가 만들어지는 과정이라고 정의할 수 있으며 심리치료 과정에서 모-녀 관계와 같이 심리상담사-내담자 간 관계 역동이 일어나게 된다. 실제 어머니의 반영적 태도를 통해 아기는 자신의 감정과 상상(내면 세계)을 현실 세계와 연결 지을 수 있게 되는 것처럼, 심리상담사에 의해 인식되고 이해받을 때 내담자들은 심리적이고 정신적인 자기를 진정성 있게 발달시킬 수 있는 것이다. 특히 내담자는 심리상담사의 얼굴 표정과 몸짓 등을 통해 반영되는 자신의 이미지를 심리상담사의 정신 속에서 발견하게 된다(Wallin, 2010). 이것에 덧붙여 퍼펫 매체가 결합된다면 관계 맺기의 경험은 보다 더 구체화될 수 있다. 이에 본 연구자는 퍼펫을 만질 때의 느낌, 퍼펫과의 만남을 통한 소마틱(somatic) 감각, 퍼펫의 이름을 명명하고 이를 내면화하면서 이루어 내는 내부 수용적인 것과의 연계 그리고 신체와 연결되는 AEDP이다. 이런 AEDP가 가진 담아낼 수 있는 모델로서의 큰 의미를 생각하면서 퍼펫 작업을 계속 발전시키고자 한다.

이 장에서는 먼저 AEDP와 비언어적 의사소통 기술, 인형 매체에 대한 소개, AEDP에서의 비언어적 의사소통 기법과 퍼펫의 통합적 접근에 대하여 설명한다. 또 인턴 놀이상담사에게 진행한 실제 교육분석 사례로서 AEDP 기반의 퍼펫 만들기 작업에 대한 비디오 분석 내용을 정리하였다. 마지막으로, 심리상담 전문가들을 위한 집단 작업인 '퍼펫 만들기 작업 과정'과 심리상담 전문가들의 피드백을 정리하여 서술하였다.

1) AEDP와 비언어적 의사소통 기술

(1) AEDP

Fosha와 그 동료들이 개발한 치료 모델로서 마음과 몸을 함께 다루는 치유 지향적인 심리치료이다(Fosha, 2022). 속성경험적 역동심리치료(AEDP)는 애착 이론, 감정 이론, 변화에 관련된 신경 정서 과학의 연구에 기반을 두고 있는 치료 모델이며, 경험을 통하여 치유에 도달하게 된다는 이론적 전제를 가지고 단기 치료 모델로 치료와 회복에 이르는 과정을 제안한다. 이에 AEDP는 정서와 인지를 같이 다루고 신체 감각과 반응을 활용하고, 내담자의 방어를 줄이기 위하여 신체 반응을 통하여 핵심정서에 다가가는 심리치료이다(김규리, 2019).

AEDP 용어를 설명하면 다음과 같다. Accelerated는 단기 역동정신치료(STDP)의 영향을 받아 전이를 이용한 장기간의 치료가 아닌, 단기간에 변화를 가져온다는 측면을 강조하며 심도 있는 정서 경험을 통한 변형에 초점을 둔다. Experiential은 치료기법에서 주로 과정(process)을 중심으로 다루는 치료로 내담자의 가장 빠른 변화는 '감정을 충분히 경험하는 과정'을 통해 가능하다는 신념을 포함한다. Dynamic Psychotherapy는 AEDP가 애착 이론과 대상관계 이론에서 의미하는 초기의 대상과 쌍방 관계에서 이루어지는 정서적 조율의 성공이 그 이후의 삶에 매우 큰 영향을 준다는 측면을 강조하므로 정신역동적 관점을 따르고 있다.

AEDP 핵심 치료 요소는 다음과 같다. 먼저, 내담자의 핵심적인 신체적 · 감각적 감정 경험을 '매 순간순간(moment-to-moment)' 읽고 최적으로 반응함으로써, 신경정서적 상태 변화를 촉진한다. 그리고 애착 기반의 심리상담사가 정서적으로 참여하여 고립된 내담자와 함께 참여하고 서로 조절하면서 감정의 완결을 이룬다. 이때 현재 순간의 메타 프로세싱(meta-processing)과 자서전적인 재구성도 함께 이루어진다. 또한 '바닥부터, 처음부터(from the get-go)' 변화는 첫 회기, 처음부터 일어난다!

AEDP의 치료원리를 다음의 13가지로 설명할 수 있다(Fosha, 2022).

첫째, 치유 지향성과 AEDP의 기본 이론은 여러 변형적 연구에 그 뿌리를 가지고 있다.

둘째, 애착 이론과 연구, 양육자/아동 상호작용 관련 발달 연구를 기반으로 하고 있다. 이에 의도성을 가지고 돌봄과 감정적 개입을 하는 긍정적 치료 자세를 가진다.

셋째, AEDP는 한 개인이 경험하는 정서적 외로움에 대하여, 이때 연결되는 정신병리의 발달 관련 이해를 하고자 한다.

넷째, AEDP의 핵심이 되는 치료 프로세스는 내담자가 겪고 있는 외로움에서 나올 수 있게 도와주는 것이다.

다섯째, 관계적 경험과 정서적 경험을 암묵적인 것에서 명시적이며 경험적인 것으로 작업함을 중요시한다.

여섯째, 변형적 과정으로, 명료한 현상학에 의하여 매 순간순간 개입을 인도한다.

일곱째, 심리상담사가 인정하고 정서적 개입, 감정적으로 지지해 주는 관계 맺기로서 이자 관계적 감정 조절을 할 수 있게 도와준다.

여덟째, 정서의 적응적이고 변형적인 힘을 AEDP의 기초 작업인 적응적 · 일반적 경험 및 결합된 경험의 카테고리로서 이해한다.

아홉째, 각각의 개별적 정서와 결합된 적응 행동 경향성의 측면에서, 정서 처리 완료의 중요성에 대하여 이해한다.

열째, 변형적 정서와 변형이 필요한 정서의 차이를 아는 것이 중요하다.

열한째, 메타 치료적 처리가 중요하다.

열두째, 변형을 통한 긍정적 정서를 알아차리고 경험하는 것을 처리해 나가는 과정이 중요하다.

열셋째, 통합된 상태로서 핵심 상태를 구성하고 개인의 진정한 감각이 새롭고 일관성 있게 응집성이 있는 자전적 내러티브를 나타나게 하며, 치료적 장점, 지혜로움과 집중, 편안함과 연민의 감정을 일으키게 된다.

요약하여 AEDP의 치료적 특성을 설명하면 다음과 같다.

첫째, 임상 현장에서 심리상담사가 내담자와 상호작용을 하며 내담자의 애착을 다루는 중요성을 강조한다.

둘째, AEDP가 상담 과정에서 애착 안도감을 촉진, 이에 지속적이며 심층적인 심리적 정서 변화를 강화하고, 이는 안전 애착의 전이적 탄력성을 높인다고 주장한다(Lipton & Fosha, 2011).

셋째, 정서는 마음과 뇌에서 가장 기본적인 요소이며 치료를 위한 변형에 중요한 핵심이다(Fosha, 2022). 핵심 정서 발견은 내담자의 적응 강화와 필요한 내적 자원에 다가설 수 있도록 도와준다. 특히 이런 핵심 정서는 신체로 표현되고 드러나는 감각과 직접 연결되어 있다고 볼 수 있다.

넷째, AEDP의 치료 목적은 새로운 애착을 경험함으로써 신뢰 형성과 내담자의 실제 양육 과정에서 경험해 보지 못했던 안전 환경을 치료 초반부터 만드는 것이다.

다섯째, 안정 애착을 주는 엄마처럼 심리상담사가 내담자와의 관계 방식을 가져야 한다(Russell & Fosha, 2008). 이에 심리상담사는 내담자에게 적합하게 반응하며 정서의 경험 및 이를 다루면서 안정적으로 반영하는 환경을 구성하는 것을 목표로 삼아야 한다.

여섯째, 우뇌와 좌뇌의 인지, 정서, 신체적 깨달음과 변형을 통합하는 것이 바로 메타 치료적 과정이며 이 과정에 대한 중요성을 이해해야 한다. 메타 치료적 처리 과정을 통해 변형 경험 자체에 집중하며 또 다른 변형을 촉발할 수 있다(Fosha & Slowiaczek, 1997). 특히 메타 정서는 우뇌가 매개하는 경험과 좌뇌가 매개하는 성찰 사이를 나선형으로 왔다 갔다 하면서 변형 과정 중 경험하는 강력한 정서의 결과물을 성격 구조 속에 통합시키며, 이는 메타 인지적 특성도 함께 가지고 있다(김규리, 2019).

이와 같이 AEDP는 내담자를 향하여 관심을 기울이면서 온 맘을 다하여 접근하고 능동적으로 내담자를 보살피며, 내담자의 취약점과 장점 부분 등에 진심으로 주목해 줄 수 있다. 이에 내담자는 심리상담사와 치료적·정서적 공명을 통해 연결되고 치유하며 변화할 수 있는 새로운 세계를 경험할 수 있다.

(2) AEDP와 비언어적 의사소통 기술[4)]

비언어적 의사소통은 AEDP에서 중요한 역할을 한다. 구체적으로 비언어적 의사소통이 AEDP에서 어떻게 통합되는지를 다음과 같이 설명할 수 있다.

첫째, 공감과 신뢰감 만들기이다. AEDP 상담사는 눈 맞춤, 표정, 몸짓과 같은 비언어적 행동(반응, 신호)을 활용하여 내담자와의 신뢰 관계를 만들어 내며, 공감과 이해를 하면서 앞으로 진행되는 감정 관련 기초 작업을 다지게 된다.

둘째, 정서 조절하기이다. AEDP 상담사는 내담자의 감정 상태에 맞추어서 공명하기 위해 내담자의 비언어적 신호에 민감하고 섬세한 주의를 기울이게 된다. 즉, 상담사들은 얼굴 표정, 신체 자세, 제스처 등을 잘 관찰하여 내담자의 정서 상태에 대하여 통찰력을 가지며 정서적 처리를 잘할 수 있게 하는 대처 기술을 알려 주는 방식을 제공할 수 있다.

셋째, 안전한 우리의 공간 만들기이다. AEDP 상담사의 환영하는 자세, 부드러운 표정, 차분한 제스처, 슬로우 다운(slow down)하는 움직임, 그리고 안정적인 목소리와 같은 비언어적인 신호들은 내담자와 상담사 모두에게 안전한 치료 공간을 제공하는 매우 중요한 비언어적 의사소통 기술이다. 이런 신호들을 통해 내담자들은 감정을 표현하면서 힘들어하는 주제를 찾아낼 때 편안함을 경험하게 된다.

넷째, 감정 표현 촉진하기이다. AEDP 상담사는 내담자들이 자발적으로 자신의 감정을 표현하며 참여할 수 있도록 지지하고 격려한다. 비언어적 신호는 상담사가 판단 없이 내담자의 감정적 경험을 적극적으로 목격하고 받아들이려는 의지를 보여 주기 때문에 이러한 과정을 지원할 수 있다.

다섯째, 비언어적 미러링이다. 상담사가 내담자가 표현하는 감정과 내담자의 신체언어를 섬세하게 거울 반영(mirroring)하는 비언어적 반영을 유능하게 사용하면 두 사람 간의 보다 더 깊은 연결감을 촉진할 수 있다.

여섯째, 감정적 성찰하기이다. AEDP 상담사는 내담자의 감정적 경험을 반영하

4) Danny Yeung 슈퍼바이저의 AEDP 집단 슈퍼비전 내용을 토대로, 본 연구자가 재정리하였다.

기 위해 상담사 자신의 비언어적 단서를 활용할 수 있다. 예를 들면, 만약 내담자가 슬픔을 표현하게 된다면, 상담사의 얼굴 표정과 목소리의 고저(tone)는 내담자의 슬픔을 충분히 반영하게 되고, 이를 내담자는 자신의 감정이 이해되며 확인되었다고 느낄 수 있도록 도와준다.

일곱째, 신체적 알아차림(somatic awareness)이다. AEDP는 소마틱(somatic) 경험의 중요성을 인정한다. 특히 비언어적 신호는 내담자가 자기의 신체 감각과 감정을 연결하도록 도울 수 있다. 내담자가 신체적 반응과 감각에 주의를 가지고 늘 관찰하려고 노력한다면 내담자의 감정 처리가 안정적으로 조절되고 향상될 수 있다.

여덟째, 비언어적인 부분을 탐구하기이다. AEDP 상담사는 내담자들에게 그들의 감정과 함께하는 특별한 신체 감각, 얼굴 표정, 그리고 몸짓에 주의를 기울여서 집중하도록 요청하고 격려한다. 이렇게 함으로써 내담자는 자신의 감정적 경험에 대하여 보다 깊은 탐구가 가능하게 된다.

아홉째, 규제와 공동 규제이다. AEDP에서 내담자가 보여 주는 비언어적 단서는 내담자의 감정 상태 조절 및 내담자와 상담사 두 사람이 공동으로 조절하는 데에도 활용될 수 있다. 상담사가 보여 주는 침착하고 안정적인 태도는 내담자가 규제를 보다 더 알아차릴 수 있게 도울 수 있다. 이에 반하여 반응하는 비언어적 단서의 경우 상담사는 내담자의 감정적인 강도의 순간 동안에도 내담자를 도울 수 있다.

열째, 통합 및 메타 프로세스이다. AEDP 상담사는 메타 프로세스라는 독특한 AEDP에서의 치료 과정 논의 중에도 비언어적 단서를 활용하여 내담자가 치료 세션에 관한 감정적인 반응을 관찰하고 치료 관계를 탐색할 수 있도록 도와준다.

AEDP에서 비언어적 의사소통은 항상 섬세하게 활용되어야 한다. 특히 내담자가 가지고 있는 특성과 내담자의 문화적인 규범도 존중해야 한다. 이에 AEDP 상담사 트레이닝 과정에 있는 본 연구자는 비언어적 신호를 효과적으로 사용하여 정서적 변화와 치유에 도움이 되는 치료 환경을 조성하는 훈련을 지속적으로 받고 있다.

2) 인형 매체

예술 심리치료에서 매체로 활용하는 감각 운동, 색상, 리듬, 이미지 등은 비언어적 경험 차원의 상호 소통을 가능하게 하므로 안전하고 효율적으로 생의 초기 단계에서 유래하는 심리적인 문제에 접근하고 치료할 수 있다.

이와 같이 예술치료에서 활용되는 예술 매체는 언어가 가지는 제한점을 넘어서며, 치료에 필요한 안전한 퇴행, 불충분함의 보상, 고정관념으로부터의 해방, 심미적인 투사력이나 육체적인 경험을 통한 자기 구현 등의 정신건강에 도움을 주는 요소들을 가지고 있다(김진숙, 1999). 특히 인형 매체의 경우 치료적 측면에서 다양한 활용이 가능하다. 즉, 인형에서의 상징적 이미지가 참여자의 다양한 상상력을 발휘할 수 있게 도와주며, 자기 내면의 창조적 자아에 집중하여 자기 자신을 다시 탐색하고 발견해 낼 수 있게 촉진하는 매체인 것이다(서동희, 2005). 이와 같이 인형 매체는 나의 또 다른 인격을 표현하는 예술적 도구이며 안전한 거리를 두고 나의 내면을 투사시켜 또 다른 내면의 자신을 만나볼 수 있게 된다는 측면에서 치료적 효과를 경험하게 되는 것이다(노남숙, 한유진, 2014).

(1) 인형의 정의와 개념

① 인형의 정의

인형 매체는 마치 오래된 사찰에 있는 돌로서 이런 돌이 갖는 이미지의 전승을 의미한다. 또 인형은 친밀감과 위안, 감정투사 도구로서 치료적 가능성을 지니고 있다. 이에 인형을 정의하자면 사람 모습을 닮은 형상 또는 물체를 의인화하는 습성으로 사람이 움직일 수 있는 모든 것이다.

인형을 다음의 세 가지 종류로 설명할 수 있다. 첫째, doll은 사람이나 동물의 형상을 지닌 인형이고, 둘째, figure는 이 세상에 있는 사물의 축소 모형이며, 셋째, puppet은 꼭두각시 인형과 인형극에 사용되는 모든 인형이다(노남숙, 2005).[5)]

② 인형의 개념

인간은 아주 오랜 옛날부터 가장 소중한 것을 인형으로 만들어 왔으며 인형은 매력적인 존재로 우리에게 다가온다. 또한 인형은 아름다움을 표현하며, 우리의 문화, 역사, 이야기가 있는 은유적 매체로서 특별히 생활풍습을 재현하고, 아픔과 환희의 역사를 기억하게 한다. 이와 같이 인형은 우리에게 과거의 여러 기억을 떠올리게 하고 따스한 친구로 언제나 옆에 존재하는 상징성 있는 매체이다. 또한 인형은 마치 인간과 같이 말도 하고 움직임을 표현하므로 우리들은 인형에게서 우리 자신을 동일시하거나 혹은 내 자신의 일부라고 생각하기도 한다(Drewes & Schaefer, 2022).

(2) 심리치료적 접근: 인형 놀이

① 인형극의 치유적 요소

인형극은 종합적 예술 형태로서 인형 매체의 움직임과 무언가 표현하는 표상 또는 행위를 보여 준다. 또한 미학적인 관점에서 볼 때 이것은 환상 공간 안의 사고와 감성의 영역이다. 이를 보다 구체적으로 두 가지 측면으로 구분할 수 있는데, 첫째로 심리적 측면으로 이는 인형극 배우의 인형에의 몰입, 정서 표출 그리고 카타르시스 체험, 통찰 등이고, 둘째로 형이상학적 측면으로 이는 인간의 여러 감정을 표현해 주는 상징적 매체, 표현 확대 그리고 극적 변형이 가능한 인형 매체이다. 이와 같이 인형 놀이는 본질적인 치유성을 지니고 있으며 인형을 통해 인간 자신의 감정을 표출하는 간접적 · 매개적 예술치료의 한 영역으로 볼 수 있다.

② 치유적 인형극 활동

인형을 창조하는 작업, 즉 인형을 만들어 내는 과정은 우리 내면 세계를 형상화하

5) 이 챕터에서는 인형 종류 중 퍼펫을 중심으로 하여 모두 퍼펫이란 용어로 통일하여 설명하고자 한다.

는 것이다. 또 인형 이야기는 이야기 내용과 이야기하는 사람과의 거리를 두게 되면서 완충적인 역할, 그리고 인간 스스로 수용 가능한 방법을 발견할 수 있게 된다.

③ 인형극

인형극은 창조적이고 다양한 연극적 표현 종합예술이며 제3의 물체로의 투사성을 이용한 재료로서 인형 만들기 및 활용을 통하여 우리 안의 놀이성과 내면의 문제를 투사하게 된다. 또 인형극 올리기 활동, 재현, 경험, 표현이 가능한 창조력과 상상력의 놀이로서 인형극은 의미가 있다.

정리하자면, 인형의 치료적 효과는 은유적 이미지를 통해 인형 매체는 중간 대상으로서의 역할과 사람들이 경험한 것을 다시 인형에게 재현하여 사람들 자신이 받았던 상처를 스스로 자발적으로 치료하게 하는 것이다(노남숙, 한유진, 2014).

3) AEDP에서의 비언어적 의사소통 기법과 퍼펫[6)]

퍼펫을 AEDP에 통합하는 것은 의미 있는 치료 방법이 될 수 있다. 즉, 의사소통 기술 향상과 감정 처리를 할 때 효과적으로 보다 쉽게 접근할 수 있기 때문이다. 다음은 AEDP 과정에서 비언어적 의사소통 기술과 함께 퍼펫을 사용하면서 얻게 되는 장점에 대하여 알아보고자 한다.

(1) 감정의 외부화와 상징화

퍼펫은 내담자의 내면에 있는 감정을 외부로 드러내고 상징화하는 방법으로 사용될 수 있다. 내담자들은 자신의 특별한 감정을 퍼펫의 움직임과 표현을 통하여 스스로의 감정을 투사하여 표출할 수 있다.

6) Danny Yeung 슈퍼바이저와의 개인 슈퍼비전 시 AEDP의 비언어적 의사소통과 퍼펫에 대한 토론과 피드백을 기반으로, 본 연구자가 새롭게 정리하였다.

(2) 안전하게 표현 놀이에 참여

퍼펫은 내담자에게 표현 놀이에 안전하게 참여할 수 있는 매개체로서 제공될 수 있다. 내담자들은 타인과의 관계, 자신의 감정 등을 표현하기 위하여 퍼펫을 활용하면서 접근하기 어려운 문제에 도전하고, 그 문제를 간접적으로 안전하게 관찰하고 탐구할 수 있다.

(3) 은유적 표현

퍼펫은 내담자의 감정, 과거의 경험 그리고 내담자 자신에 대한 은유적 매체로 표현할 수 있다. 즉, 퍼펫의 동작, 얼굴 표정, 상호작용 등의 비언어적 신호는 내담자 내면의 인식하지 못했던 세계를 은유적으로 나타낼 수 있다.

(4) 신체기반 탐색

내담자는 퍼펫을 활용하여 감정과 관련된 신체 감각과 신체 반응을 관찰하고 탐색할 수 있다. 이는 퍼펫의 신체를 내담자 자신의 신체 경험과 유사하게 모방하는 방법으로 움직이고, 이를 통해 비언어적 기술은 신체 인식을 보다 더 촉진할 수 있다.

(5) 애착과 관계적 역학

퍼펫은 애착의 정도, 애착 관계, 더 나아가 애착의 질까지도 연결해 볼 수 있는 매체이다. 내담자는 퍼펫을 통해 애착 대상과 상호작용을 하면서 관찰과 탐색을 하며 애착 경험에 대한 비언어적 의사소통을 보다 원활하게 촉진할 수 있다.

(6) 비언어적 의사소통 연습

퍼펫은 비언어적 의사소통을 연습하는 도구로 사용될 수 있다. 내담자는 자신의 퍼펫을 가지고 감정, 욕구, 경계 등을 구체적으로 표현하면서 비언어적 신호를 감지할 수 있는 안전한 공간을 스스로에게 제공할 수 있다.

(7) 정서적 조절

퍼펫과 관계를 맺는 것은 내담자가 자신의 감정을 조절하는 것에 큰 도움이 될 수 있다. 내담자는 언어로 의사소통하기 어려운 감정인 경우 이를 표현하기 위하여 퍼펫을 통하여 정서적 긴장을 풀어내고 자신을 안정화시킬 수 있다.

(8) 변화와 통합

퍼펫극(puppetry)을 통한 비언어적 신호는 감정의 변화와 통합에 도움을 줄 수 있다. 내담자가 퍼펫을 기반으로 한 인형극 활동 경험을 통해 자신의 감정을 적절하게 처리하며, 통찰력과 치유적 감각을 키울 수 있게 된다.

(9) 공동 조절

상담사는 내담자의 감정 상태를 공동 조절하는 방법으로 인형을 활용할 수 있다. 즉, 상담사는 내담자와 퍼펫이 함께 참여하는 과정을 통하여 감정 표현과 감정 조절을 위한 샘플 모델을 제공할 수 있다.

(10) 반사적(어떤 자극에 순간적으로 반응하는) 메타 프로세스

퍼펫은 메타 프로세스를 위한 도구 역할로서 활용될 수 있다. 내담자가 치료 세션 관련 감정의 반응과 치료 과정 자체에 대한 탐색도 가능하다. 또 내담자는 치료 공간 내에서 퍼펫의 역할과 움직임에 대한 내담자 자신의 감정을 논의하고 표현할 수 있다.

상담사가 주의해야 할 것은 AEDP 치료 모델에서 퍼펫을 사용 시, 특히 언어적 의사소통과 비언어적 의사소통의 균형을 유지하는 것이다. 상담사는 내담자의 반응에 따라 퍼펫을 정서적 처리와 실험 및 관찰을 돕고 강화하려는 목표를 가지고 활용해야 한다. 이에 상담사는 내담자가 함께 공동으로 퍼펫 활용에 대하여 논의하고, 목표 설정 및 지침을 제공해야 한다.

4) 퍼펫 활용의 AEDP 상담

AEDP 이론 기반으로 퍼펫을 치료 매체로 활용하는 것은, 내담자들에게 세 가지의 의미 있는 작업으로 접근할 수 있다. 첫째, 내담자에게 정서적인 변형이 이루어지도록 도울 수 있으며, 둘째, 내담자에게 안전한 기지로서의 공간을 제공할 수 있다. 셋째, 안정 애착 형성에 있어서 인형 매체가 중간 대상으로서 내담자에게 상담사뿐만 아니라 퍼펫 역시 애착 대상이 되기 때문에 이중 안정 애착을 만들어 낼 수 있는 것이다.

보다 자세하게 AEDP 이론 기반의 퍼펫 활용에 관한 이점을 설명하면 다음과 같다.

(1) 안정 애착과 정서적 연결

AEDP는 내담자와 상담사와의 관계에서 안전한 애착을 형성하는 것을 매우 중요시한다. 이에 애착의 구체적인 표현 기법으로 퍼펫을 사용하면 내담자는 애착과 연결된 감정, 욕구, 방어, 억제 등을 탐색하고 이를 표현하는 상징적인 방법을 제공할 수 있게 된다.

(2) 감정 표현의 중개자 역할

퍼펫은 특히 내담자들이 자신의 감정을 직접적인 언어적 소통으로 표현하는 것이 어려울 때 비언어적 의사소통 매체로서 감정 표현의 매개자 역할을 할 수 있다. 퍼펫은 내담자가 직접 말하면서 불편하고 답답함을 느끼게 되는 감정을 자연스럽게 외부화하고 전달하는 것을 도울 수 있다.

(3) 안전한 탐색과 치료 공간 제공

AEDP가 추구하는 목표 중 하나인 안전한 치료 공간을 만드는 것과 연결하여, 퍼펫을 활용하게 된다면 내담자는 보다 덜 위협적인 방법으로 예민한 주제를 탐구할 수 있는 은유적인 공간을 만들어 낼 수 있다. 이것은 감정을 공개적으로 드러내면서 상담하기 어려워하는 내담자에게 보다 더 유용할 수 있다.

(4) 메타 프로세스의 활성화

AEDP는 메타 프로세스라는 매우 특별한 치료 과정 자체에 의미를 부여한다. 특히 퍼펫은 치료 세션에 대한 내담자의 감정 반응과 치료 관계를 탐구하는 중요 기준이 되어 내담자의 자기 인식과 자기 통찰력을 증진할 수 있다.

(5) 통합과 변화

내담자가 퍼펫과 관계를 맺게 되면서 내담자는 자신의 감정, 애착 욕구, 또 해결되지 못한 많은 문제를 퍼펫에게 투사하게 된다. 이 과정을 통해 내담자는 감정 처리, 통찰력, 변화의 기회를 가질 수 있게 된다.

(6) 신체 감각적 인식(somatic awareness)

AEDP는 신체기반-소마틱(somatic) 인식을 매우 중요하게 생각한다. 퍼펫을 움직이면서 내담자는 자신의 감정과 신체 감각의 중요성을 인식한다. 퍼펫은 내담자가 자신의 감정과 신체 감각을 연결해 주는 촉각적이며 운동 감각적인 방법의 역할을 해 줄 수 있다.

(7) 내담자만의 특별한 퍼펫 및 내담자의 권한

퍼펫에게 이름을 지어 주고 특별하게 관계를 맺는 것은 내담자에게 자신의 감정적 경험과 치유 여정에 관하여 내담자 스스로가 퍼펫의 소유권과 대리권을 가질 수 있게 한다.

(8) 시각화를 통한 내담자 스스로의 조절

AEDP 치료에서 퍼펫을 통해 감정과 경험을 시각화하는 것은 내담자가 자신의 내면 세계를 외부화하는 것을 도울 수 있으며, 혼돈스러운 감정을 탐색하고 처리하는 과정을 보다 쉽게 만들 수 있다.

이와 같이 AEDP 맥락 내에서 퍼펫을 활용하는 것은 내담자의 요구와 치료 목표에 따라서 고민하며, 통합되고 조정되어야 한다. 이에 상담사는 내담자와 열린 마음으로 서로 논의하면서 AEDP 이론 기반 내에서 전체적인 치료 계획과 일치하도록 협력해야 한다(노남숙, 2024).

5) 실제 사례: AEDP 기반의 퍼펫 만들기 작업

본 연구자는 퍼펫 만들기 작업을 할 때 AEDP에서 중요하게 생각하는 비언어적 의사소통 관련 기술을 적용하여 심리치료를 진행하였다. 이와 같이 상담사가 다음과 같은 내담자의 비언어적인 표현과 자세를 잘 관찰한다면 내담자에 대해 보다 깊은 이해를 할 수 있으며 이는 내담자에 대한 상담사의 의미 있는 존중감으로 연결될 수 있다.

표 1-9 AEDP 기반 퍼펫 만들기 과정에서 살펴본 비언어적 의사소통 영역

비언어적 의사소통 세부 영역	샘플 예
1. 전체 내담자의 이미지와 외적인 모습	옷차림
2. 내담자의 신체 특성	신장, 몸무게, 체형, 외적인 모습 등
3. 신체 행동 관련	포즈나 제스처, 내담자의 자세, 몸 활동 위치와 방향 등
4. 얼굴의 표정	미소, 눈을 위로 보기, 입술 움직이는 동작, 인상을 찡그리기 등
5. 목소리 상태	목소리의 억양, 말을 할 때 사용되는 단어의 띄어짐, 속도
6. 생리적인 변화	얼굴이 갑자기 열기가 올라옴, 조급해함, 얼굴이 하얗게 질림, 호흡이 갑자기 빨라짐, 당혹스러워서 어찌할 바를 모름
7. 자기 비난적인 행동	몸을 흔들기, 몸을 긁기, 손톱 물어뜯기, 몸의 특정 부분을 계속 만지거나 두드리기, 입술을 자꾸 실룩거림
8. 관심, 지지, 격려하기	어깨 토닥토닥하기, 따스하게 손잡아 주기, 사랑이 가득한 눈빛, 부드러운 안아 주기

출처: 최광현(2014), p. 186을 수정하여 표로 정리함.

(1) 개인 심리치료 사례

AEDP를 기반으로 한 퍼펫 만들기 및 퍼펫놀이(puppet play) 활동을 한 사례이다.

- 인턴 놀이상담사의 내담자 경험: AEDP를 기반으로 한 퍼펫 만들기 및 퍼펫놀이 활동
- 내담자 정보: 어린 시절 트라우마로 인하여 감정 조절과 대인관계 어려움을 호소하는 35세 여성
- 치료: 줌(Zoom)을 활용한 온라인 개인 상담(총 10회기)
- 시간: 일주일에 한 번 60분씩 진행

AEDP 치료로 진행한 총 10회기 중 퍼펫 만들기 및 퍼펫놀이 활동을 한 6회기 동영상 내용을 정리하였다. 6회기 내용을 앞에서 설명한 비언어적 의사소통 영역(〈표 1-9〉 참조)과 연결하여 설명하고자 한다.

① 0~10분 정도: 내담자와 상담사는 그동안 일주일 동안 지낸 이야기를 서로 나누었다. 이때 상담사는 1, 2, 3, 4, 5번 영역을 상담사 본인과 내담자에게 함께 적용하면서 내담자를 주의 깊게 관찰하였다.

② 10~11분: 상담사는 지금까지 10분 동안 내담자와 나눈 이야기(일주일 동안 생활하면서 있었던 일에 대한 에피소드 등)를 요약해서 설명해 주었다. 상담사가 이야기할 때 상담사는 특히 8번 영역(관심, 지지, 격려하기)을 고려하면서 내담자에게 비언어적 의사소통 접촉으로 계속 내담자와 공명되는 경험을 가질 수 있도록 도모하였다.

③ 11~13분: 상담사는 내담자에게 호흡법을 알려 주고 이것을 내담자가 따라 한다. 상담사가 내담자에게 바디 스캔(body scan, 머리 꼭대기부터 발끝까지 천천히 몸 구석구석을 살피면서 내 몸의 상태를 점검하는 스킬)을 하면서 몸의 감각이 어떠한지 잘 살펴보고 몸의 감각에 대하여 내담자가 말해 보도록 격려한다. 이때 2, 3, 4, 5번 영역을 기본으로, 특히 6번 영역(생리적 변화)에 관심을

가지고 이에 집중하도록 해야 한다. 내담자의 생리적 변화가 어떠한지를 관찰하는 것이 가장 중요하다. 내담자가 자신의 생리적 변화와 관련하여 이것을 언어로 표현할 때 7번 영역(자기 비난적인 행동)이 나타난다면, 상담사는 8번 영역(관심, 지지, 격려하기)을 활성화하여 내담자를 안전하게 담아 주면서(컨테이닝) 보살피고 격려하는 역할을 해 주어야 한다.

퍼펫 만들기는 총 39분(13~47분)이 소요되었다. 퍼펫 재료 탐색, 퍼펫 만들기, 퍼펫과의 만남, 퍼펫 이름 정하기로 진행되었다.

① 13~19분: 퍼펫 준비물과 관련하여 이야기를 나누고 탐색한다(퍼펫 만들기 재료는 미리 우편으로 보내 주었다). 준비물을 함께 꺼내 보면서 탐색하는 시간을 가진다. 퍼펫 만들기 주재료인 양말과 솜을 만져 보면서 충분히 접촉하는 시간을 가진다.

② 19~21분: 포스트잇에 내담자가 자기 자신에게 해 주고 싶은 말을 직접 쓰게 한다. 포스트잇에 쓴 내용을 내담자가 읽어 보고 포스트잇을 예쁘게 접어 놓는다. 메모지에 나의 내면 아이에게 보내는 격려나 위로 메시지, 긍정적 자기상 관련 메시지를 작성한다.

③ 21~31분: 퍼펫 만들기 과정을 진행한다. 상담사가 준비물을 가지고 다음의 순서대로 설명해 주고, 이를 내담자가 따라가면서 함께 만드는 과정이다.

- 머리 만들기: 흰 양말에 솜을 적당히 넣고 매듭을 묶어 줌
- 몸 만들기: 컬러 양말의 1/3 정도를 가위로 잘라 옆에 놔두고(이것은 모자가 됨), 잘라 놓은 2/3의 컬러 양말에 솜을 적당히 넣어 줌
- 메시지를 몸통에 넣어 주기: 미리 써 놓은 포스트잇을 몸통에 소중하게 넣어 주기
- 머리와 몸통 합체하기: 머리통 매듭을 몸통 안에 넣은 후 이것을 고무줄로 묶어 연결해서 완성

- 모자 만들기: 컬러 양말의 1/3 정도를 자른 쪽 2cm 안쪽에 고무줄로 묶어 주면서 모자 형태를 만들어 줌
- 모자 씌우기: 이미 완성된 마음 퍼펫의 머리에 모자를 씌워 줌
- 눈 찍어 주기: 네임펜으로 눈을 톡톡 찍어 줌

④ 31~37분: 퍼펫과 만나기. 내담자가 이 퍼펫을 만들면서 든 생각은 무엇인지, 어떤 이야기가 있는지, 이 부분에서 보다 심층적으로 상담사와 내담자의 대화, 비언어적 의사소통이 활성화된다. 상담사는 내담자가 내담자 자신의 퍼펫 이름을 정하도록 부탁한다. 이에 내담자가 '콩보리'로 퍼펫 이름을 명명하였다.

⑤ 37~40분: 상담사는 SIBAM[7)]을 통해서 내담자의 감각, 이미지, 행동, 감정, 의미에 대하여 질문하고 이에 내담자가 답변한다.

⑥ 40~41분: 내담자는 콩보리(퍼펫)와 함께 신체 감각을 확인하면서 이야기한다.

⑦ 41~43분: 내담자는 콩보리(퍼펫)와 함께 하는 묘사(portrayal) 작업에서의 이미지컷 이야기를 한다. 이 묘사 방법은 내담자가 감정을 자신의 몸에서 경험되는 방식으로 집중하며 상상하면서 감정과 관련된 행위를 온전하게 점검하고 알아 가도록 도와주는 것이다. Diana Fosha는 정신건강의학과 의사인 Habib Davanloo와 합동 연구를 하면서 Davanloo의 감정을 다루는 탐색적인 접근법으로 '묘사'라는 기법을 AEDP에 통합하여 사용하고 있다(Hendel, 2020).

⑧ 43분: 내담자는 콩보리(퍼펫)가 등 뒤로 가서 "토닥토닥. 괜찮아."라고 말한다고 표현한다.

⑨ 44분: 내담자의 구체적인 반응(압정으로 찔린 것 같이 아팠던 느낌, 콩보리가 메꿔 주는 느낌)을 상담사가 수용해 준다.

⑩ 45~46분: 내담자가 콩보리(퍼펫) 몸 속 쪽지의 의미('너는 지금도 충분히 잘하고 있어' '화이팅' '사랑해')에 대하여 언급한다.

7) SIBAM(Sensation, Image, Behavior, Affect, Meaning)은 Peter Levine(2020)이 개발한 모델로, 내담자들이 신체 증상을 발견하고 추적하면서 도움을 줄 수 있도록 설계되었다.

마무리 단계로서 메타 프로세스 및 정리 과정은 총 10분(47~57분)이 소요되었다. AEDP에서의 메타 프로세스와 정리 과정을 통하여 내담자가 상담사와의 연결감, 즉 함께 있음을 경험한다. 이것은 '진정한 나를 찾아서: 열린 마음의 상태', 즉 AEDP의 핵심 상태라고 설명된다(Fosha, 2022). 특히 AEDP의 특성 중 내담자에게 '지금 우리가 함께 이러한 작업을 하니까 어떠한가요?'라고 질문을 하는 방법을 계속 사용하는데 이것을 Diana Fosha(2022)는 메타 치료 처리라고 언급하였다.

본 연구자는 퍼펫 만들기 과정을 AEDP 기반 작업 사례로서 분석하기 위하여 AEDP의 중요 개념인 속성, 경험 및 역동과 연결하여 살펴보고자 한다. 속성은 커다란 변화가 급속도로 빨리 일어나는 것이며, 경험은 상담사가 스스로의 경험을 기반으로 접근하고 감정의 파도가 지나가며 경험을 긍정적으로 느낄 수 있도록 감정에 내재되어 있는 치유의 힘을 활용하는 것이다. 특히 역동은 과거가 현재 상태에 영향을 미치는 방식, 애착의 체험이 우리 내면에 장착되는 방식, 안정적이고 사랑을 주는 다른 타인과의 새 경험이 치유로 연결되는 방식이라고 설명한다(Hendel, 2020).

건강한 자존감과 여러 형태의 치유 감정을 활용하여 급격하게 변화되는 변환의 개념을 처음으로 설명한 Diana Fosha(2022)는 다음과 같이 감정의 효과에 대하여 이야기하고 있다. 우리가 살아가면서 방어를 걷어 내는 것, 즉 '자기를 위해 슬퍼하기'라는 주제를 치유의 중심센터에 배치하고, 기쁨을 표현하고 자기 스스로를 자랑스럽게 여기며 고마운 감정 등의 치유와 변형을 이끄는 감정의 치유 효력을 언급하고 있다.

실제 시간 총 39분(13~52분)에서의 퍼펫 만들기, 퍼펫과의 만남, 퍼펫 이름 정하기, 메타 프로세스를 통하여 이러한 속성, 경험, 역동 과정이 다 이루어졌으며 이 동영상에 대한 자세한 분석과 피드백[8]은 차후에 나올 논문과 저서에서 확인하길 바란다.

8) Danny Yeung 슈퍼바이저의 슈퍼비전 정리 피드백이다.

(2) 집단 심리치료 사례

심리상담 전문가들의 '자기 보살핌 경험을 통한 퍼펫 만들기 작업 과정'을 살펴보고자 한다. AEDP를 기반으로 한 퍼펫 만들기 및 퍼펫놀이 활동을 한 사례이다.

- 집단원 정보: 명지대학교 심리재활학(박사과정) 학생들 18명으로 심리상담 전문가
- 두 번의 집단 활동: '비언어적 의사소통 기술' 강의를 듣는 박사과정 학생들과 함께 AEDP를 기반으로 한 퍼펫 만들기 및 퍼펫놀이 활동 진행

① 첫 번째 활동: 내면 아이 퍼펫 만들기

- 준비물: 패턴 양말, 솜 적당량, 흰 발목 양말 1개, 고무줄(옷핀) 3개, 네임펜, 포스트잇, 가위
- 워밍업: 러브샤워[9)]
  - A4 용지를 집단원 수만큼 칸을 접어서 맨 왼쪽 위에 본인의 이름을 적는다.
  - 함께 돌아다니며 서로 인사를 하고 상대방의 장점을 종이의 빈칸에 적은 후 헤어진다.
  - 다시 또 다른 사람을 만나면 인사를 하고 상대방의 장점을 적은 후 헤어진다. 이 과정을 반복한다.
  - A4 용지의 모든 칸이 다 채워지면 자신의 자리에 돌아와서 앉는다.
  - 집단원들은 장점이 적힌 종이를 천천히 읽어 보고 그중 3개를 동그라미 친다.
  - 리더가 이름을 부르면 집단원들은 앞으로 나가서 "나는 1, 2, 3을 잘하는 누구입니다."라고 외친다. 예를 들어, "나는 명랑하고, 에너지가 많으며, 주변을 환하게 하는 노남숙입니다."라고 외치면 사회자가 "러브샤워!"라고 외치면서, 집단원 모두가 앞에 나간 집단원에게 손을 활용하여 집단원의

9) 본 연구자의 동료인 신차선 박사가 인도의 집단상담 프로그램 트레이닝 참여 시 배워 온 워밍업 스킬이다.

머리에서 발끝까지 정성스러운 러브샤워 퍼포먼스(그, 그녀의 머리-어깨-몸통-다리 부분까지 샤워하듯이 양손을 흔들며 내려오는 제스처)를 해 준다.

- 본 활동 1: 내면 아이 퍼펫 만들기 과정
  - 준비물 탐색의 시간을 가진다.
  - 러브샤워에서 읽었던 '나는 1, 2, 3 하는 누구입니다'(예: 나는 명랑하고, 에너지가 많으며, 주변을 환하게 하는 노남숙입니다)라고 포스트잇에 써서 옆에 잘 보관한다.
  - 내면 아이 퍼펫 만들기를 진행한다. 먼저, 솜을 양말에 넣어 묶어 주고 아래 남은 부분을 가위로 잘라서 얼굴을 만든다. 그리고 양말에 솜을 넣어 몸통을 만든다. 포스트잇을 접어 몸통 가슴에 넣게 한다. 고무줄(옷핀)을 이용해 얼굴과 몸통을 합체한다. 양말 남은 부분으로 목도리 또는 모자를 만든다(선택). 네임펜을 이용하여 눈, 코, 입을 그려 준다.
- 본 활동 2: 내면 아이 퍼펫과의 만남 활동
  - 새롭게 탄생한 내면 아이 퍼펫과 만나서 서로 인사를 나눈다.
  - 나만의 내면 아이 퍼펫에게 이름을 정해 주고 소통한다. 이름을 불러 주며 내면 아이를 안아 주고 부드럽게 만져 준다.
- 본 활동 3: 내면 아이 퍼펫과 다른 집단구성원들과의 소통 퍼포먼스
  - 집단구성원 모두가 다 일어나서 원형으로 둥글게 서서 울타리를 만든다.
  - 나만의 내면 아이 퍼펫을 옆에 있는 집단구성원에게 소중히 넘기고, 퍼펫을 만난 구성원들은 퍼펫을 안아 주고 부드럽게 만져 주면서 소통의 시간을 가진다.
  - 1분 정도 소통의 시간을 충분히 가진 후 계속하여 옆의 구성원들에게 퍼펫을 전달하고, 다시 나만의 퍼펫이 나에게 오기까지 이 작업을 반복한다.
  - 나에게서 떠나가서 집단구성원들의 사랑과 기쁨을 충분히 맛본 나만의 퍼펫을 다시 만났을 때 이 작업은 마무리된다.
- 메타 프로세스 및 마무리: 상담사가 다음의 질문을 던지고 집단원들은 이에 대해 답변한다.

[그림 1-1] 내면 아이 퍼펫

- 퍼펫 만들기 작업을 하면서 느낀 점은 어떠한가?
- 퍼펫에게 이름을 만들어 주고 퍼펫을 안아 주는 경험은 어떠한가?
- 퍼펫을 다른 구성원들에게 전달하고 다시 퍼펫을 만나는 지금 어떤 느낌이 드는가?
- 이 활동을 통해 당신이 경험한 것은 어떠한 것인가?

[그림 1-1]에 내면 아이 퍼펫 사진을 제시하였다.

② 두 번째 활동: 나만의 귀요미 애착 퍼펫 만들기

- 준비물: 유아용 보드라운 덧버선, 솜 적당량, 유아용 흰 발목 양말 1개, 리본 20cm, 손수건, 네임펜, 포스트잇
- 워밍업: 오감각을 통한 탐색 및 긍정의 메시지 작성하기
  - 준비물을 내담자의 오감각을 통하여 천천히 탐색한다.
  - 긍정의 메시지를 작성한다.
  - 내가 들었던 기분 좋은 소리를 포스트잇에 쓰게 한다.
  - 서로 들려주고 싶은 긍정의 메시지를 포스트잇에 써 준다.
  - 서로 들려주고 싶은 긍정의 메시지를 읽어 준다.
- 본활동: 귀요미 애착 퍼펫 만들기→퍼펫 소개하기→퍼펫놀이
  - 귀요미 애착 퍼펫 만들기 과정은 먼저 솜을 양말에 넣은 후 묶어 주어 얼굴을

만든다. 그리고 덧버신에 솜을 넣어 몸통을 만든다. 포스트잇을 접어 몸통 가슴에 넣게 한다. 머리통을 덧버선 입구로 넣어 합체한다. 완성된 퍼펫 목에 예쁘게 리본을 묶어 준다. 네임펜으로 얼굴에 눈, 코, 입 등을 표현한다.

–퍼펫 소개하기 과정은 퍼펫의 이름을 정하고 퍼펫과 인사를 한다.

–퍼펫놀이 과정은 속싸개로 포대기 활동을 한다. 보드라운 속싸개용 가제 손수건을 세로로 반을 접어 완성된 퍼펫을 그 위에 누이고 예쁘게 속싸개 하듯이 싸매 주면 된다. 속싸개에 쌓인 귀요미 퍼펫을 내담자들이 마주보고, 인사하고, 만져 보고, 이름을 정해 준다. 퍼펫을 집단원들에게 천천히 돌려서 다시 이 퍼펫이 퍼펫을 만들었던 내담자에게 돌아올 때까지 계속 돌린다. 이때 다른 집단원들은 퍼펫에게 따스한 미소, 토닥토닥하는 애착 행동, 따스하고 부드럽게 만져 주기 등의 행동을 하면서 양육 및 보호해 주는 역할을 충분히 경험하도록 해야 한다.

• 마무리: 함께 마음 나누기

–다시 돌아온 퍼펫이 나에게 지금 어떤 의미로 다가오는지에 대하여 집단원들과 대화를 통한 메타 프로세스를 나누면서 마무리한다.

이처럼 집단 작업으로 진행한 퍼펫 만들기 활동을 AEDP 기반으로 분석 시, AEDP의 네 가지 단계가 나타났다.

AEDP의 네 가지 단계는 1단계, 방어 상태에서 벗어나기–방어 상태에서 해방되기, 2단계, 바탕에 있는 핵심 감정과 접촉해서 처리하기–겉의 핵심 감정과 만나서 이를 해결하기, 3단계, 핵심 감정을 처리하는 경험을 처리하기–핵심 감정을 해결하는 경험을 소화하기(메타 프로세스 처리), 4단계, 열린 마음 상태라고 부르는 핵심 상태에 이르고 그 경험을 처리하기(열린 마음의 상태로 일컬어지는 핵심 상태에 도달하고 그 경험을 소화하기)이다(전명희, 2024).

이와 같이 AEDP는 트라우마 감정과 고마운 마음, 환희, 감격, 치유의 감정들을 나누고 처리하는 것이며(Fosha, 2022), 연구자는 이를 퍼펫 만들기와 결합하여 집단원들이 스스로 의미 있는 자기성찰의 시간을 가질 수 있었음을 관찰할 수 있었다.

실제 집단원들의 피드백을 통하여 핵심 감정을 풀어 주는 주요 과정, 즉 AEDP 네 가지 단계의 경우 개인차는 있었지만, 집단원들은 두 번의 경험(내면 퍼펫 만들기 작업과 퍼펫놀이, 귀요미 애착 퍼펫 만들기 작업과 퍼펫놀이)에 의하여 AEDP의 네 가지 단계가 나타나고 있음을 확인할 수 있었다. 다음과 같이 [그림 1-2] [그림 1-3]에 퍼펫 만들기 작업 과정과 퍼펫 사진을 제시하였으며, 집단원들의 경험에

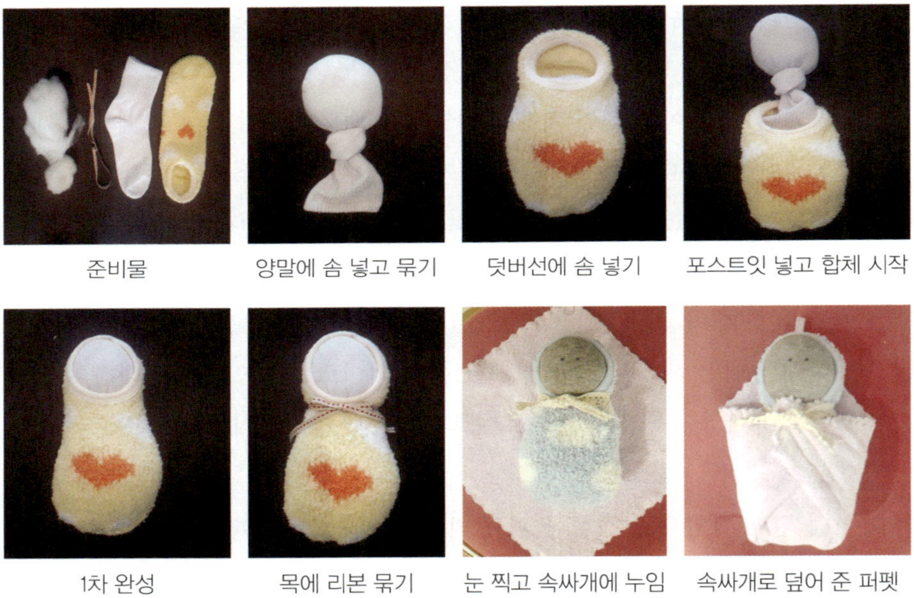

[그림 1-2] 퍼펫 만드는 과정: 귀요미 애착 퍼펫

[그림 1-3] 귀요미 애착 퍼펫 사진들

대한 내용은 프로그램 참여 피드백을 통해 정리하였다.

집단원들의 피드백을 요약 및 정리하면 다음과 같다.[10)]

- A: 퍼펫 만들기의 경험은 나만의 독특한 퍼펫을 만드는 과정에서 많은 창의적인 생각을 하게 해 주었다. 내가 어떤 색을 좋아하고 어떤 퍼펫을 좋아하는지 생각하게 되었으며 다른 집단원분들이 만든 퍼펫을 보면서 창의성이 향상되기도 하였다.
  퍼펫 만들기의 경험을 통해 나 자신이 협업과 의사소통 능력이 향상되었다고 생각된다. 중국에서 온 나는 한국어가 서툴러서 항상 실수를 피하고자 말을 적게 하였다. 그런데 퍼펫 만들기 시간을 통해 내가 인상 깊었던 것은 집단원들이 서로 교감하고 만들 때 서로 돕고 또 퍼펫을 만든 다음에 서로 퍼펫 사진을 같이 찍어 주면서 친밀해졌으며 다른 사람들의 취향, 혹은 내면적인 면을 서로 알게 해 준 것 같았다. 다른 분들이 만든 퍼펫들은 본인의 이미지와 비슷하였고 이것은 매우 재미있는 일이었다. 언어가 필요 없어도 퍼펫을 통해 서로에 대해 알아 갈 수 있는 소중한 시간이었다.
  또한 이 경험은 나에게 '예술의 자아'를 발견하게 하고 발전시켜 주었다. 나만의 퍼펫을 만들면서 나의 예술적 스타일과 표현 방법을 찾았고, 내가 만든 퍼펫을 통해 내 생각과 느낌을 알 수 있었다. 양말의 색깔 선택부터 퍼펫 제작까지 하나의 예술 창작이라고 생각하고, 그런 예술 창작의 탐구 과정에서 나도 나의 내면과 내 느낌을 탐색하고 있었다. 이처럼 퍼펫 만들기 경험은 나에게 긍정적인 영향을 주었으며 그 과정을 통해서 나는 나의 내면에 좀 더 직접적으로 관심을 가질 수 있었고 그 속에서 무의식적인 생각을 포착할 수 있었던 것 같다.
- B: 퍼펫 만들기를 하면서 재료들과 과정에 의미를 부여하고 작업하는 과정에서 더 애착이 가면서 치료적 효과가 있었던 것 같다. 퍼펫이 내담자의 내면 아이나, 어린 시절의 아이 부분에 접촉하여 내담자가 자신의 내면에 있는 어린 시절의 자기 자신을 의식화하면서 더 교류할 수 있게 되는 것으로 보인다. 이에 애착을 재형성하고 애착을 재경험하는 안정 애착

10) 사전 동의를 받고 집단원들의 피드백을 요약 · 정리하여 서술하였다.

프로세스를 경험할 수 있다는 매체의 효과를 경험한 것이다.

- C: 집단에서 나의 이미지에 대한 긍정적인 메모를 받게 되고 가장 마음에 드는 문구로 나의 정체성을 세우고 심장처럼 퍼펫에 생명을 불어넣는 느낌이었다. 그러한 과정에서 퍼펫이 정말 나인 것 같고 살아 있는 것 같아 더 애정이 가고 감정이입이 되는 것 같았다. 퍼펫을 집단원들 안에서 시계 방향으로 돌리면서 축복해 주었던 과정에서도 내 새끼 같은 마음으로 귀여움을 받고 있는지 잘하고 있는지 신경 쓰이면서 자꾸 확인하게 되었던 것 같다. 어렸을 때, 바쁜 엄마의 사랑을 받고 싶고 관심 끌고 싶었던 나를 만나는 것 같고 그런 시간을 지나 살아온 나를 더 많이 사랑해 주고 싶고 소중하게 대해야겠다고 다짐하게 되었다.

  애착 귀요미 퍼펫을 만들면서 또 느낌이 달랐다. 비슷한 퍼펫이겠거니 했는데 훨씬 더 어린 아이였고 포대기에 싸서 안아 줄 때는 뭔가 훨씬 더 안정적으로 꼭 안기는 느낌이었다. 꼭 안아서 잘 지켜 주고 싶은 마음이 커지면서 내가 나를 더 잘 지켜 주고 사랑해 줄 수 있을 것처럼 뭔가 벅차오르는 기분이었다.

- D: 나 자신 퍼펫 만들기를 경험하면서 나 자신의 장점과 좋은 점을 적은 메시지 종이를 퍼펫 안에 넣으며 긍정적 자아상을 현실로 드러낼 수 있는 용기를 얻었고 이를 통해 조금이나마 나의 자존감 향상에 도움이 될 수 있었다. 또 나의 자존감은 스스로 드러내고자 하는 용기와 행동으로 시작될 수 있다고 생각할 수 있었다.

  두 번째 만들었던 애착 귀요미 퍼펫을 통해 두 가지 느낌을 받았다. 첫째, 나의 어린 시절에 대한 탐색과 어린 시절을 재구성하며 지금-여기에서 다독이고 존중받는 경험을 표현할 수 있는 시간이 되었고, 둘째, 내 미래의 자녀를 상상해 보며 아이에게 충분히 사랑을 줄 수 있는 부모가 되고자 하는 동기를 부여받을 수 있었다. 이처럼 과거 나의 모습부터 미래 나의 모습까지 생각해 보며 자존감 향상과 동기를 부여할 수 있는 뜻 깊은 활동을 하여 나 자신이 매우 자랑스럽게 느껴졌다.

- E: 다양한 재료를 활용해서 퍼펫을 만들어 봤었는데 양말을 활용한 퍼펫이라는 소재가 흥미롭게 다가왔다. 집단 활동 시간에 양말과 솜을 활용한 폭신폭신한 퍼펫을 만들고 메시지 카드를 만드는 과정에서 내가 정성을 쏟고 있는 모습을 발견했다. 오랜만에 내 작업에 집중하고 있는 느낌이었고, 함께했던 선생님들의 눈빛과 행동에서도 소중하게 다루는

모습이 나타났다. 재미도 있었지만, 퍼펫에게 메시지를 담고 숨을 불어넣어 주는 과정에서 단순한 퍼펫이 아니었다. 소중함을 담고 정성스러운 마음이 소중하게 다가왔다. 퍼펫 작업을 마무리할 때 지켜 줄 수 있고 행운을 가져다주는 것으로 의미 있는 작업이었으며 긍정적인 기운이 많아져 삶이 조금 편안해질 수 있는 좋은 기회가 된 것 같다.

- F: 요즘 몇 년 동안 내장까지 느꼈던 '몸속' 깊은 '맹장염'의 통증이나 '갈비뼈 골절'의 육체적인 고통과 비교조차 어려운 '마음의 슬픔과 고통'을 느꼈었다. '폐암 말기'로 투병의 강인함을 보여 주셨던 아버지의 임종, 믿어 왔던 병마와의 싸움에서 이겨 내리라는 '긍정의 마음'은 한순간에 '절망'으로 바뀌어 가고, 삽시간 모든 환경과 상황들이 원망스러울 뿐이었다. 그리고 그 감정은 소소한 연관도 없는 주변의 일상을 그르치게 되고 결국 사랑하는 남은 가족들에게 걱정을 끼치게 되는 순간에 이르게도 했다. 퍼펫 만들기의 경험을 통해 비언어적 감정을 이해하게 되는 것은 스스로 내면의 감정을 인지하고 잃어 가는 데 잊고 있던 '희망'의 감정 끈을 찾게 해 주었고, 함께하고 있는 어머니, 형제, 조카들에 대한 애정으로 '슬픔'에 이어진 '분노'의 감정을 조절할 수 있도록 도와주었다. 여전히 가족 안에서 '귀엽고 엉뚱한 막내'로 지낼 수 있을 스스로 안아 주는 '퍼펫 만들기' 과정이 아니었나 싶다.
- G: 나에게 좀 더 중요하게 느껴졌던 것은 퍼펫을 만들기 전 과정이었다. 다른 사람에게 내가 어떻게 보였는지, 그 보이는 면이 실제 내가 인식하는 나와 어떤 부분이 달랐는지에 대해 생각해 볼 수 있게 되었다. 내가 퍼펫을 만들며 골랐던 문구들은 사실 실제의 나와는 다른, 내가 되고 싶은 모습들이었다. 겉으로 보이는 나의 모습과 오히려 나 자신이 인식하는 나의 모습은 다소 괴리가 있었다. 그리고 나는 겉으로 보이는 모습이 나의 모습이 되길 바라기도 했었던 것 같다. 그중 한 문구를 골라 퍼펫에 넣었을 때, 퍼펫에게 뭔가 애착이 생긴다는 생각이 들었다.

  사실 시각적으로 좀 더 귀여운 건 두 번째 만들었던 퍼펫이었지만, 좀 더 애착이 가는 건 첫 번째 만들었던 인형인 것 같다. 내가 '웃는 모습이 사랑스러운'이라는 문구를 골랐던 것은 늘 행복하게 웃을 수 있는 사람이 될 수는 없겠지만, 나의 긍정적인 모습이 나 스스로에게도 내가 만나는 수많은 내담자와 부모님께도, 혹은 내가 개인적으로 알고 있는 누군가에게도 긍정적인 에너지를 줄 수 있는 사람이 되고 싶다는 생각 때문이었다. 이에 분명 우울하고 힘들 때도 있겠지만, 내가 퍼펫 안에 넣어 둔 메시지 카드로 인하여 퍼펫의 심장처럼 긍정적인 방향으로 스스로 나아가는 사람이 되고 싶고, 그날 내가 퍼펫을 만들면서 느낀 기분을 오래오래 기억하고 싶다는 생각이 들었다.

- H: 퍼펫 만들기 경험은 나에게 매우 새로운 경험이었다. 퍼펫을 만든다고 할 때, 처음엔 마치 초등학교 시절로 돌아간 것 같은 기분이었다. 퍼펫을 만들면서 자꾸 집에 있는 나의 진짜 아이가 생각이 났다. 마치 그 아이를 보는 것 같고, 퍼펫을 소중히 돌보면서 아기를 돌보는 듯한 기분이 들었다. 그러다 보니 자연스럽게 퍼펫을 더 소중하게 다루게 되었고 더 예쁘게 만들고 싶은 욕구가 생겼다. 퍼펫을 만들고 그 퍼펫을 사람들에게 떠나보낼 때는 마치 내 아이를 내 손에서 떠나보내는 듯한 기분이 들었다. 여러 감정이 섞인 듯한 기분이었다. 슬프기도 했고 걱정되기도 했으며, 기대되었고 언젠가 다가올 미래가 두렵기도 했다. 그렇게 사람들의 손을 거치고 다시 내 손으로 돌아온 퍼펫은 내 손을 떠날 때보다 더 성장하고 멋진 인형이 되었다는 느낌도 들게 했다. 사실 어떻게 생각하면 퍼펫은 아무것도 아니다. 단지 퍼펫일 뿐이다. 그러나 그 짧은 시간에 퍼펫을 만드는 경험은 나에게 아이를 양육하고 성장시키며 내 손을 떠나, 떠나보내는 경험까지 하게 만들었다. 이 과정에서 퍼펫이라는 매체가 주는 상징의 힘을 느꼈고 다른 사람들은 나와는 다른 경험을 느낄 수 있겠다는 생각을 들었다.
- I: 부드러운 양말을 만지고, 솜을 꺼내 동그란 모양을 만드는 것만으로도 입꼬리가 조금씩 올라가는 느낌이었다. 통통하게 만들어야지! 귀여운 아기를 만들어 내고 싶은 마음이 커졌다. 잘 만들어 내야 한다는 생각이 스쳐 지나가고, 아기 퍼펫이기에 더 조심스러워지는 마음도 느껴졌다. 리본을 충분히 잘라서 두른 줄 알았는데 모자랐고, 아쉽게 느껴졌다가 옆으로 돌려보니 개구쟁이 같은 느낌이 들어 웃음도 나고 반가웠다. 리본이 짧아도, 길었어도 문제가 되지 않는다. 무엇을 둘러도 귀여운 느낌이 들면서 만족스럽고 이대로도 충분하게 느껴진다.

  눈과 입을 표현하고자 할 때가 제일 조심스럽다. 표정과 감정이 드러나는 것보다 평온한 모습이길 바라는 마음으로 콕콕 찍어 보았다.

  준비된 손수건이 아기를 둘러싸는 싸개가 된다. 나의 최초의 탄생 순간은 어땠을까 하는 생각이 들었다가 이내 아기 퍼펫을 싸는 것에 집중한다. 만족스러울 때까지 여러 번 둘러

보면서 편안하고 안락하게, 따듯하게 감싸 주고 싶은 마음이 느껴졌다.

어렸을 때 등 위에 퍼펫을 올리고 수건으로 두르고 돌보는 놀이를 많이 했던 모습이 떠오르면서 사랑받는 느낌을, 퍼펫을 돌보면서 스스로에게 제공하고 있었구나……. 지금은 손 안에 들어오는 작은 아기 퍼펫으로 나의 어린 나를 안전하고 편안하게 다시 돌보는 느낌이 들었다.

퍼펫 만들기를 가볍고 즐겁게 시작했는데, 나를 돌보는 전체 과정이 느껴지면서 채워지지 않는 부족함이 있었는데, 기억나지 않는 아주 어린 아기 때에 조심스럽게 사랑받고 컸다는 느낌이 떠오르면서 안심이 되었다. 퍼펫을 만들고 싸개를 감싸는 작업은 이처럼 잊고 있었던 초기 정서를 불러일으키며, 자기 돌봄을 스스로 다시 재경험하게 하는 듯하다. 나를 다정하게 안아 줄 수 있을 듯하다.

- J: 퍼펫을 만들면서 느끼고 있는 정서와 생각 또한 지금–여기에서 경험하고 있는 것들을 표현하면서 나에 대해 조금 더 많이 접촉하게 되었으며, 느끼고 경험하는 것들을 또한 수용하게 되었다. 또한 퍼펫 만들기 작업을 통해 나를 더욱 수용하는 시간이 되었던 것 같다. 나에게는 여러 가지 이슈가 있지만, 현재 가장 많이 접촉하고 고민하는 이슈는 '나에 대한 미움'이다. 수용하기 힘든 나의 모습들을 상담을 전공하면서 조금씩 접촉하고 수용하는 연습을 하고 있다. 퍼펫 작업은 나의 정서와 경험되는 감각들을 사용하여 완성되는 것으로 어느 것보다 의미 있다고 생각되었다. 각자의 퍼펫을 만들고 동그랗게 모여 서로의 퍼펫을 안아 주고 소중하게 쓰다듬어 주었던 시간이 인상적이었는데, 나를 수용함과 동시에 타인을 수용할 수 있는 시간이 되었던 것 같다. 우리는 모두 강하지만 약하고, 뾰족하지만 부드러운 양면의 존재들이다. 특히 다양한 작업을 통해 '나'를 만나고, 또 '너'를 만나는 시간이 되었다. 그리고 나의 내담자에게도 배운 활동들을 사용하여 도움을 줄 수 있어 더욱 뜻 깊었다. '비언어적 의사소통'은 언어적 표현보다 더 많은 의미와 정서, 감각들을 담을 수 있는 그릇과 같다. 그리고 그만큼 더욱 풍부하게 나를 표현하고, 내담자를 이해할 수 있는 통로이며, 치료 그 자체이다.
- K: 집단원과 소통할 수 있는 사전 작업을 통해 스스로 생각하는 '나'와 타인에게 목격되는 '나'를 경험할 수 있었고, 간단하고 쉽게 만들 수 있어서 편안함을 주는 작업이었다. 요즘도 퍼펫을 다시 꺼내서 살펴보고 내면 아이를 재작업하는 기회도 가질 수 있음에 감사하

다. 부드러운 면 보자기에 싸인 퍼펫과 함께 영아기의 나를 위로하고 안아 줄 수 있었고, 첫 번째 작업했던 퍼펫과 함께 어린 시절의 나를 만나 충분히 안아 주고 자신에게 긍정적 메시지를 전달하는 작업을 할 수 있었다. 현실에서 역할에 충실하고 해야 할 것들에 매진하다 보니 자신을 위로하는 시간을 갖기 어려울 때 퍼펫 작업을 통해 스스로를 위로하고 응원할 수 있었다.

- L: 태어나서 처음으로 경험하게 된 퍼펫 만들기는 나에게 가장 의미가 있는 시간이었다. 퍼펫 만들기는 아동이나 청소년을 대상으로 하는 매체로만 생각했었다. 그러나 만들기를 통해 강렬한 치유적 정서를 경험하게 되었다. 부드럽고 사랑스러운 아기의 형상은 차갑고 단단한 마음을 녹이기에 충분하였고, 특히 퍼펫 속에 넣은 나의 바람이 담긴 메시지와 이름을 지어 준 것은 내가 만든 퍼펫에 애착이 생길 만했다. 나의 애착 퍼펫 이름은 '꼭꼭이'이다.

  나의 꼭꼭이는 꼭 건강하고 꼭 원하는 것을 이루길 바라는 마음이다. 꼭꼭이를 만들고 집에 데려와 책상 모니터 옆에 두고 힘들 때나 짜증 날 때 나를 보며 미소 짓고 있는 꼭꼭이에게 위안을 받는다. 퍼펫 만들기는 앞으로 상담에서 정서적 지지를 받지 못한 내담자나 불안, 우울증이 있는 성인 내담자에게 충분히 적용 가능하다고 본다.

퍼펫을 만들고 퍼펫과 놀이하는 과정, 이것이 주는 메시지는 아주 크다. 변화는 언제나 작은 것에서 서서히 시작된다.

자! 심리상담사 여러분, 용기를 내면서 당신의 비언어적 의사소통 기술을 차근차근 활용해 보기를 바랍니다. 늘 곁에서 응원하겠습니다.

정리 해 봅시다

- 이 장에서는 첫째, 비언어적 의사소통에 대하여 그 정의, 특징과 기능, 유형과 형태, 분류에 대하여 알아보았다. 둘째, 심리상담사를 위한 비언어적 의사소통 기술로서 심리상담사의 비언어적 의사소통 반응—비언어 행동과 비언어 행동 관련 지침에 대하여 살펴보았다.
- 심리상담사를 위한 비언어적 의사소통 기술의 실제 부분을 AEDP(속성경험적 역동심리치료)를 기반으로 퍼펫놀이와 연결하여 알아보았다. 첫째, AEDP와 비언어적 의사소통 기술, 둘째, 인형 매체, 셋째, AEDP에서의 비언어적 의사소통 기술과 퍼펫, 넷째, 실제 사례로서 AEDP 기반의 퍼펫 만들기 작업과 퍼펫놀이를 자세하게 설명하였다. 이에 현장에서 심리상담사들이 비언어적 의사소통 기술을 적용 시 실제적인 도움이 되기를 바란다.

활동 해 봅시다

- 거울을 보고 비언어적 의사소통 중 몇 가지(예: 눈 맞춤, 고개 끄덕이기, 어깨 들썩거리기, 몸 움직임 등)를 반복하여 해 보고 이 과정을 동영상으로 찍어서 자신의 비언어적 의사소통 기술을 확인해 본다.
- 동료 심리상담사들과 퍼펫 만들기 및 퍼펫놀이 작업을 실제로 해 보길 추천한다. [그림 1-2]에 퍼펫 만들기 과정이 나와 있으니 만들어 보고 놀이 활동 경험을 동료 심리상담사들과 함께 나누어 보길 바란다.

참고문헌

강진령(2016). **상담 연습–치료적 의사소통 기술**. 학지사.

김규리(2019). 소마틱(somatic) 경험치료와 속성–경험적 역동 심리치료(AEDP)를 활용한 트라우마 치료 사례 연구. **한국 기독교 상담심리학회지, 30**(3), 43–66.

김진숙(1999). **예술심리치료의 이론과 실제**. KEAPA Press.

김춘경, 이윤주, 정종진(2016). **상담학 사전세트**. 학지사.

노남숙(2005). 인형극 활동의 치료적 가능성. **공연문화연구, 10**, 191–222.

노남숙(2024). 인형매체를 활용한 AEDP 기반 예술치료. **한국예술치료학회 2024 춘계학술대회자료집**.

노남숙, 한유진(2014). 애착 문제 유아 가족을 위한 인형을 이용한 가족놀이치료 프로그램의 개발 및 효과. **한국가정관리학회지, 32**(3), 115–135.

서동희(2005). 연극치료의 극작술(Dramatrugy) 연구: 최인훈 희곡을 중심으로. 이화여자대학교 대학원 석사학위논문.

전명희(2024). 속성경험적 역동심리치료(AEDP)의 치료원리 이해. **한국예술치료학회 2024 춘계학술대회 자료집**.

최광현(2014). **가족세우기 치료: 트라우마에 대한 통찰과 해결**. 학지사.

최광현, 선우현(2018). **인형치료**(개정판). 학지사.

Adler, R. B., & Proctor II, R. F. (2021). **인간관계와 의사소통의 심리학**. (정태연 역). 박영스토리. (원전은 2017년에 출간).

Drewes, A. A., & Schaefer, C. E. (2022). **퍼펫놀이치료의 이론과 실제**. (선우현, 노남숙, 왕영희, 서미진, 안명숙, 최광현 역). 학지사. (원전은 2018년에 출간).

Egan, G. (2013). *The skilled helper: A problem-management and interventions for professional helpers* (global ed., 9th ed.). Pearson Education Limited.

Fosha, D. (2022). **속성경험적 역동심리치료**. (전명희, 박정아, 김현화, 김정수 역). 학지사. (원전은 2000년에 출간).

Fosha, D., & Slowiaczek, M. L.(1997). Techniques to accelerating dynamic psychotherapy. *American Journal of Psychotherapy, 51*, 229–251.

Hendel, H. J. (2020). **오늘 아침은 우울하지 않았습니다**. (문희경 역). 더퀘스트. (원전은

2018년에 출간).

Levine, P. A. (2020). **무언의 목소리**. (박수정, 유채영, 장이정 역). 박영스토리. (원전은 2010년에 출간).

Lipton, B., & Fosha, D. (2011). Attachment as a transformative process in AEDP: Operationalizing the intersection of attachment theory and affective neuroscience. *Journal of Psychotherapy Integration, 21*(3), 253-279.

O'Connor, J., & McDermott, I. (2010). **NLP의 원리**. (설기문 역). 학지사. (원전은 1999년에 출간).

Russell, E., & Fosha, D. (2008). Transformational affects and core state in AEDP: The emergence and consolidation of joy, hope, gratitude, and confidence in (the solid Goodness of) the self. *Journal of Psychotherapy Integration, 18*(2), 167-190.

Sanford, J. A. (1994). **만남, 대화 그리고 치유**. (김중원 역). 하나의학사. (원전은 1982년에 출간).

Wallin, D. J. (2010). **애착과 심리치료**. (김진숙, 이지연, 윤숙경 역). 학지사. (원전은 2007년에 출간).

Yeung, D. (2021). **AEDP 속성 경험적 역동심리치료**. 사람들에게 평화를 심리사회지원 교육원 워크숍 자료집.

제2장

신체기반 심리치료: 몸을 통해 찾는 마음

음혜영

최근 들어 트라우마라는 단어가 우리 일상에 자주 등장하고 있다. 트라우마를 유발하는 것에는 큰 사건들도 있지만 작고 소소한 사건이나 일화도 있다. 트라우마는 사건의 크기와 상관없이 우리의 마음에 남는다. 세월호, 이태원 사건, COVID-19의 유행과 같이 누구나 기억할 만한 큰 사건이 트라우마로 기억될 수도 있고, 누군가에게는 말 한마디나 작은 부정적 경험조차도 트라우마로 다가올 수 있다. 이런 마음의 상처는 종종 몸으로 나타나곤 한다. "가슴이 답답해요." "숨을 쉴 수가 없어요." "심장이 미친 듯이 뛰어요." "신경만 쓰면 몸이 여기저기 아파요."라는 말들을 우리의 일상에서 한 번쯤은 들어 봤을 것이다. 최근 심리치료에서는 이러한 상처를 치유하기 위해 언어적 상담뿐만 아니라 몸을 활용하는 방법을 찾아내고 있다. 몇 년 전에 출간된 책 중 어린 시절의 애착 경험이 몸에 남아 있고, 언어화되지 않아 몸의 기억으로 평생 남는다는 내용의 책이 있었다. 이는 어린 시절의 경험과 고통을 몸으로 기억하는 것에 관한 이야기였다. 실제로 놀이로 하는 상담에서 그 경험을 해결하며 성장하는 과정을 심리상담사로서 보아 왔다. 상처받은 많은 아동은 어린 시절의 상처를 몸으로 드러내고 놀이실에서 기억하지 못하는 아주 어린 시절의 장면을 재현하며, 그 경험에 대응하는 방법을 찾아가고 있다. 어린 시절의 고통스러운 순간을 나름의 방식으로 놀이실에서 그 장면을 재현하며 성장한다. 심리적 어려움을 함께 극복하는 이 과정은 감동적이고 동시에 의미 있는 경험이다. 예를 들어, 영유아기 부의 폭력을 경험한 아동이 있었다. 이 아동은 모에 불리불안을 보이며 사람을 믿지 못해 학교에 다닐 수가 없었다. 그 아동에게 안전지대를 만들어 주고 안정감을 주며 내 몸의 신호에 대해 알도록 했다. 몸이 불안을 감지하고 나타내는 신호들을 알아챈 후 호흡과 안정화 기법을 통해 안전감을 주는 과정을 진행했다. 보통 정서 중심의 치료를 하는데 거기에 신체를 인식하고 알아차리고 신체를 조절하는 과정을 더했다. 수개월이 지난 후 아동은 어두웠던 전과 달리 밝아지고 학교생활이 가능해졌다.

이런 경험을 통해 상담 현장에서 어린 시절의 트라우마를 다루는 것이 얼마나 중요한지, 몸이 얼마나 중요한 역할을 하고 있는지를 깨닫게 된다. 마음의 상처를 몸으로 드러내고 치유하는 것은 언어로 표현하기 어려운 감정들을 풀어내고 성장하는 과정에서 큰 도움이 되고 있다. 상담 현장에서 이러한 기법들이 활용되길 바라며, 트라우마와 함께 성장하고 치유하는 과정이 희망으로 이어질 수 있기를 기대한다.

1. 최근 심리치료의 경향성

최근 심리치료의 경향성 중 몇 가지 주목할 만한 특징들을 살펴보고자 한다. 원격 진료와 디지털 플랫폼의 발전은 최근의 흐름 중 하나이다. 기술의 혁신적인 발전으로 원거리나 제한된 환경에서도 치료를 받을 수 있게 되었다. 기술적 통합과 혁신은 가상 현실과 증강 현실과 같은 첨단 기술을 활용해 상담과 치료의 폭을 확장하고 있으며 COVID-19의 영향으로 인해 원격 진료와 상담의 영역이 확대되었다. 또한 상담 대상 영역이 다양화되고 있다. 상담이 필요한 영역, 다루어지는 문제, 내담자 계층 등을 지칭하는데, 다문화 시대를 맞이하여 문화적 역량과 배려의 강조는 치료에 있어 문화 간 차이점을 이해하고 소외된 지역사회의 고유한 요구를 고려한 맞춤형 치료를 더욱 부상시키고 있다.

단기 및 해결 중심의 접근법은 CBT, DBT, 해결 중심 단기 치료와 같은 방법을 통해 더 집중된 세션을 제공하고 있다(Wedding, 2010). 웰빙, 행복과 같은 긍정심리를 주제로 한 연구들이 계속 증가하며 신체적 질병이나 정신 병리를 가진 사람들에 대한 치료의 효과를 검증해 내고 있다(강민지, 김미리혜, 김정호, 2015). 마음챙김과 수용 기반 요법은 내담자가 깊은 내면 성찰을 통해 감정을 안정시키고 자아를 강화하는 데 중점을 두고 있다. 또한 트라우마 치료는 트라우마 생존자를 위해 안전하고 권한 부여된 치료를 강조하고 있다. 한편, 긍정적 심리학과 웰빙의 강조는 행복과 만족도를 중시하는 긍정적 심리학의 개입을 강조하고 있다(유다선, 손정락, 2014). 또한 개인화된 치료 계획이 일반화되었는데 각 개인의 선호도, 강점,

고유한 상황을 고려하여 맞춤형 치료 계획을 수립하는 것이 중요시되어 진행 상황을 체크하고 치료를 맞춤화하기 위해 결과 측정 및 내담자 피드백을 사용하는 것이 점점 더 강조되고 있다. 데이터 기반 접근 방식으로 치료 효과와 내담자 만족도를 향상시키는 것을 목표로 한다. 다양한 접근법의 통합은 치료의 총체적이고 유연한 접근법을 가능하게 하고 있다. 그 결과, 측정 및 피드백은 현대 심리치료의 핵심 요소 중 하나로 떠오르고 있다. 이는 진행 상황을 정량적으로 추적하고 내담자의 피드백을 통해 치료 방향을 조절하는 과정에서 나타난다.

또한 몸 치료의 대두는 현대 심리치료에서 새로운 지평을 열고 있는 추세이다. 1990년대 이후 신경과학의 진전과 함께, 인간을 몸과 마음으로 구분하는 전통적인 시각이 부정되었다. 이로써 언어 중심의 인지-정서-행동 치료 외에도 몸(soma)의 중요성을 강조하는 몸지향(enbody) 치료가 강조되고 있는데 특히 트라우마를 경험한 개인들은 언어로 표현하기 어려운 경험을 몸의 움직임, 몸짓, 자세 등으로 드러내기 시작한다. 이러한 몸의 언어는 무의식적이며 미묘하지만, 매우 의미 있는 정보를 전달한다. 몸의 언어를 통해 감정과 경험을 표현하고 이해하는 것은 전통적인 언어 중심의 치료법을 보완하는 중요한 획을 그으며, 몸을 임상 상황에서 치료적 자원으로 활용하는 방향으로 진화하고 있다(Wedding, 2010). 이를

표 2-1 제목으로 살펴본 「한국심리학회지: 건강」에 실린 논문들의 주제

주제	1996~2000 (*n*=67)	2001~2005 (*n*=165)	2006~2010 (*n*=266)	2011~2016 (*n*=297)	계 (*n*=795)
스트레스	17(25.4%)	43(26.1%)	41(15.4%)	41(13.8%)	142(17.9%)
웰빙, 행복	1(1.5%)	9(5.5%)	22(8.3%)	36(12.1%)	68(8.6%)
우울	2(3.0%)	12(.7.3%)	23(8.7%)	31(10.4%)	68(8.6%)
명상, 마음챙김	2(3.0%)	7(4.2%)	15(5.6%)	31(10.4%)	55(6.9%)
수용-전념			1(0.4%)	16(5.4%)	17(2.1%)
신체반응	5(7.5%)				16(2.0)
운동 신체 활동			1(0.4%)		

출처: 서경현(2017).

통해 각 개인에게 맞는 풍요로운 지혜를 추구하며 현대 심리치료는 새로운 지평을 열어 나가고 있다.

2. 신체기반 치료의 이론적 배경

1) 애착 이론

John Bowlby는 제2차 세계대전 시 고아들의 사회적 관계의 어려움에 관한 UN 보고서를 작성했고, 이 경험을 바탕으로 애착 이론(attachment theory)의 토대가 되는 이론을 만들었고, 이 이론은 Mary Ainsworth와 James Robertson의 연구를 통해 더욱 발전되었다. 주 양육자와의 관계를 통해 맺게 되는 정서적 유대관계를 애착이라 하며 영아가 정상적인 감정 및 사회적 발달을 이루기 위해서는 주 양육자와 관계를 형성해야 한다는 것이다. 자신에 대한 긍정적 · 부정적 관점을 기본으로 하여 애착 대상으로부터 자신이 어느 정도 수용될 수 있는지에 대한 신념과 기대를 하게 되는데 자신과 타인에 대한 내적 작동 모델을 형성한다고 할 수 있다(하유미, 2012; Bowlby, 2009).

애착 유형은 문화적 규범, 가족 구조 및 사회적 가치의 영향을 받을 수 있다. 문화에 따라 정서적 친밀감과 독립성에 다양한 정도의 중요성을 부여하여 애착 유형의 발달에 영향을 줄 수 있다. 애착 이론은 인간 발달, 관계 및 정서적 안정에 대한 귀중한 통찰력을 제공했고 어린 시절에 형성된 애착 패턴은 지속적인 영향을 미칠 수 있지만 개인은 자기 인식을 개발하고 성찰, 치료 및 건강한 관계를 통해서 안전한 애착 유형을 향해 노력할 수 있다(Wallin, 2010).

성인 애착에 대한 연구는 부모와 자녀 간의 정서적 유대인 애착 관계가 성인들 사이에서도 정서적 친밀감을 형성한다는 가정에서 시작되었다. Bowlby의 애착 이론을 성인기의 사회적 관계에까지 확장한 중요한 주제로, 영아기에 형성된 애착 체계는 성인기까지 이어져 개인의 사회적 관계에 큰 영향을 미친다. 이는 아동기와 청소년기를 거치면서 어머니와 또래, 이성으로 애착 대상이 변화되고 확대되며 성인이 된 이후에도 일생 계속된다(이시은, 이재창, 2005). 이렇게 형성된 애착 유형은 개인이 평생 관계를 인식하고 참여하는 방식에 영향을 미치고 세대 간에 걸쳐 전이된다(전효정, 2003). 따라서 생애 초기에 양육자와의 상호작용을 기반으로 형성된 애착의 질은 전 생애에 걸쳐 중요한 역할을 하며, 애착의 질과 내적 작동 모델은 양육자가 얼마나 민감한 대상인가에 따라 애착의 질이 결정된다. 양육자가 아동의 정서적 · 신체적 필요를 지속적으로 충족시켜 준다면 안정적인 애착이 형성될 가능성이 높아지고 일관성이 없거나 방임적인 돌봄은 불안하거나 회피적인 애착 유형의 발달로 이어질 수 있다(Bowlby, 1973: 신지욱, 2006 재인용). 이는 특정인에게 접근하고 접촉을 유지하려는 안정적인 경향성을 의미한다. 또한 부모와의 애착은 개인의 성격 특성으로 간주할 수 있다(Mallinckrodt, 1991: 홍정연, 2009 재인용). 생애 초기에 형성된 어머니와의 애착이 나이가 들면서 그 대상이 점차 확장되고 발전된다는 것을 알 수 있다. 성인기에는 일방적인 돌봄보다는 양방향적인 친밀관계를 통해 애착 관계를 유지한다. Ainsworth(1978)의 안정 애착, 회피형 애착, 양가적 애착 유형이 성인 애착 유형과 흡사하다는 것을 Main 등(1985)이 성인 애착 면접을 통해 발견했다. 이는 초기 애착이 성인기에도 이어진다는 것이다(Wallin, 2010). Shaver와 Hazan(1987)도 생애 초기 애착의 특징들이 성인기의 관계에서도 동일하게 나타난다는 것을 알아냈다. 성인기의 애정 관계를 애착 과정으로 개념화했다. 이를 안정형, 회피형, 양가형이라는 세 가지 유형으로 구분했고 초기 애착이 성인기의 사회적 관계에까지 영향을 미친다는 것을 강조했다. 이를 통해 성인기의 대인관계와 정서적 안정성에 대한 이해를 증진시켰다(신지욱, 2006). 이에 애착 이론은 대인관계와 사회적 발전을 이해하는 근본적 틀로 역할을 하게 되었다. 개인의 관계 문제, 해결되지 않은 애착 문제 및 감정 패턴을 이해하고 해결하도록 돕기 위해 심리치료 및 상담에 널리 사용되었다(함혜경, 2013).

2) 다미주 신경이론

1994년에 미국의 정신건강의학과 교수인 Stephen W. Porges 박사가 발표한 다미주 신경이론(polyvagal theory)은 자율신경계의 중요성을 강조하는 이론 중 하나이다. Porges 박사는 미주신경이 심장박동 변이도를 통해 측정될 수 있다는 것을 발견했고, 이 과정에서 미주신경이 호흡성 동성 부정맥과 서맥, 무호흡증 등 다양한 생리적 반응을 조절하는 역할을 한다는 것을 밝혀냈다. 미주신경의 역설적인 반응을 설명하기 위해 발표된 다미주 신경이론은 심리학, 신경과학, 외상 치료 분야에서 널리 받아들여지고 인정받았다. 이 이론은 자율신경계의 중요성을 강조하며 생리적 반응과 사회적 행동 간의 연결을 이해하는 데 기여하였다. 현재에는 외상 후 스트레스 장애 환자들을 치료하거나 몸기반 심리치료에 임상적인 적용을 시도하고 있다(노준호, 2020).

미주신경은 두 가지로 각기 다른 행동 전략과 연관되는데, 하나는 안전한 환경 속에서 사회적 상호작용과 연관되어 있고 다른 하나는 생명이 위험한 상황에서 요구되는 적응적 반응과 관련된다(Fosha, Siegel, & Solomom, 2015). 자율신경계는 교감신경계(SNS)와 부교감신경계(PNS-등쪽 미주신경과 배쪽 미주신경)로 구성되어 있으며, 포유류와 파충류의 사회적 행동은 이 신경계의 구조와 기능의 진화에 기반한다. 자율신경계 내에서 교감신경계와 부교감신경계는 서로 조밀하게 얽혀 있다. 교감신경계의 과도한 활성화는 불안과 만성적인 통증, 그리고 과도한 각성 상태로 이어질 수 있다. 교감신경계는 투쟁-도피 반응과 관련이 있으며 부교감신경계는 이러한 상태를 극복하고 몸을 안정시키는 역할을 담당한다. 트라우마 상황에서 몸의 생리학적 반응을 해부학적으로 해석하면, 뇌와 장기간의 상호작용은 상당히 중요한 역할을 한다. 미주신경은 2개의 다른 위치에서 시작되는 2개의 분리된 가지가 있으며 자율신경계가 미주신경의 배측 가지이며, 이완과 사회적 참여의 긍정적 상태이며 척추의 교감신경계는 투쟁 또는 도피이며, 미주신경의 등쪽 가지는 셧다운, 해리반응, 부동화의 세 가지 신경 회로로 구성되어 있다. 배측 미주신경의 기능은 항상성을 유지하는 데 주목할 만하다. 안면과 머리 근육을 통제함으로써 얼굴의 표정, 음성, 자세, 기색, 그리고 정서와 관련된 인간의 사회적 참여체계와 밀접한 연관이 있다. 동시에 이 신경은 소화, 배설, 흡수, 수면, 움직임을 조절하는 데 기능한다. 다미주 신경은 안전한 환경에서 활성화되어 사회적 행동 과정에서 조절을 지원하는 회로들을 촉진한다. 이러한 회로들은 건강과 성장의 회복에 기여한다.

건강한 신경계 반응은 뇌의 의식적 개입이 필요 없이 자동적으로 조절되며, 적절한 위험 대응 행동을 유도한다. 보통의 상황에서 교감신경계와 부교감신경계에 자극이 주어지면, 신경계는 일시적으로 어느 한쪽으로 기울어질 수 있지만, 자극이 과도하면 기본 상태로 복귀하지 못하고 만성적으로 한편으로 치우치게 된다. 이러한 상태는 트라우마로 인해 교감신경계와 부교감신경계가 장기적으로 불균형한 상태로 변화한 것을 의미한다. 트라우마의 반응은 주로 신경계와 몸의 상호작용에 기인한다. 이것은 신경계가 인지된 위험에 대한 지각과 이에 대응하는 적응된 반응으로 해석될 수 있다. 외상 경험이 자율신경계를 어렵게 조절하면서, 정서적 · 사회적 · 신체적 건강에 상당한 어려움을 초래할 수 있음을 시사하고 있다. 트라우마를 극복하려면 투쟁과 도피 주기가 끝나고 안전한 상태로 복귀해야 하는데, 트라우마를 겪은 사람들은 아주 미세한 단서에도 투쟁, 도피, 얼어붙기와 같은 방어 반응이 나타날 수 있다. 사람 간 상호작용에서 자극이 주어지면, 이를 '신경지'라는 신경 자체의 지각 과정을 통해 상황을 차단하고 얼굴 표정, 눈빛 등을 통해 상황에 적절히 대처하고 안정감을 유지할 수 있다. 그러나 트라우마를 겪거나 외상 후 스트레스 장애가 있는 경우, 신경지 과정에서 상황에 대한 왜곡이 발생할 수 있고, 유수 미주신경이 적절히 반응하지 못하게 되어 인간관계 속에서 자극을 안전하지 않은 위협으로 느끼게 된다. 무수 미주신경이 반응을 일으켜 신체 셧다운이나 단기 기억상실, 해리증상과 같은 증상을 유발할 수 있다.

정신 장애 중에서 자폐스펙트럼장애와 같은 경우, 청각 과민, 무표정, 빈맥, 그리고 미주신경 조절의 약화로 인한 방어적 행동이 나타날 수 있다. 이는 사회적 참여체계가 하향 조절되었음을 나타내며, 이로 인해 사회적 활동에 어려움을 겪고 더 많은 위험을 감지하게 된다. 배쪽 미주신경 활성에 의한 사회적 관여(social engagement) 단계는 가장 최신의 미주신경 회로인 수초화 미주신경으로 구성되어 있으며 배쪽 미주신경 복합체가 관여하게 되는데 주로 얼굴, 발성, 몸짓과 관련된 근육에 분포한다.

Porges(2006)의 다미주 신경이론에서 말하는 사회적 관여체계(social engagement system)에서는 개인이 스트레스나 세상의 위협에 노출될 때 이에 대해 적응하는 방식으로 가장 최신에 진화된 미주신경회로를 작동시킨다고 한다. 이 체계 안에서 개인은 방어적인 상태가 아니라 타인과의 관계에서 몸과 마음을 이완한 상태로 편안하고 즐겁게 관계를 맺는 데 중요한 자율신경계 체계라고 할 수 있다. 이 체계가 활성화된다면 신체 내부는 밖의 환경에서 안전을 감지하면서 교감신경계의 활성을 낮추고 내장 상태를 안정시킬 수 있으며 얼굴 표정을 알맞게 조절하고 감정을 표현하며 긍정적인 사회적 활동을 촉진시킨다(신성만, 박명준, 2018). 따라서 이 단계는 최적의 각성 상태가 되어 심리적으로 평온한 상태가 유지될 수 있으며 현재 일어나는 내적·외적 상황에 유연하게 대처하고 적응할 수 있는 상태를 만든다(Ogden, Minton & Pain, 2019). 교감신경계 활성에 의한 동적 방어(투쟁·도피)의 내적·외적 상황을 배쪽 미주신경 활성에 의한 사회적 관여로 대처할 수 없을 때는 교감신경계 반응으로 개인이 위험을 감지하게 된다. 심박수가 증가하고 대사활동이 증가되고 투쟁과 도피의 동적 방어를 하는 운동화(mobilizaion) 단계이다(신성만, 박명준, 2018).

상호작용적인 놀이는 다미주 신경이론에서는 정신적·신체적 건강을 개선하기 위한 신경훈련으로 간주된다. 이러한 훈련은 생리적 상태의 공동 조절을 촉진하며, 신경 기전을 활성화하여 개인이 자율적으로 반응을 조절하고 안전감을 회복하며 치유를 촉진하는 것을 목표로 한다. 상호작용적인 놀이는 개인 간의 상호작용을 강조하며, 동시적이고 상호 호혜적인 행동을 요구한다. 이를 통해 각자의 사회적 참여체계에 대한 인식을 향상시키고, 교감신경의 활성화를 통해 신경계를 조절함으로써 공격적인 행동이나 무질서한 움직임을 방지한다.

다미주 신경이론에서 파생된 기술은 안전하고 긍정적인 경험을 통해 개인이 자율적으로 반응을 조절하고 치유되도록 돕는다. 또한 이를 통해 감정, 행동, 타인과의 상호작용에 대한 인식을 높여 준다. 다미주 신경이론은 우리의 신경계가 다양한 상황에 어떻게 반응하는지를 통해 각자의 감정과 행동, 그리고 타인과의 상호작용을 깊이 이해할 수 있게 해 주며, 이를 통해 개인의 치유와 성장을 촉진하는데 기여한다. 자율신경계의 활동은 무의식적인 신경학적 기제이다. 심리적 어려움에 처했을 때 우리 몸에서 일어나는 자율신경계의 신경 생리적 반응에 주의를 기울이고 알아차림을 한다면 심리치료 과정에 큰 도움이 된다. 안전모드인 배쪽미주신경을 활성화해 최적의 각성 상태를 만들 수 있다. 이를 위해 무엇보다 마음챙김 훈련이 필요하겠으며 가부좌 명상이나 호흡명상도 도움이 되겠다(노준호, 2020).

3) 마음챙김

마음챙김(mindfulness)은 지금 이 순간에 일어나는 마음과 몸의 경험을 즉각적이며 정확하게 알아차리고, 현재 경험에 주의를 집중하는 것이다. 평가나 판단을 하지 않고 있는 그대로의 경험을 받아들이고 제3자의 위치에서 바라보는 것이라고 정의했다(박성현, 2007).

마음챙김은 현재의 순간에 주의를 집중하고, 순간을 알아차리는 정신적 훈련이다. 이 용어는 'moment-by-moment awareness'라는 깊은 의미를 담고 있으며, 불교의 지관(止觀)이나 삼매(三昧)와 같은 해석을 연상시킨다(염규나, 2020). 마음챙김은 현재의 순간에 완벽히 존재하면서 판단하거나 흐트러짐 없이 현재의 경험에 집중하는 정신적 연습을 통해 이루어진다. 이 과정은 어떤 판단이나 평가 없이 자신의 경험을 그대로 받아들이는 것이다. 이를 통해 개방적이고 호기심 많은 태도를 가지게 된다. 마음챙김의 중요한 요소 중 하나는 호흡에 집중하는 것이다. 호흡의 감각에 집중하면서 현재의 순간에 집중하면 과거나 미래에 대한 걱정을 버릴 수 있다. 또한 신체 감각에 주의를 기울이며 섬세하게 알아차리는 것도 포함된다.

마음챙김의 심리치료 기제를 정의하면 다음과 같다. 첫째, 노출효과는 마음챙김을 통해 고통과 불안을 일으키는 심리적 경험을 반복적으로 노출하면서 그에 대한 인내력이 증가하는 것이다. 둘째, 탈자동화는 현재의 자기 경험을 세밀하게 관찰하게 되면서 자기에 대한 이해와 통찰을 깊게 하여 부적응적인 습관을 약화한다. 셋째, 탈동일시는 마음챙김을 통해 관찰 자아와 체험 자아가 분리되어 자기 경험을 대상화할 수 있다. 그래서 관찰 자아와 체험 자아의 탈동일시가 일어난다. 관찰 자아가 체험 자아에 함몰되지 않고 거리를 유지하여 자기 경험에 대한 정서적 반응이 감소하여 평정심을 가지고 체험 자아를 바라볼 수 있다(권석만, 2012). 이는 다양한 생활과 다양한 환경에서 적용될 수 있다. 이를 통해 우리는 자연스럽게 현재의 경험에 민감해지고, 마음의 안정과 균형을 찾게 된다. 이는 과거나 미래의 부담을 떨쳐 내고 현재의 순간에 집중함으로써 내면의 평온과 안정을 찾는 과정에서 비롯된다(염규나, 2020).

마음챙김 훈련은 현대 심리치료에서 중요한 역할을 하고 있다. 이 훈련은 주로 스트레스 관리, 감정 조절, 집중력 향상, 대인관계의 품질 향상 등 다양한 영역에서 효과적으로 사용되고 있다. 특히 스트레스 관리에 큰 도움을 준다. 현대 사회에서는 다양한 스트레스 요인이 있으며, 이에 효과적으로 대응하는 것은 심리적 안정을 유지하는 데 필수적이다. 현재의 순간에 집중함으로써 과거나 미래에 대한 불안을 줄이고 차분한 마음 상태를 유지하는 데 도움이 된다. 마음챙김은 감정을 조절하는 데에도 기여한다. 도전적인 감정을 인식하고 이해함으로써 이를 건강하게 관리할 수 있는 능력을 키워 준다. 이는 충동적이거나 과도한 감정 반응을 방지하고, 더 건강한 대처 방식을 찾는 데 도움을 준다. 마음챙김은 집중력을 향상시키는 데에도 긍정적인 영향을 미친다. 일상에서 마음을 현재의 경험에 집중시키는 훈련은 주의력과 집중력을 높이는 데 도움이 된다. 이는 업무나 학업에서의 성과를 향상시키는 데 기여할 수 있다. 마음챙김은 대인관계의 질을 높이는 데에도 도움을 준다. 상대방의 이야기를 주의 깊게 듣고 이해하는 마음챙김은 관계의 신뢰와 이해를 증진시킬 수 있다. 이는 가족, 친구, 동료와의 관계에 긍정적인 영향을 미친다. 마음챙김은 불안, 우울증, 스트레스 관리뿐만 아니라 심리적 안정을 촉진하는 다양한 영역에서 효과적으로 사용되고 있으며, 현대 심리치료에서 중요한 이론 중 하나로 자리매김하고 있다.

3. 소마란 무엇인가

1) 소마의 정의

1970년대 이후 정립되기 시작하여 학문적 흐름을 형성하고 있는 소마틱(somatic)은 실존주의 현상학자 Thomas Hanna가 제안한 용어로 몸학이라고도 불렸다. 소마(soma)는 그리스어로 총체적인 생명체이라는 뜻으로 3자 관점으로 대상화되는 몸이 'body'라면 1자 관점에서 체험하는 몸이 소마이다. Thomas Hanna는 소마에 직립, 대면, 핸들링, 타이밍의 네 가지 기능이 있으며 그에 따른 응축, 고정, 편향, 비효율성의 네 가지 왜곡이 있음을 말했다(박주연, 2020). 몸이란 신체와 정신이 하나인 소마를 의미하며, 인간은 소마 상태를 유지하기 위해 몸의 동작과 함께 자각과 주지라는 마음의 작용을 통한 항상적 재정렬 작업이 필요하다(이정명, 2015). 그것은 신체적 · 정서적 웰빙을 향상시키는 것을 목표로 마음과 몸의 통합에 초점을 맞춘 다양한 관행과 규율을 포함한다. 소마틱스(somatics)는 신체 감각과 움직임에 대한 인식을 높임으로써 개인이 통증, 긴장 및 스트레스와 같은 문제를 해결하여 전반적인 건강과 기능을 향상시킬 수 있다는 생각에 근거한다(박주연, 2020).

2) 소마틱스의 특성과 종류

(1) 소마틱스의 특성

소마틱스는 우리 몸을 하나의 유기적인 전체로 바라보며, 그 안에서 신체와 마음이 조화를 이루는 과정을 통해 인간의 참된 본질을 탐구하고자 한다. 이 학문은 단순한 신체 운동 이상의 의미를 지닌다. 그것은 내면의 자각을 통해 자신을 새롭게 재발견하고, 몸과 마음의 연결을 통해 새로운 삶의 방향을 모색하는 길을 제시한다. 소마는 우리의 일상 속에서 끊임없이 변화하며, 우리는 그 변화를 인지하고 조화롭게 맞이하는 과정에서 진정한 웰빙을 실현할 수 있다.

(2) 소마틱 치료의 종류

치료의 영역은 소마틱스(신체기법), 소마틱 사이컬러지(신체 심리학), 무용 무브먼트의 세 가지 유형으로 분류하거나 소마틱 교육(somatic education)과 소마틱 심리치료(somatic psychotherapy) 두 가지 분야로 나누기도 한다(안신정, 2018).

소마틱 교육 분야로 분류되는 대표적 기법으로는 펠든크라이스 기법(Feldenkrais method®), 알렉산더 테크닉(Alexander technique)이 있고 심리치료 분야에서는 신체경험중심치료, 트라우마 치유 요가, 감각운동 심리치료 등이 있다(박주연, 2018).

3) 소마틱스

몸과 마음의 융합적 치유로 다음과 같은 특징을 갖는다. 이는 마음과 신체의 긴밀한 연결을 탐구하고, 이를 통해 전체론적 치유를 이루고자 하는 접근법이다.

첫째, 마음과 신체의 연결이다. 소마틱스는 마음과 신체 사이의 복잡한 연결을 인식한다. 이는 정신 및 감정 상태가 신체적 안녕에 영향을 미칠 수 있으며, 반대로 신체적 안녕이 정신과 감정 상태에 영향을 미친다는 이해에서 출발한다. 몸과 마음은 하나의 유기체로서 서로를 반영하고 조율한다.

둘째, 자각과 감각이다. 신체 수련의 핵심은 신체 감각, 움직임, 자세에 대한 자각을 높이는 것이다. 이는 신체의 소리를 '듣고' 몸의 소리에 귀를 기울이는 능력을 개발하는 것을 포함한다. 몸은 우리에게 끊임없이 이야기를 들려준다. 이러한 자각은 내면의 균형을 찾고 자신과의 깊은 연결을 형성하는 데 필수적이다.

셋째, 운동 교육이다. 신체 운동에는 종종 부드러운 운동과 이동성, 협응력 및 정렬을 개선하기 위한 기술이 포함된다. 이러한 움직임은 마음챙김과 신체 감각에 대한 의식적인 주의에 초점을 두고 수행된다. 이는 마치 몸을 통해 마음을 배우는 과정과 같다. 각 동작은 새로운 깨달음과 통찰을 가져다준다.

넷째, 긴장 완화이다. 신체적 수련은 만성적인 근육 긴장과 스트레스, 외상 또는 잘못된 자세로 인해 발생할 수 있는 보유 패턴을 풀어 준다. 주의 깊은 움직임과 이완 기술을 통해 심리상담사는 스트레스 요인에 대한 신체의 반응을 재훈련하는 것을 목표로 한다. 이는 마치 몸의 깊은 곳에 잠재된 긴장을 녹여 내는 과정과 같다.

다섯째, 통증 관리이다. 소마틱스는 허리 통증, 목 통증 및 근골격계 문제를 포함한 만성 통증을 관리하고 줄이는 데 효과적일 수 있다. 근본적인 움직임 패턴과 긴장을 해결함으로써 개인은 통증 완화를 경험할 수 있다. 이는 몸의 고통을 이해하고, 그와 조화롭게 공존하며, 궁극적으로 치유하는 여정을 의미한다.

여섯째, 마음챙김과 명상이다. 신체적 수련은 종종 마음챙김과 명상 원칙을 통합해 사용한다. 상담사는 그 순간에 온전히 존재하는 법을 배우고 판단 없이 자신의 신체적 경험을 관찰한다. 이는 마치 몸과 마음이 하나가 되어 현재의 순간을 순수하게 체험하는 과정과 같다.

일곱째, 다양한 접근법이다. 소마틱스에는 각각 고유한 방법과 기술이 있는 다양한 방식이 존재한다. 잘 알려진 분야에는 펠튼크라이스 기법, 알렉산더 테크닉, Body-Mind Centering 및 Somatic Experiencing이 있다. 각 접근법은 몸과 마음의 연결을 탐구하고, 이를 통해 새로운 가능성을 열어 준다.

여덟째, 전체론적 치유이다. 소마틱스는 개인의 안녕의 신체적 · 정서적 · 심리적 측면을 고려하는 전체론적 치유 접근 방식을 장려한다. 이는 건강의 기본 구성 요소로서 자기 관리와 자기 인식을 촉진한다. 신체 요법은 통증이나 신체적 제한을 완화하려는 개인과 전반적인 안녕 및 신체 인식 향상에 관심이 있는 개인이 자주 사용한다. 또한 신체적 접근은 무용, 공연 예술, 물리 치료, 심리학 및 스트레스 관리와 같은 분야에 적용된다. 이는 마치 몸과 마음이 하나의 하모니를 이루어 전체적인 건강을 추구하는 과정과 같다.

4. 소마틱 교육

1) 알렉산더 테크닉

F. M. Alexander에 의해 만들어진 것으로, 스스로 인지하지 못하는 고정된 생각과 행동습관으로부터 벗어나 심신의 조화를 회복하는 기법이다. 알렉산더 테크닉은 오랜 긴장과 잘못된 습관으로 생긴 감각적 인식 오류를 수정하고 재인식시키는 과정을 진행함으로써 편안한 자세를 회복시킨다. 또한 소마틱스 기법의 대표적인 기법으로 공연 예술계를 중심으로 활용되고 있다. 알렉산더 테크닉의 특징을 살펴보면 다음과 같다.

첫째, 중추조절(primary control)이다. 머리–목–몸통의 관계(head-neck-back relationship)라 불리는 중추조절은 신체의 복잡한 기능을 통합하고 단순하게 제어하는 과정을 말한다. 알렉산더 테크닉에서는 이를 통해 복잡한 여러 반사체계를 비교적 단순화해서 조절할 수 있다고 한다.

둘째, 자제심(inhibition)이다. 자제심이란 자극과 반응 사이에 일정한 간격을 두어 불필요한 반응을 제어할 수 있게 하는 원리를 말한다. 이것은 학습된 패턴에서 벗어나 새로운 신경 네트워크를 형성하여 감정, 사고, 행동 수준에 큰 변화를 가져온다. 즉, 주어진 자극에 대한 특정 반응을 의식적으로 통제하는 멈춤의 기술을 훈련함으로써, 무의식적 충동과 부적절한 긴장 반응을 스스로 자제할 수 있는 상태가 된다.

셋째, 디렉션(direction)이다. 무의식적인 반사를 자제하면서 중추조절을 회복하기 위해 알렉산더 테크닉에서는 디렉션을 사용한다.

넷째, 목적의식(end-gaining)이다. 알렉산더 테크닉에서는 현대인의 대부분의 긴장과 스트레스의 원인을 무언가를 성취하기 위한 강력한 집착 때문으로 보고 이를 자제하도록 한다.

다섯째, 진행과정(mean's where by)이다. 무언가 성취하려는 즉각적인 반응을 자제하고 순간 속에 깨어 있는 원리이다.

여섯째, 판단하지 않음(non-judgement)이다. 알렉산더 테크닉에서는 인간의 감각 인식은 쉽게 오류가 생길 수 있고 이를 바탕으로 즉각적인 판단을 할 경우 습관적 반응이 일어난다고 본다. 따라서 모든 훈련은 가능하면 판단을 보류하고 무심하게 해야 한다.

일곱째, 넌두잉(non-doing)이다. 목적의식을 자제하고 디렉션을 주면 우리 신체에서는 자연스러운 흐름이 생기고 이에 따라 자연스럽게 신체가 사용되는 것을 넌두잉적인 신체의 사용이라고 할 수 있다.

2) 펠든크라이스 기법

펠든크라이스 기법은 유도 수련자이면서 물리학자이자 공학자인 Moshe Feldenkrais(1904~1984)의 심리학, 생체역학, 물리학 등의 통합통찰로 만들어진 신체적 교육 접근법이다. 자기 인식을 높이고 고효율적이고 자연스러운 움직임의 패턴을 촉진하여 움직임, 유연함, 자세 및 전반적인 신체적 및 정신적 건강함을 개선하도록 만들어졌다. 신체의 움직임 기능과 신체 건강을 다시 되찾거나 개발할 수 있는 효율적이고 효과적인 움직임 프로그램이며, 펠든크라이스 방식 레슨은 자각 능력을 크게 확장시킨다. 신체를 자각하고 움직임을 재학습하는 과정 속에서, 여러 가지 신체적인 어려움이 해결되고 움직임의 질적인 향상이 이루어진다. 이는 자신이 원하는 삶을 살 수 있는 가능성으로 귀결된다(Feldenkrais, 1980: 박주연, 2020 재인용).

(1) ATM

움직임을 통한 자각(Awareness Through Movement: ATM)은 펠든크라이스 기법의 단체 레슨 형식의 수업이다. 전문가의 언어적인 안내와 질문에 따라 진행되며 움직임에 따른 감각에 주의를 기울이고 집중하며 자각하는 형식으로 진행된다. 이런 과정을 통해 점차 분명하게 자신의 행동을 알게 되면서 불필요한 긴장이나 노력, 비기능적인 습관을 수정할 수 있게 된다(Feldenkrais, 1980: 박주연, 2020 재인용). 여기에는 펠든크라이스 전문가가 안내하는 그룹 수업이 포함된다. 다양한 동작 변형을 탐색하고 신체가 어떻게 움직이는지에 대한 인식을 높이도록 설계된 일련의 동작 시퀀스를 통해 이루어진다. 이를 통해서 보다 효율적이고 편안한 방법을 찾는 데 중점을 둔다. 움직임은 미묘하고 부드러울 수 있으므로 모든 연령과 신체 조건의 사람들에게 적합한 방법이다(박주연, 2020).

(2) FI(Functional Integration, 기능적 통합) 1:1 및 hands-on 방식

펠든크라이스 전문가와 내담자 간의 일대일 세션을 포함한다. 이 세션 동안 부드러운 터치와 움직임을 사용하여 다양한 패턴과 순서를 통해 내담자의 신체를 이끈다. 목표는 내담자가 자신의 움직임 습관과 가능성을 더 잘 인식하여 자세, 유연성 및 조정을 개선하도록 돕는 것이다. 지도자가 학습자의 신체에 접근하는 방법이 다를 뿐, 본질적으로 동일한 목표를 갖는다(Feldenkrais, 1980: 박주연, 2020 재인용).

펠든크라이스 기법은 자기 자각(self awareness)을 가르치고 기능 향상을 위한 움직임을 사용하는 교육 시스템이며, 한 사람의 움직임−감각−느낌−생각의 네 가지 요소가 동시에 작용하며, 이는 개인의 셀프 이미지를 만들고, 움직임의 학습과 탐색을 통해 감각, 느낌, 생각의 변화를 일으키고 한 인간의 총체적 향상을 이끈다.

펠든크라이스 기법의 핵심 효과는 신경가소성으로 볼 수 있는데 신경가소성(neural plasticity)이란 경험이 신경계의 구조 및 기능적 변형을 일으키는 것을 말한다. 이는 뇌가 새로운 신경 경로를 생성하고 성인기 이후에도 움직임 패턴을 개선할 수 있음을 뜻한다(Feldenkrais, 1980: 박주연, 2020 재인용).

국제 공인 펠든크라이스 지도자들은 뇌를 자극하여 유용하고 지속적인 움직임과 자세의 개선을 위해 접촉, 움직임, 심상의 안내 그리고 심신 인지를 사용한다. 그들은 통증, 부상, 신경의 문제들을 도우며, 최상의 운동 성과나 예술 공연도 실행할 수 있도록 도울 수 있다. 더 나아가, 움직임과 자세의 향상은 집중력, 사고력, 감정적 회복, 조정력, 균형 그리고 쉬운 호흡이 더 잘 되도록 하여 건강과 삶의 질 전반을 개선한다는 장점이 있다(박주연, 2020).

5. 소마틱 심리치료

1) SE

SE(Somatic Experiencing)는 Peter Levine이 야생 동물의 행동에서 찾은 깊은 통찰력을 토대로 발전되었다. 우리는 야생 동물과 비슷한 생리적 조절 방식을 갖고 있지만, 신피질의 과도한 억제로 그 효과가 방해받는다는 그의 분석은 현대인의 트라우마에 대한 새로운 시선을 제시한다. 이 치료기법의 근본적인 핵심은 안전하고 점진적인 접근으로, 트라우마로 인한 스트레스 증상을 다루는 것이다. Levine은 "과거의 '사건'은 못 바꾸지만 '반응'은 바꿀 수 있다."라는 철학을 바탕으로, 트라우마의 과거를 현재로 끌어와 재조정하는 중요성을 강조한다. 심신통합 접근법(SE)은 Levine이 개발한 현대 심리치료의 새로운 지평을 열어 놓은 혁신적인 치유 기법으로, 트라우마 생존자들의 심리적 회복과 치유에 주목받고 있다. 이 접근법은 네 가지 핵심 개념과 기법을 통해 개인의 내면 세계를 체계적으로 다루며, 교감/부교감신경계의 조절을 중점적으로 다룬다. 이러한 재조정은 주로 신체 감각에 중점을 두며, 다미주 신경이론을 활용한다.

트라우마로 인한 증상들은 사건 자체가 아닌 남아 있는 에너지의 문제로 설명되며, 이 에너지는 신체에서 자유롭게 풀어져야만 치유가 가능하다. SE는 트라우마의 얼어붙기 반응을 푸는 과정에서 신체 감각을 주목하고, 그것을 통해 삶의 에너지를 회복하고자 한다. 트라우마 증상은 반복적이고 피할 수 없는 스트레스 상황에 직면했을 때 나타나는데, 이러한 반응은 뇌간에서의 고도로 활성화된 생물학적 반응의 결과로 신체가 얼어붙는 것을 의미한다. 그렇기에 SE에서는 새로운 접근법으로써 우리의 신체와 뇌간에 주목한다. 이는 기존의 하향식 방법과는 대조적으로, 증상의 해결에 있어서 신체 감각을 중시한다. 이를 통해 우리는 트라우마에서 벗어나 '살아 있는 신체'를 느끼고 다시 돌아올 수 있는 방법을 찾아간다. SE는 신체 감각의 중요성을 강조하여 현대 외상 분야에서 새로운 지평을 열고 있다.

SE 치료는 그라운딩(grounding)과 자원 찾기(resourcing), 수위조절(titration), 진자운동(pendulation), 방출(discharge), 제자리 찾기(organization), 마지막으로 통합(integration)의 순으로 진행된다(윤소희, 2016).

(1) SE에서 다루는 치료적 요소(SIBAM 모델로 명명)

- Sensation(감각): 신체와 가장 직접적으로 관계하기 때문에 심리치료에서 간과되어 왔으나, 트라우마 치료에서 매우 중요하다.
- Image(이미지): 이미지 또는 심상은 내부적인 것과 외부적인 것 모두를 포함한다. 트라우마 사건 당시 목격했던 장면이나 그와 관련되어 마음속에 떠오르는 내적 이미지들이 이에 속한다.
- Behavior(행동): 뇌의 어떤 수준(파충류의 뇌/포유류의 뇌/영장류의 뇌)에서 작동하는가에 따라서 트라우마 관련 행동은 언어적 또는 비언어적, 자발적 또는 비자발적, 의식적 또는 무의식적일 수 있다.
- Affect(감정): 인간 뇌에서 감정을 담당하는 것으로 알려진 변연계(중뇌) 구조와 관련된 특정한 패턴의 감각으로 나타나며, 트라우마 사건과 관련되어 발생하는 감정(공포, 두려움, 죄책감, 수치심, 슬픔 등)을 다룬다.
- Meaning(의미): 언어적 또는 외현적 의미를 나타내며, 트라우마 사건이 일어난 것과 그것이 트라우마 생존자에게 미친 영향에 관한 개인적 의미와 해석을 포함한다.

SIBAM 각각의 요소는 트라우마 사건 당시의 충격으로 인해 과도한 결합(예: 공포조건화) 또는 해리와 같은 과소 결합 형태로 상호 관련을 맺고 있다. SE에서는 과다 결합된 SIBAM 요소들을 분리하고, 과소 결합된 요소들을 다시 연결하여, 모든 수준에서 경험을 통합시키는 작업을 한다.

SE에서의 중요한 요소 중 하나는 트라우마 생존자의 치유를 위해 신체적인 자원을 활용한다는 점이다. 교감/부교감신경계의 활성화를 통해 안전한 대인관계의 형성과 신체 감각의 수용력 증진을 도모하면서 개인이 스스로의 신체적 힘을 발휘할 수 있도록 돕는다. 이를 통해 내담자는 트라우마에서 회복과 치유를 달성할 수 있다.

SE는 상호작용과 교감신경계의 역할을 강조하며, 트라우마가 발생했을 때 개인의 생리적 반응이 어떻게 변화하는지를 이해하는 데 중점을 둔다. 첫 번째 단계는 안전한 사회적인 관계의 형성으로, 안전성을 확보하지 못하면 두 번째 단계에서는 교감신경계가 발동되어 투쟁-도피 반응을 유도한다. 마지막으로, 안전을 찾지 못할 경우 얼음 반응이 나타나는데, 이는 개인이 신체와 감정을 억누르게 되는 반응이다.

낯선 상황을 대면했을 때, 가장 이상적인 첫 번째 단계는 사회적인 관계, 안전한 관계, 이성적으로 대응하며 어떻게 대처하고 행동을 해야 하는지를 생각한다. 그러나 첫 번째 단계가 안전을 확보하지 못하면 뇌는 두 번째 단계가 발동된다. 두 번째 단계는 투쟁-도피 반응을 하는데, 이것은 교감신경계가 하는 역할이다. 싸워서 이길 것인지, 또는 도망가야 할 것인지를 판단하고 행동하게 한다. 만약 두 번째 단계에서 안전을 확보하지 못하면, 마지막 단계인 얼음 반응을 하게 된다. 이처럼, 인간의 대인관계에 있어서 신경 행동학적 반응들은 미주신경계 중에 어떤 부분들이 발동하는가에 따라 그 사람의 행동이 결정된다(Levine, 2016).

(2) SE에서의 호흡

호흡 활동은 자율신경계의 균형을 잡을 수 있고, 스트레스 증상을 겪는 대상자들에게 현재의 순간에 here & now, '지금 이 순간'이라는 것을 깨달을 수 있도록 한다.

호흡은 부정적이고 병리적인 심리 현상들을 건강하고 긍정적인 상태로 변화시키고 통찰을 제공하는 탁월한 심리 치유와 심신 치유의 기능을 갖는다. 이것에 대해서는 동서양을 막론하고 마음의 평화를 갖는 데 매우 중요하게 다루고 있다. Levine은 호흡의 중요성을 강조하면서도, 수위조절이 안 된 상태에서 지나친 이완이나 호흡은 갑작스러운 상승을 유발한다고 했다. 신체 안의 너무 많은 에너지가 한꺼번에 빠져나가게 되면 그 자체가 트라우마를 다시 경험하게 되기 때문이다.

2) SP

감각운동 심리치료(Sensorimotor Psychotherapy: SP)는 신체 중심 접근법을 통해 정신적 · 정서적 문제를 해결하는 심리치료 방법이다. 이 접근법은 트라우마, 정서 조절 문제, 불안 및 우울증과 같은 다양한 정신건강 문제를 다루는 데 효과적이며, 특히 신체와 감정을 통합하는 데 중점을 둔다. SP는 미국 신체 심리학의 주요 인물인 Ron Kurtz와 신경생리학자 Dan Siegel 등의 영향을 받아 Pat Ogden에 의해 개발된 치료적 접근 방식이다. SP는 심리적 외상 경험이 신체에 저장될 수 있다는 가정에서 출발하는데, 이러한 경험은 신체 감각, 자세, 움직임 패턴 및 기타 비언어적인 단서로 나타날 수 있다고 믿는다. SP의 접근 방식은 트라우마를 다루는 데에 있어 전통적인 중심을 트라우마 사건에 두는 것이 아니라, '신체적 경험'에 중점을 두어 치료 시작점을 설정한다. 이를 통해 회복의 자원을 찾아내고 안전하게 트라우마를 처리할 수 있도록 돕는다. SP의 핵심은 안전하고 지지적인 환경에서 저장된 감각과 기억을 처리하고 방출하여 치료를 촉진하는 것이다. 이 과정에서 감각, 감정, 인지의 통합이 진행되어 안전성과 지지를 제공하며 환자가 트라우마를 안전하게 탐험하고 해결할 수 있도록 돕는다. 결국 SP는 과거의 신체적 경험을 다루면서 현재의 안정성을 강화하고, 심리적인 회복과 성장을 촉진하는 치료 목표를 추구한다(Ogden & Fisher, 2021).

SP는 다음과 같은 특징을 갖는다.

첫째, 감각운동 심리치료의 핵심 개념과 기법으로 심신연결(mind-body connection)을 꼽을 수 있다. 정신과 신체가 서로 연결되어 있으며, 감정적인 문제가 신체 감각, 긴장 또는 움직임 패턴으로 신체에 저장될 수 있음을 인식한다. 신체와 함께 작업함으로써 개인은 해결되지 않은 트라우마와 정서적 경험에 접근하고 처리할 수 있다. 인식과 마음챙김을 활용한다. 신체 감각, 감정, 사고 패턴에 대한 더 큰 인식을 개발하는 것의 중요성을 강조한다.

둘째, 마음챙김 수련은 개인이 현재 상태를 유지하고 신체적·정서적 경험과 연결되도록 돕는 데 종종 사용된다. 신체 감각과 움직임을 추적하도록 권장되며, 이는 저장된 감정적·외상적 경험을 탐색하고 풀어내는 진입점 역할을 할 수 있다. 상담사는 내담자가 이러한 신체 감각에 더 잘 적응하도록 돕는다. 트라우마와 감정적 문제를 다루는 것 외에도 감각운동 심리치료는 내담자가 안전감, 기반, 자기 연민과 같은 내적 자원을 개발하도록 돕는다. 이는 내담자가 외상적 자료를 다루는 어려운 과정을 탐색하는 데 중요하다.

셋째, 신체 감각과 움직임을 추적하는 데 내담자가 신체 감각에 더 잘 적응하도록 돕고, 이는 저장된 감정적·외상적 경험을 탐색하고 풀어내는 진입점 역할을 할 수 있다.

넷째, 내적 자원 개발이다. 내담자가 안전감, 기반, 자기 연민과 같은 내적 자원을 개발하도록 돕는다. 이는 내담자가 외상적 자료를 다루는, 때로는 어려운 과정을 탐색하는 데 중요하다.

SP의 이론적 배경은 여러 학문적 영역에 기초를 두고 있다.

첫째, 신경생물학이다. 트라우마가 신경계에 미치는 영향을 다룬다. 신경과학 연구는 트라우마가 신체 감각과 운동 반응을 어떻게 변화시키는지 설명한다.

둘째, 체화된 인지이다. 인지와 정서에 신체적인 경험이 영향을 준다. 몸의 움직임과 자세는 감정 상태를 반영한다. 이에 움직임과 자세를 통해 감정 상태를 바꿀 수 있다.

셋째, 발달심리학이다. 초기 발달 경험이 성인기의 정서 및 행동 패턴에 미치는 영향이 크다. 아동기 트라우마는 성인기까지 지속될 수 있으며, 이는 신체 반응을 통해 드러난다.

SP는 다음과 같은 단계로 이루어진다.

첫째, 평가 및 진단이다. 치료사는 내담자의 신체 감각, 운동 패턴, 정서적 반응 등을 평가한다. 이를 통해 내담자의 신체적 및 정서적 상태를 파악한다.

둘째, 신체적 인식 증가이다. 내담자는 자신의 신체 감각과 반응에 대한 인식을 높이는 연습을 한다. 이는 내담자가 현재의 감정 상태를 이해하고 조절하는 데 도움을 준다.

셋째, 신체적 개입이다. 치료사는 특정 신체 운동이나 자세 변화를 제안하여 내담자가 감정을 조절하고 트라우마 반응을 완화하도록 돕는다.

넷째, 통합 및 전이이다. 내담자는 치료 세션에서 배운 기술을 일상생활에 적용하는 연습을 한다. 이는 지속적인 변화를 촉진한다.

SP는 다양한 문제를 겪는 사람들에게 유용할 수 있다.

- 트라우마 생존자: PTSD 및 복합 트라우마를 포함한 다양한 형태의 트라우마를 겪은 사람들
- 정서 조절 문제: 불안, 우울증, 분노 조절 문제 등을 포함해 정서적 어려움을 겪는 사람들
- 신체 증상: 심리적 스트레스로 인한 신체 증상(예: 만성 통증, 소화 문제 등)을 겪는 사람들
- 대인관계 문제: 대인관계에서의 갈등이나 소통 문제를 겪는 사람들

예를 들어, PTSD로 고통받는 내담자는 특정 트리거 상황에서 신체적으로 경직되거나 과도한 반응을 보일 수 있다. 감각운동 심리치료를 통해 이 내담자는 자신의 신체 반응을 인식하고, 이를 완화시키기 위한 구체적인 운동과 자세 변화를 배우게 된다. 이러한 과정을 통해 트리거 상황에서도 더 나은 정서적 조절을 할 수 있게 된다. 다섯 가지 핵심 조직체를 기반으로 상향식과 하향식 정보처리 방법으로 내적 신체 감각, 움직임, 오감지각, 감정, 인지의 경험을 반복적으로 하여 통합

하는 것에 중점을 둔다(Ogden & Fisher, 2021). SP는 내적 신체 감각부터 인지까지의 통합을 중요시한다. 신경생리학의 발전으로 인해 인간의 신체와 마음은 이분화될 수 없음이 과학적으로 입증되었으며, 심리치료에서는 경험과 체화의 중요성이 강조되고 있다(Ogden & Fisher, 2021).

6. 트라우마와 관련된 심리치료

1) 자기 안정화를 위한 기법

안정화란 몸과 마음이 편안하여 충분히 안전이 보장되며 이후의 치료적 개입이 원활히 이루어지게 하거나 증상의 대처능력에 영향을 주는 안정된 상태이다(염규나, 2020). 트라우마를 겪은 내담자들은 자율신경계의 과도한 각성과 내현적 기억에 압도되어 근육의 긴장 등 여러 신체적인 증상을 나타낼 수 있다(김나영, 2012). 생존에 있어 가장 중요했던 반응은 생명이 위협받는 절체절명의 상황에 대처하는 반응이었다. 편안하게 쉬거나 즐거운 반응보다는 어떤 습격이나 공격 등의 위기에 대처하는 반응이 생존에 절대적으로 중요한 반응이었다. 이때 자동적으로 일어나는 위기 반응이 투쟁(fight) 또는 도피(flight)하는 반응이다. 위기에 직면했을 때 교감신경계(SNS)와 시상하부–뇌하수체–부신(HPA) 축을 작동시켜 반응 불길이 온몸으로 퍼져 나가 자율신경 조절능력을 잃게 된다(장현갑, 2013). 자율신경계의 자기 조절은 신체 심리치료의 핵심적 요소로, 심신의 안정과 치료적 개입의 효과를 극대화하는 데 필수적이다(임화영, 2012). 심신이 편안하고 안전이 보장된 상태를 만드는 안정화 과정은 치료의 기초를 다지며, 증상 대처능력을 향상시킨다(염규나, 2020). 재난 후 또는 트라우마 상황에서 자기 안정화를 도모하기 위해 다양한 안정화 기법이 활용될 수 있다. 이러한 기법들은 일상적인 스트레스뿐만 아니라 재난으로 인한 비정상적 반응을 극복하는 데 유용하다. 몸을 이용한 신체적 접근을 기반으로 하는 치료로 최근 트라우마 연구들에서 밝혀진 접근법에는 중요한 특징이 있다. 트라우마 증상은 몸으로 나타나는 경우가 많다. 트라우마를 치유하려면 트라우마가 내재되어 있는 몸으로 직접 들어가야 한다고 하였다(원정언, 2018). 다른 연구를 보면 윤온감(2019)은 트라우마 치유 요가 연구를 통해 트라우마는 몸 중심(body-focused)에 이어서 몸과 호흡에 기초한 몸의 자각에 초점을 맞춘다고 하였다. 신체 접근 치료에서 트라우마 회복의 3단계를 토대로 한 네 단계 과정은 접지(grounding), 자기 조절(self-regulating), 수용(accepting) 및 재연결(re-connecting)이다. 신체 감각과 호흡에 집중하는 것은 현재를 자각하게 한다(grounds). 자각이 현존 경험에서 멀어질 때, 호흡과 접지는 자각을 다시 중심으로 가져와 지속적인 고요함을 줄 수 있다(윤온감, 2019). 안정화의 핵심은 심리교육을 통해 증상의 인식방법, 트라우마의 의미, 증상에 대한 관리법을 숙지하게 해 수치심이나 자책감을 갖지 않도록 하는 것이다. 증상에 대한 대응전략을 함께하며 안정 유지법을 알려 준다. 심신을 진정시키고, 과거와 현재를 구분하게 하며, 현재에 머무는 방법과 인식의 더 나은 사용법이 필요한 기술이라 하겠다. 이때 심리상담사는 내담자의 감정보다 안정을 더 중요시하는 태도를 보여야 한다(이성현, 2020).

(1) 심호흡

긴장 상태에서의 심호흡은 효과적인 안정화 기법 중 하나이다. 코로 깊이 들이마시고 입으로 천천히 내쉬는 과정을 반복하면서 가슴의 움직임에 집중한다. 이를 통해 규칙적인 호흡을 유지하면 긴장이 완화되고 안정감이 증대될 수 있다.

(2) 복식호흡

복식호흡은 숨을 들이쉴 때 아랫배가 부풀어 오르게 하고, 숨을 내쉴 때 아랫배가 꺼지도록 하는 방법이다. 이때는 코로만 숨을 들이쉬고, 아랫배가 깊게 내려가는 느낌에 집중한다. 일정하고 규칙적인 호흡을 유지하면서 안정성을 찾아갈 수 있다.

(3) 착지

땅에 발을 딛고 있는 느낌에 집중하여 현재의 순간으로 돌아오는 기법이다. 발바닥을 바닥에 붙이고 발뒤꿈치를 들었다가 내려놓는 동작을 반복하면서 발의 무게와 바닥의 닿음을 느끼며 현재에 집중한다.

(4) 나비 포옹법

자기 자신을 안아 주는 방법으로, 몸으로 안정감을 찾는 데 도움이 된다. 양 손바닥을 어깨나 쇄골에 가져다 대고 번갈아 가면서 가볍게 토닥여 주는 동작으로 진행한다. 나비 모양의 포옹 동작은 자기 포옹으로 스스로를 안심시키는 데 효과적이다. 눈을 감고 천천히 심호흡을 하면서 나비 포옹법을 시행하면 외상 후 스트레스 장애(PTSD)로 흥분된 뇌를 진정시키는 효과가 있다. 사건을 떠올리게 하는 장면, 생각, 냄새, 신체 감각 등이 느껴지면 감정을 처리하는 우뇌가 비정상적으로 작동하여 뇌는 과거의 위급한 일이 지금도 계속 일어난다고 착각하게 된다. 이때 나비 포옹법을 시행하면 좌뇌와 우뇌가 평소처럼 질서를 회복하고 소통할 수 있게 된다. 심호흡을 병행하면 스트레스 호르몬 수치가 낮아지고 부교감신경이 활성화된다. 흔히 스트레스, 트라우마, 공황 등은 정신적인 문제라고 생각하지만, 정신적인 문제는 몸으로 나타나기 때문에 정서적 안정감을 위해서는 몸의 감각을 잘 다스리는 것도 중요하다. 눈을 감는 것이 힘들다면 눈을 살짝 아래로 내리깔아도 된다.

(5) 효과성

이러한 안정화 기술들은 심리적 안정성을 찾고 스트레스를 해소하는 데 도움을 줄 수 있다. 특히 재난 후에는 자기 돌봄과 안정화가 필수적이며, 이러한 기술들은 일상생활에 손쉽게 통합될 수 있는 간편하면서도 효과적인 도구로 활용될 수 있다. 재난을 겪은 후에는 마음과 몸의 변화나 고통이 생길 수 있으며, 이런 스트레스 반응은 누구나 겪을 수 있는 정상적인 반응이다. 이러한 기법들을 통해 몸과 마음을 안정시키는 것이 중요하다(국립건강정신센터 국가트라우마센터 홈페이지).

[그림 2-1] 나비 포옹 자세
출처: OpenAI의 DALL-E를 사용하여 생성되었음.

2) 무용 동작 심리치료: 몸과 마음의 통합적 치유

무용 동작 치료(Dance Movement Therapy: DMT)는 신체의 움직임이 표현적이고 소통적이라는 관점에 기초하여, 신체 움직임을 통해 개인을 지원하고 임상적 개입을 위한 방법으로 사용되는 치료 양식이다. 신체와 마음 사이에 본질적인 상호 연결이 존재한다는 믿음을 바탕으로, 신체에 영향을 주면 마음에도 긍정적인 영향을 미친다는 원리에 근거한다.

첫째, DMT의 핵심 원리는 마음과 신체 모두의 통합에 따르는 것으로, 건강한 총체적 기능을 강조한다. 신체 움직임은 개인의 내적 욕구를 반영하는 표현 수단이며, 무의식을 의식화하는 매우 효율적인 방법이다(김나영, 2001). 각 개인의 움직임 종류와 다양성을 살펴보는 것은 초기 발달의 유형, 대처 전략, 개인성의 구성을 연구하는 시작점이 된다.

둘째, 신체 부위의 통합과 타인의 인식은 개인의 움직임 종류를 확장시킴으로써 욕구와 소망을 소통하는 능력을 향상시킬 수 있다(안신정, 2018).

셋째, Marian Chace는 치료적 관계가 DMT 치료사와 내담자 사이에 발생하는 움직임 구조의 의미를 향한 핵심이며, 변화를 가능하게 하는 상호작용적 과정이라고 했다. DMT는 직접적으로 움직임 행동에 집중하여 치료적 관계를 형성한다(안신정, 2018). Erfer는 움직임이 소통의 보편적 의미를 지니고 있어, 자폐스펙트럼장애를 가진 개인에게 감정과 직접적으로 연결하고 타인과의 관계에서 다리 역할을 하는 특별한 치료 방법이라고 하였다. Chodorow는 DMT를 움직임의 표현적인 면과 언어적·비언어적 상호작용에 대한 연구, 발달 심리학, 동작 분석 등을 함께 사용하는 심리치료로 정의했다(김지혜, 2014). Payne는 다양한 움직임과 동작, 무용을 사용하여 개인의 성장 과정과 인성 완성을 돕는 도구라고 정의하며, 움직임과 정서 간의 관계를 탐색함으로써 사람들은 균형을 이루고 자발적으로 높아질 수 있는 가능성을 경험할 수 있게 된다고 했다.

넷째, 무용과 동작을 통해 각 개인의 내적 세계는 유형화되며, 이들은 그들의 개인적 상징의 많은 부분을 공유하게 된다. 함께 춤을 추면서 관계는 가시화된다. 무용 치료는 20세기 심리학에서 Freud, Jung, Adler, Sullivan 등의 정신분석 이론이 발전하면서 무대예술로서의 무용 외에 새로운 목적을 가지고 시도했던 초기 선구자들에 의해 체계화되었고 그 효과가 널리 인식되었다.

다섯째, DMT는 신체적 자아의 수용과 이해를 통해 자아 개념을 향상시키며, 공유된 움직임 경험과 비언어적 의사소통을 통해 상호적인 개인 간의 관계를 촉진한다. 또한 창조적인 과정을 통해 심적 과정의 개발과 상상력을 키운다.

여섯째, 조절된 신체 움직임의 반영을 통해 무용 치료사가 대상의 세계로 들어갈 때 치료 과정이 시작되며, 대상은 치료사에게 육체적·정신적으로 기댈 수 있는 기회를 가진다. 이러한 도움은 대상을 공생의 길로 이끈다(주자경, 2023). 이와 같은 무용 동작 치료의 원리와 접근법은 신체와 마음의 상호작용을 통해 치료적 효과를 극대화하고, 개인의 전인적 성장을 도모한다.

3) EFT

감정자유기법(Emotional Freedom Technique: EFT)은 Roger Callahan의 사고장

요법(thought field therapy)을 기반으로 하여, 전통 한의학의 경혈 자극 원리를 통합하여 발전시킨 심리치료법이다. Gary Craig에 의해 개발된 EFT는 주로 경혈 지점을 자극하여 편도체의 과도한 흥분을 진정시키고, 에너지 흐름을 조절하며, 신체 내부의 에너지 시스템을 균형 있게 회복시키는 것을 목표로 한다. EFT는 신체의 에너지가 흐르는 통로인 경혈 지점을 손가락으로 두드려 통로를 활성화시키는 기법을 사용한다. 이를 통해 간, 폐 등 특정 부위의 에너지가 원활하게 순환되며, 우울, 불안, 짜증과 같은 심리적 문제가 해소될 수 있다. EFT는 기존의 심리치료가 주로 '마음의 문제'로 접근하는 부정적 감정을 '신경학적 문제'로 바라보는 접근 방식을 채택한다. 대부분의 부정적 감정과 신체적 증상의 원인을 에너지 시스템의 혼란으로 간주하며, 이를 해결하기 위해 경혈 자극을 통한 신경학적 안정화를 도모한다. EFT는 불안, 스트레스, 우울과 같은 감정적 문제뿐만 아니라, 그에 수반되는 신체적 불편함도 개선될 수 있다고 주장한다. 이는 신체의 에너지가 흐르는 경혈 지점을 자극함으로써 신경학적 안정화를 도모하는 과정을 통해 달성된다. EFT는 기존의 심리치료와는 달리, 감정적 문제를 신경학적 관점에서 접근함으로써 새로운 치료적 가능성을 열어 준다. 임상적 의의를 살펴보자면 EFT는 현대 심리치료에서 중요한 위치를 차지하고 있으며, 감정과 신체적 불편함의 상호작용을 이해하는 데 중요한 통찰을 제공한다. 이는 감정적 및 신체적 문제를 다루는 데 있어서 종합적이고 통합적인 접근 방식을 제시함으로써, 내담자의 전반적인 삶의 질을 향상시키는 데 기여한다.

EFT는 현대 정신건강 치료에 있어 감정적 및 신체적 문제를 통합적으로 다루는 새로운 접근 방식을 제시한다. EFT는 감정적 문제를 신경학적 관점에서 접근함으로써, 기존의 심리치료 방법들과 차별화된 치료적 효과를 발휘한다는 점에서 EFT는 현대 심리치료의 중요한 도구로 자리매김하고 있다(EFT Korea 홈페이지).

(1) EFT 방법(감정자유기법의 단계적 접근)

EFT는 감정적 고통을 완화하고 내면의 평화를 찾는 데 도움을 주는 기법으로, 다음과 같은 단계를 포함한다.

첫째, 문제에 대한 고통 지수 측정하기이다. 내담자는 자신이 경험하는 고통의 정도를 0에서 10까지의 점수로 매긴다. 이는 현재의 정서적 상태를 객관적으로 평가하는 첫 단계이다.

둘째, 문제와 긍정적인 마음의 결합하기이다. 문제와 긍정적인 마음을 섞어서 문장으로 제시한다. 예를 들어, "나는 학교에서 학업성적이 좋지 못해 우울하지만, 진심으로 나 스스로를 인정하고 사랑한다."라고 말한다. 이 문장을 소리 내어 말하면서 내면의 어둠 속에서도 빛을 찾아내는 과정을 거친다. 이때 검지와 중지를 사용하여 손날을 부드럽게 두드리며 마음의 결속을 다진다. 이 문장을 "성적 때문에 우울하다."라고 짧게 말하며 경혈점을 5회 차례차례로 두드린다.

셋째, 고통 지수 재측정이다. 마지막으로, 내담자는 다시 한번 자신의 고통 지수를 0에서 10까지의 점수로 매긴다. 이는 마치 폭풍 후의 바다를 다시 살피는 작업으로, 첫 번째 측정과 비교하여 지수의 변화를 체크함으로써 내면의 고통이 얼마나 가라앉았는지 혹은 여전히 남아 있는지를 확인한다.

EFT는 이와 같은 과정을 통해 감정적 고통을 완화하고, 내면의 평화를 찾는 데 도움을 준다. 이를 통해 내담자는 자신을 보다 깊이 이해하고, 자애로운 마음으로 자신을 돌볼 수 있게 된다.

(2) EFT 단축 과정(EFT Quick Start에서의 단계)

표 2-2 EFT 단축 과정

1단계	문제 확인 및 고통 지수 매기기	• 해결하고 싶은 문제는 무엇인가? –신체적인 문제, 심리적인 문제, 대인관계 등 • 빈칸에 적는다. • 문제 옆에 그것으로 인해 얼마나 불편한지 주관적 고통 지수(SUD)를 적는다. –문제가 전혀 없는 편안한 상태를 0, 너무 심해서 견딜 수 없으면 10입니다. 그 중간이라면 적당한 수치를 적으시오.

		• 지금 해결하고 싶은 것을 하나 고른다. • 그것이 무엇인지 좀 더 구체적으로 떠올린다.
2단계	준비 작업	• 자신만의 말을 가지고 수용 확언을 만든다. • 가능한 가장 구체적이며 자세하게 만든다. • 손의 날 부분을 두드리며 수용 확언을 말한다. • 감정을 담아서 각 3회 반복한다. –심리적 문제 예시: "저는 비록 지금 ○○○ 때문에 슬프지만, 그런 나 자신을 받아들이고 깊이 사랑합니다." –육체적 문제 예시: "저는 비록 지금 오른쪽 팔이 아프지만, 그런 나 자신을 온전히 받아들인다."
3단계	연속 두드리기 (3~5회 반복) 단축 과정	• 연상어구를 정한다(수용확언을 짧게 줄인 것). • 손가락 2개를 모아서 타점을 두드리면서 연상어구를 말한다. • 연상어구를 반복해서 말하면서 다음 타점을 두드린다. • 눈썹 끝에서부터 손날까지 각 타점을 연상어구를 한 번씩 말하면서 순서대로 두드린다. • 이 과정을 3~5회 정도 반복한다. • 문제와 고통 지수를 확인한다. –완전히 사라졌다면 문제가 해결된 것(다른 방식으로 숨어 있을 수도 있음) –약간 줄었다면 수용확언을 바꾸어서 2~3단계를 다시 한다. "저는 비록 여전히 ______________ 하지만, 나 자신을 온전히 받아들이고 깊이 사랑한다."

출처: EFT Korea 홈페이지.

(3) 잘 안 될 경우의 조언

잘 안 될 경우의 조언은 다음과 같다.[1)]

첫째, 문제 진술을 더욱 구체적으로 하라! '저는 비록 슬프지만~'보다는 '저는 비록 연인과 헤어져 슬프지만~'처럼 보다 구체적으로 수용확언과 연상어구를 만

1) EFT Korea 홈페이지에서 발췌하였다.

든다. 초점을 보다 명확하게 할수록 잘 해결된다.

둘째, 하나의 문제에 다양한 양상이 있을 수 있다. 그 양상을 보다 구체적으로 다루어야 한다. 불안하다면 무엇 때문에 불안을 경험하고 있는지 구체적으로 생각해 보라. 연인과의 결별, 직장이 마음에 들지 않거나 가정생활의 어려움 등 우울하게 만드는 수많은 원인들이 있다. 또한 이 원인들 자체가 우울함이 되므로 차례대로 다른 우울함을 풀어 줘야만 한다.

셋째, 가장 중요한 요소는 지속적 반복이다. 최소 10회 이상 반복해 10일간 지속해야 한다.

7. 마음챙김 기반의 심리치료

1) MBSR 프로그램

마음챙김 기반 스트레스 감소(Mindfulness-Based Stress Reduction: MBSR) 프로그램은 메사추세츠 의과대학교의 Jon Kabat-Zinn이 개발한 심신의학 프로그램으로, 1979년 이래로 세계 각국에서 700곳 이상의 의료기관이 MBSR을 활용하여 우울증, 심혈관계 질환 등 다양한 만성 질환을 치료해 오고 있다. MBSR 프로그램은 불교의 명상법을 종교적 요소를 배제하고 순수한 의학적 치료 및 운동으로 재구성한 것이 특징이다. 이 프로그램은 특히 호흡 관찰하기(watching the breath)와 신체 스캔(body-scan) 등 마음챙김 명상 연습을 통해 개인이 지금 이 순간에 주의를 집중하는 기술을 개발하도록 돕는다(권석만, 2012). MBSR 프로그램에는 건포도 명상, 신체 스캔, 정좌 명상, 하타 요가, 걷기 명상 등이 포함되어 있고, 8주의 프로그램으로 구성된다(Kabat-Zinn, 2012). MBSR에서 제공되는 마음챙김 훈련은 불안과 공황장애 환자들에게도 효과가 있음이 증명되었고, 학습과 기억에 중요한 역할을 하는 해마 등의 뇌 부위를 두껍게 변화시킨다는 사실이 밝혀졌다(Kabat-Zinn, 2012).

(1) 호흡 관찰하기

등이 펴진 의자에 앉거나 가부좌를 틀고 쿠션 위에 앉고 눈을 감은 후, 코끝에서 호흡을 느끼거나 호흡할 때 늘숨과 날숨의 변화에 집중한다. 이러한 호흡조절 및 명상 훈련에서는 호흡을 통제하는 것이 아니며 자연스러운 호흡 과정과 리듬을 천천히 알아 가는 것이다. 이 훈련에 들어가면 마음은 몰입과 연상으로 넘어가게 되는데, 이때 마음이 흐트러졌다는 것을 알아차리면 흐트러진 마음을 그대로 수용하되 판단하지 말며 다시 호흡에 집중한다.

(2) 신체 스캔

몸의 각 부분에 주의를 집중하여 현재의 신체 감각을 깊이 느끼고 관찰하는 연습이다. 지금 일어나고 있는 소리, 촉감, 생각, 느낌, 활동 등 모든 감각에 주의를 기울이며 현재 순간의 여러 감각들에 집중한다.

(3) 마음으로 건포도 맛보기

Jon Kabat-Zinn이 자신의 MBSR 프로그램에서 소개한 유명한 훈련법이다. 마음속에서 건포도를 맛보고 먹는 것으로 내면의 공복과 포만의 단서를 다시 연결하게 함으로써, 마음으로 먹는 것은 건강하고 의식적인 먹기 패턴을 유지하는 방법으로 제안되어 왔다.

(4) 요가 아사나 수련이나 걷기 명상

MBSR 프로그램에는 동작에 집중하는 요가 아사나(yoga asanas) 수련이나 걷기 명상도 포함된다. 이는 몸의 움직임과 호흡을 조화롭게 연계하여 마음챙김의 깊이를 더해 준다. 처음 명상을 시작하는 사람들은 하루에 10분 정도의 짧은 명상으로 시작하는 것이 좋다.

(5) MBSR의 기본 태도

비판단(non-judging), 인내(patience), 초심(beginner's mind), 신뢰(trust), 애쓰지

않음(non-striving), 수용(acceptance), 내려놓기(letting-go)의 일곱 가지 태도가 있으며, 이 중 핵심적인 태도는 '수용'이다. MBSR은 일상의 소음 속에서 마음의 고요함을 찾고, 몸과 마음의 조화를 이루는 길을 열어 주는 프로그램이다(박주연, 2020).

2) MBCT

마음챙김 기반 인지 치료(Mindfulness-Based Cognitive Therapy: MBCT)는 마음챙김 명상의 요소와 인지 치료의 원리를 결합한 증거 기반 치료 접근법이다. MBCT의 핵심 목표는 우울증 재발 예방을 위한 통합적 접근이다.

첫째, MBCT의 발전 배경을 살펴보면 MBCT는 재발성 우울증 에피소드를 경험한 개인을 위한 재발 예방 전략으로 개발되었다. MBCT는 사람들이 자신의 생각, 감정 및 신체 감각을 더 잘 인식하고, 그들과 관계를 맺는 더 건강한 방법을 개발하여 우울증으로 재발할 위험을 줄이는 것을 목표로 한다. 이는 마음챙김과 인지 치료의 통합을 통해 우울증 환자에게 지속적인 도움을 제공하며, 자아의 변화와 긍정적인 삶의 방향으로 이끌어 주는 효과가 있다.

둘째, MBCT의 핵심 목표는 재발성 우울증을 경험한 개인들이 마음챙김을 통해 자신의 생각, 감정, 신체 감각을 더 잘 이해하고, 건강한 관계 형성을 통해 우울증의 재발 위험을 감소시키는 것이다. 마음챙김 명상의 요소로 순수한 관찰이 있다. 마음챙김 명상은 현재 순간의 경험을 순수하게 관찰하고 받아들이는 기술을 강조한다. 숨쉬기에 집중함으로써 현재의 순간에 집중하고, 과거나 미래에 대한 불안과 우려를 경감시킨다. 또한 자신에게 친절하게 대하고 자기 자신을 이해하는 자기 존중성을 향상시키는 명상이 중요한 역할을 한다.

셋째, 인지 치료의 원리를 살펴보면, MBCT는 부정적인 생각과 감정을 인식하고, 이를 변화시키기 위한 인지 치료의 원리를 적용한다. 자동적으로 발생하는 부정적인 사고 패턴을 중단하고, 이에 대해 균형 잡히고 실질적인 새로운 관점을 개발하는 과정을 강조한다. 재발 예방 전략으로 자기 인식을 강화하는 데 중점을 둔다. 마음챙김을 통해 자기의 생각, 감정, 신체 감각을 강화하면서 자기 인식을 높이고, 긍정적 관계 구축을 통해 사회적 지원체계를 강화하여 우울증의 재발 위험을 감소시킨다.

넷째, 적응성과 효과를 살펴보면, MBCT는 그룹에서 이루어지는 것이 일반적이며, 다양한 상황에서 적응 가능한 접근 방식을 가지고 있다. 그룹 토론, 마음챙김 연습 및 인지 연습은 프로그램에 필수적이며, 일반적으로 8주 동안 그룹 프로그램으로 제공된다. 주간 세션은 약 2시간 동안 진행되며, 가정에서도 마음챙김 명상 수련을 권장한다. 이를 통해 개인이 마음챙김을 일상생활에 통합하도록 한다.

다섯째, 우울증 재발이 감소했다. 많은 연구에서 MBCT가 우울증 재발 위험을 감소시키는 데 효과적인 것으로 나타났다. MBCT는 우울 에피소드의 재발 방지를 목표로 하며, 개인이 우울증의 초기 징후를 식별하고 부정적인 생각과 감정의 하향 나선을 방해하는 도구를 제공한다. 내담자들이 스스로 자기 연민과 자기 수용을 개발하도록 권장하며, 이는 개인이 판단 없이 자신의 경험과 관련되도록 돕고 긍정적 감정과 부정적 감정 모두에 대해 보다 균형 잡힌 관점을 가지도록 한다.

여섯째, 증거 기반 접근법으로서 MBCT는 광범위하게 연구되었으며 우울 재발의 위험을 줄이는 데 효과가 있음이 입증되었다. 우울증 관리에 대한 임상 지침에서 선택 치료로 사용할 수 있다. MBCT는 우울증 재발을 예방하기 위한 통합적 접근으로서, 마음챙김 명상과 인지 치료의 원리를 결합하여 지속적인 정신건강 개선을 도모한다. 이를 통해 우울증 환자들은 자아 인식과 자기 수용을 증진시키며, 긍정적이고 건강한 삶의 방향으로 나아갈 수 있게 된다.

3) DBT

변증법적 행동치료(Dialectical Behavior Therapy: DBT)는 1993년 Marsha Linehan에 의해 경계성 인격장애 치료를 목적으로 개발되었다. 이후 다양한 연구들을 통해 DBT는 경계성 인격장애뿐만 아니라 진단에 관계없이 강렬한 정서적 고통이나 충동을 경험하는 내담자들에게도 효과적인 것으로 판명되었다. DBT는 수용과 변화라는 서로 다른 개념을 변증법적으로 통합한다. 이는 내담자가 불쾌하고 불편한 감정을 스스로 자각하지 않으려는 것이 정서의 조절을 힘들게 한다는 점을 기반으로 한다. DBT는 내담자가 회피하는 정서를 마주하고 '정서적인 고통을 알아차리고 이를 있는 그대로 수용하도록 함으로써 내담자의 정서적 고통의 강도를 낮추고 재빠르게 평상시 정서 상태로 되돌아오도록 하여 정서 회피에 대한 욕구를 줄일 수 있다'고 한다. DBT는 마음챙김 기술을 중심으로 대인관계 기술, 정서 조절 기술, 고통 감내 기술, 의미 만들기 기술을 가르친다. 이런 것들을 통해 내담자가 정서적 균형을 이루고 삶의 평안을 찾도록 돕는다. 즉, 치료가 필요한 내담자들이 특정 능력의 결여로 어려움이 발생하였고 그것을 다루기 위해 감정을 조절하는 방법, 스스로의 내적 상태를 자각하는 방법, 고통을 감내하는 방법과 대인관계를 형성하고 유지할 수 있도록 돕는 방법을 고안한 것이라 볼 수 있다(Rathus & Miller, 2017 재인용; 염규나, 2020).

DBT의 마음챙김의 주요 요소로는 다음과 같은 것들이 있다.

첫째, 관찰하기(observing)는 자신의 감정과 생각을 관찰하고 알아차리는 능력을 기르며 자신의 내면을 차분히 관찰하는 과정이다.

둘째, 기술하기(describing)는 자신이 관찰한 감정과 생각을 구체적으로 기술하는 능력을 배운다. 자신의 내면 상태를 명확히 표현하는 기술이다.

셋째, 자각을 갖고 행동하기(act with awareness)는 현재 순간에 집중하고 의식적으로 행동하는 능력을 기른다. 눈앞에 펼쳐진 길을 한 걸음 한 걸음 신중하게 걸어가는 것처럼, 모든 순간을 의식적으로 살아가는 방법이다.

넷째, 비판단적 수용(acceptance without judging)은 자신의 감정과 생각을 있는 그대로 받아들이고 판단하지 않는 태도를 기른다. 이는 마치 하늘에 떠 있는 구름을 바라보며, 그 형태나 색깔에 대해 판단하지 않고 그대로 받아들이는 것과 같다.

DBT의 핵심 요소를 살펴보면 다음과 같다. 첫째, 심리교육은 내담자가 자신의 감정을 이해하고 조절하는 방법을 배우도록 돕고, 둘째, 마음챙김은 현재 순간에 집중하여 감정과 생각을 비판 없이 받아들이는 능력을 키운다. 셋째, 감정 조절은 강렬한 감정을 효과적으로 다루는 기술을 배우도록 하고, 넷째, 대인관계 효율성은 건강하고 긍정적인 관계를 유지하는 방법을 개발한다. 다섯째, 고통 인내는 스트레스와 고통을 견디고 극복하는 능력을 강화한다.

DBT는 내담자가 고통스러운 정서 경험을 수용하고 자신의 삶을 더욱 풍요롭게 만드는 데 필요한 다양한 기술들을 제공한다. 이를 통해 내담자는 자신의 정서적 고통을 이해하고, 그것과 함께 살아갈 수 있도록 안내받으며 궁극적으로 더 나은 삶을 향해 나아가게 된다(Rathus & Miller, 2017 재인용; 염규나, 2020).

4) ACT

1999년, Steven C. Hayes, Kirk D. Strosahl, Kelly G. Wilson은 제3세대 인지행동치료로 불리는 수용전념치료(Acceptance and Commitment Therapy: ACT)를 세상에 내놓았다. 이 치료법은 다양한 심리 문제에 적용되며, 내담자가 고통스러운 감정을 피하지 않고 수용하면서 자신의 가치와 목표를 실현하도록 돕는다.

Shauna L. Shapiro는 ACT의 뿌리가 언어와 인지를 설명하려는 관계틀 이론(relational frame theory)에 있으며, 이는 MBSR이나 MBCT와는 다른 독특한 기초를 가지고 있다. ACT는 주로 개인 형식으로 실시되며, 다양한 비유, 교육, 체험, 행동기술 훈련과 과제를 통해 진행된다. 이러한 과정은 내담자가 '경험 회피'와 '인지적 융합'으로 인한 '심리적 경직성'에서 벗어나도록 돕는다. ACT의 궁극적인 목표는 내담자의 '심리적 유연성'을 증대시키는 것이며, 이를 위해 다음의 여섯 가지 핵심적인 치료 요소를 사용한다(Turow, 2019).

첫째, 수용(acceptance)은 고통스러운 감정과 경험을 저항하지 않고 그대로 받아들이는 자세를 기른다. 우리의 고통스러운 경험과 함께하는 법을 배우는 과정이다.

둘째, 인지적 탈융합(cognitive defusion)은 우리의 생각과 감정을 절대적인 진리로 받아들이지 않고, 그것들과 거리를 두는 기술이다.

셋째, 맥락으로서의 자기(self as context)는 자신을 고정된 자아로 인식하지 않고, 변화하는 상황 속에서 다양한 역할을 하는 존재로 인식하는 것이다. 이를 통해 마치 다양한 역할을 소화하는 배우처럼, 우리는 상황에 따라 다양한 모습으로 존재할 수 있음을 깨닫게 된다.

넷째, 현재에 존재하기(being present)는 현재 순간에 집중하고, 과거나 미래에 얽매이지 않는 자세를 기르는 것이다. 이는 마치 지금 이 순간을 살아가는 것을 배우는 것처럼, 현재에 온전히 존재하는 능력을 키우는 과정이다.

다섯째, 가치(value)는 인생에서 가장 중요한 것이 무엇인지 확고히 하고, 그것을 기준으로 행동하는 것이다. 이는 마치 나침반이 방향을 안내하듯, 우리의 가치가 우리 삶의 방향을 제시하는 것이다.

여섯째, 전념적 행동(committed action)은 자신의 가치를 실현하기 위해 구체적이고 지속적인 행동을 취하는 것이다. 이는 마치 목표를 향해 한 걸음씩 나아가는 등반가처럼, 끊임없이 행동을 통해 목표에 다가가는 과정이다.

ACT는 내담자가 심리적 유연성을 획득하여, 자신의 삶을 더욱 풍부하고 의미 있게 만드는 여정을 돕는다. 이 치료법은 내담자가 자신의 고통스러운 경험을 수용하고, 그와 함께 자신이 원하는 삶을 향해 전념할 수 있도록 안내한다. ACT에서는 내담자에게 은유(metaphor)를 많이 사용한다. 트라우마 내담자에게 주로 사용하는 은유로는 '함정에 빠진 강아지(dog in hole metaphor)'가 있고 이와 같은 은유를 유연하게 사용할 수 있다(Turow, 2019 재인용).

5) 하코미 테라피

불교와 도교를 기반으로 한 신체 중심 치유법이다. 1970년대 후반에 Ron Kurtz에 의해 개발된 하코미 테라피(hakomi therapy)는 불교와 도교 사상을 근간으로 하는 독특한 신체 중심(body-centered)의 치유법이다. 'core material'이라는 인간관을 가지고 있는데, 사람은 스스로 창조하고 유지하는 시스템을 가지고 스스로가 자신의 상처를 치유하는 살아 있는 존재로서 다른 기계적인 것들과는 다르다고 보았다. 심리치료, 마음챙김, 신체 중심 기술의 요소를 결합하여 자기 발견, 정서적 치유 및 개인 성장을 촉진하는 치료 접근 방법으로 사람의 생각, 감정 및 행동에 영향을 미치는 무의식적 신념, 기억 및 경험에 접근하고 작업하는 기법이다. 하코미 테라피는 loving presence를 주요 치유 요소로 삼는데, 개인의 내적 경험을 탐구하고 그것이 생각, 감정, 감각과 어떻게 연관되는지를 탐구하는 접근 방법을 반영한다(원정언, 2018). 하코미 테라피의 가장 큰 특징으로 마음챙김을 들 수 있고 이것이 치료의 핵심 요소이다. 마음챙김 인식 상태를 배양하도록 돕고, 판단하지 않고, 내면의 경험을 관찰하도록 한다. 마음챙김을 통해 감정, 기억, 신념을 탐구하고 변화를 이끌어 내는 역할을 한다. 하코미 테라피는 마음챙김을 통해 개인이 현재의 감정, 기억, 신념에 대한 자각 상태를 배양하도록 도와주며, 이를 통해 안전하고 긍정적인 변화를 이끌어 내는 독특한 치유법이다(염규나, 2020).

인간의 내면에 무의식적 · 습관적 행동의 패턴이 하나의 시스템으로 대부분의 경험에 영향을 주는 것을 '핵심 신념(core-belief)'이라고 한다. 이것을 의식화하기 위해 알아차림 상태에서의 경험을 바탕으로 한다. 하코미 테라피 프로그램에는 여러 가지 기술이 포함될 수 있는데, 마음챙김과 편안하고 부드러운 신체적 접촉, 몸의 인식 및 상담사와의 대화 등의 기술을 사용할 수 있다. 심리상담사는 내담자가 자신의 경험에 현재 상태를 유지하면서 자신의 감정, 기억 및 패턴을 탐색할 수 있는 환경을 조성하고 지원한다. 이는 개인 치료에 활용되는 경우가 많지만, 집단치료나 부부 상담에도 통합하여 활용될 수 있다. 트라우마, 정서적 상처, 관계 문제 및 개인적 성장과 관련된 문제를 해결하는 데 특히 효과적인 것으로 알려져 있다(원정언, 2018). 호흡과 신체의 움직임을 활용해 안전하게 접촉하고, 자신의 욕구를 알아차리는 연습을 한다. 이를 통해 신경계는 몸에 스며든 부정적 트라우마 반응에서 벗어나 신경계에 새로운 시스템을 구축해 나가게 된다. 또한 차츰 스스로 조절 가능하게 하는 신체 접근 치료법이다(이정명, 2015).

활동 해 봅시다

놀이실 활용 tip

1. 바람개비 만들기와 불기

출처: OpenAI의 DALL-E를 사용하여 생성되었음.

2. 풍선 불기와 풍선을 주고받기

출처: OpenAI의 DALL-E를 사용하여 생성되었음.

3. 친구와 서로의 행동을 따라 하기

4. 몸을 웅크렸다 펼치기/주먹에 힘을 줬다 빼기/ 따뜻한 물이 든 병과 차가운 물이 든 병을 만지며 느낌을 느껴 보기

출처: OpenAI의 DALL-E를 사용하여 생성되었음.

명상 실습 과정은 다양한 방법과 단계로 구성될 수 있으며, 이는 명상의 종류에 따라 다를 수 있다. 여기서는 기본적인 명상 실습 과정을 소개한다.

- 준비 단계
  - 장소 선정: 조용하고 방해받지 않을 장소를 선택한다. 의자에 앉거나 바닥에 앉을 수 있다.
  - 자세: 척추를 곧게 펴고 어깨와 목의 긴장을 푼 상태에서 편안하게 앉는다. 손은 무릎 위에 자연스럽게 올려놓는다. 외부의 시각적인 자극을 차단한다.

- 호흡 관찰
  - 호흡에 집중하기: 코로 들어오는 숨과 나가는 숨에 집중한다. 호흡의 리듬을 느끼고, 호흡이 자연스럽게 흐르도록 한다. 생각이나 감정이 떠오르면, 그저 인지하고 다시 호흡으로 집중을 돌린다.

- 몸의 감각 인식
  - 바디 스캔: 머리부터 발끝까지 몸의 각 부위에 천천히 주의하면서, 각 부위의 감각을 인식한다. 몸의 긴장된 부분을 느끼고, 이완하려고 노력한다.

- 마음 관찰
  - 생각과 감정 인식: 떠오르는 생각이나 감정을 판단하지 않고 그저 인지한다. 생각이나 감정에 휩싸이지 않고, 마치 구름이 흘러가는 것을 바라보듯이 관찰한다.
  - 집중 유지: 다시 호흡이나 특정한 명상 대상으로 집중을 돌린다.

- 깨어나기
  - 명상을 마칠 때는 천천히 눈을 뜨고, 주변 환경을 인식하면서 깨어난다.

- 스트레칭
  - 천천히 몸을 스트레칭하며, 몸의 긴장을 풀어 준다.

- 명상의 여운 느끼기
  - 명상 후의 평온한 상태를 잠시 느끼며, 일상으로 돌아갈 준비를 한다.

출처: OpenAI의 DALL-E를 사용하여 생성되었음.

명상 tip

명상은 꾸준한 연습이 매우 중요하다. 매일 일정 시간을 정해 명상하는 것이 좋다. 명상 중에 마음이 산만해지거나 집중이 잘 안 되더라도 자신에게 자비를 베풀고 꾸준히 연습한다. 초보자라면 가이드 명상 앱이나 오디오를 활용해 도움을 받을 수 있다. 명상수련을 꾸준히 한다면 마음의 평온과 집중력을 키우는 데 도움이 될 것이다. 자신에게 맞는 명상 방법을 찾아 꾸준히 실습해 보길 권하는 바이다.

참고문헌

강민지, 김미리혜, 김정호(2015). 수용-전념치료가 유방암 환자의 부정정서, 수용 및 삶의 질에 미치는 효과에 대한 예비연구. **한국심리학회지: 건강, 20**(1), 17-34.

권석만(2012). **현대심리치료와 상담이론–마음의 치유와 성장으로 가는 길**. 학지사.

김나영(2001). 무용/동작치료가 정신지체인의 정서표현 및 사회성에 미치는 효과. 서울여자대학교 특수치료전문대학원 석사학위논문.

김나영(2012). 심리적 외상(Trauma)에 대한 신체 심리치료 적용의 당위성. **무용학회 논문집, 70**(3), 7-9.

김지혜(2014). **정신분석과 무용동작치료**. 한국예술심리치료학회.

김진아(2004). 무용/동작치료가 여성노인의 대인관계 불안 감소에 미치는 영향. 명지대학교 대학원 석사학위논문.

노준호(2020). 뇌과학적 지식에 기반한 마음챙김 심리치료 연구. 동국대학교 대학원 석사학위논문.

박성현(2007). 위빠사나 명상, 마음챙김, 그리고 마음챙김을 근거로 한 심리치료. **인지행동치료, 7**, 90.

박응임, 유명희(1997). 애착의 지속성에 관한 단기종단적 연구. **아동학회지, 18**(2), 33-46.

박주연(2020). 펠튼크라이스 기법의 명상적 적용–마음챙김을 중심으로. 동국대학교 불교대학원 석사학위논문.

서경현(2017). 국내외 건강심리학 분야의 최신 연구 동향. 한국심리학회.

신성만, 박명준(2018). 행동중독의 이해를 위한 생리 심리적 균형 관점: 다미주이론과 동기균형이론을 중심으로. 한국심리학회지: 일반, 37, 508-509.

신지욱(2006). 애착, 정서, 그리고 대인관계 유능성 사이의 관계에 대한 경로분석. 이화여자대학교 대학원 석사학위논문.

안신정(2018). 신념처 명상의 체화를 위한 소매틱움직임 고찰. 표현예술치료 연구, 1, 31. 한국표현예술치료학회.

염규나(2020). 트라우마 치유에서 심신의 안정을 위한 명상의 활용 연구. 동국대학교 대학원 석사학위논문.

원정언(2018). 트라우마 치유를 위한 몸 기반 접근법으로서의 무브먼트 리츄얼(Movement Ritual) 고찰. 한국예술치료학회지, 8(1).

유다선, 손정락(2014). 수용전념치료(ACT)가 제1형 당뇨 청소년의 당뇨 스트레스, 자기관리, 삶의 질 및 수용행동에 미치는 효과. 한국심리학회지: 건강, 19(3), 637-654.

윤소희(2016). 신체감각 알아차리기(somatic experiencing)의 경험에 관한 현상학적 연구. 서울불교대학원대학교 석사학위논문.

윤온감(2019). 복합 외상 경험자에게 미치는 트라우마 치유 요가의 효과. 요가학연구, 22.

이경희(2020). 트라우마 치유를 위한 소매틱 익스피리언싱(Somatic Experiencing®)의 신체적 함의: 다미주 신경이론 중심으로. 무용역사기록학, 59, 97-119.

이성현(2020). 수용전념치료에서 불교의 영향에 관한 연구. 동국대학교 불교대학원 명상심리상담학과 석사학위논문.

이시은, 이재창(2005). 대학생의 애착유형, 부모, 또래 애착, 그리고 정서적 특성과의 관계. 한국심리학회지: 상담 및 심리치료, 17(4), 947-963.

이정명(2015). 트라우마 생존자를 위한 움직임 교육 프로그램 개발과 참여자 체험 연구. 명지대학교 대학원 박사학위논문.

임화영(2012). 자율신경계의 자기조절을 촉진하는 신체 동작 심리치료가 결혼이주여성의 양육스트레스와 신체화 증상에 미치는 효과. 서울여자대학교 특수치료전문대학원 석사학위논문.

장현갑(2013). 명상에 답이 있다. 담앤북스.

전효정(2003). 어머니-유아 애착의 세대간 전이의 매커니즘: 어머니의 내적 실행모델과 자녀양육행동이 유아의 애착유형에 미치는 영향. 열린유아교육연구회, 8(3), 159-174.

주자경(2023). 무용/동작심리치료와 감각운동 심리치료의 유사성에 대한 고찰. **무용동작심리치료연구, 7**(1), 55-71.

하유미(2012). 어머니의 성인애착, 부정 정서 및 정서조절양식이 양육행동에 미치는 영향. 이화여자대학교 대학원 박사학위논문.

함혜경(2013). 어머니의 성인애착이 아동의 또래관계 및 사회적 유능감에 미치는 영향. **통합치료연구, 5**(1), 57-85.

홍정연(2009). 놀이치료 중인 아동 어머니의 성인애착유형과 양육 효능감 및 정서표현 수용태도와의 관계. 서울여자대학교 대학원 석사학위논문.

Bowlby, J. (2009). **애착.** (김창대 역). 나남. (원전은 1969년에 출간).

Charf, D. (2020). **당신의 어린 시절이 울고 있다.** (서유리 역). 동양북스. (원전은 2018년에 출간).

Emerson, D. (2018). **트라우마 치유 요가.** (조옥경, 왕인순, 장진아 역). 김영사. (원전은 2015년에 출간).

Fosha, D., Siegel, D. J., & Solomon, M. F. (2015). **감정의 치유력.** (노경선, 김건종 역). 눈출판그룹. (원전은 2009년에 출간).

Hanna, T. (2013). **부드러운 움직임의 길을 찾아: 토마스 하나의 생명의 몸.** (김정명 역). 소피아. (원전은 1980년에 출간).

Heller, L., & LaPierre, A. (2012). *Healing developmental trauma: How early trauma affects self-regulation, self-image, and the capacity for relationship.* North Atlantic Books.

Holmes, J. (2005). **존 볼비와 애착이론.** (이경숙 역). 학지사. (원전은 1993년에 출간).

Kabat-Zinn, J. (2012). Mindfulness and democracy. *Mindfulness, 3*(3), 249-250.

Kabat-Zinn, J., & Davidson, R. (Eds.). (2012). *The mind's own physician: A scientific dialogue with the Dalai Lama on the healing power of meditation.* New Harbinger Publications.

Levine, P. A. (2016). **내 안의 트라우마 치유하기.** (양희아 역). 소울메이트. (원전은 1997년에 출간).

Levine, P. A. (2020a). **무언의 목소리: 신체 기반 트라우마 치유.** (박수정, 유채영, 이정규 역). 박영스토리. (원전은 2010년에 출간).

Levine, P. A. (2020b). **트라우마로부터 우리 아이 지키기.** (하영례, 김숙희, 김은경, 김혜선 역). 학지사. (원전은 2008년에 출간).

Ogden, P., & Fisher, J. (2021). **감각운동 심리치료.** (이승호 역). 하나의학사. (원전은 2015년에 출간).

Ogden, P., Minton, K., & Pain, C. (2019). **트라우마와 몸: 감각운동 심리치료의 이론과 실제.** (김명권, 주혜명, 신차선, 유나래, 이승화 역). 학지사. (원전은 2006년에 출간).

Porges, S. W. (2020). **다미주 이론.** (노경선 역). 위즈덤하우스. (원전은 2017년에 출간).

Rathus, J. H., & Miller, A. L. (2017). **청소년을 위한 DBT 다이어렉티컬 행동치료.** (조용범 역). 더트리그룹. (원전은 2014년에 출간).

Rothschild, B. (2000). *The body remembers: The psychophysiology of trauma and trauma treatment.* Norton & Company.

Shaffer, D. R. (2008). **사회성격발달.** (송길연, 이지연 역). 시그마프레스. (원전은 1979년에 출간).

Shaver, P., & Hazan, C. (1987). Being lonely, falling in love. *Journal of Social Behavior and Personality, 2*(2), 105.

Siegel, D. J. (2012). *The developing mind: How relationships and the brain interact to shape who we are.* Guilford Press.

Stoddard, J. A., & Afari, N. (2016). **수용전념치료 은유 모음집.** (손정락 역). 시그마프레스. (원전은 2014년에 출간).

Turow, R. G. (2019). **트라우마 치유를 위한 마음챙김 기술.** (송승훈, 신지현 역). 시그마프레스. (원전은 2017년에 출간).

Van der Kolk, B. A. (2014). *The body keeps the score: Brain, mind, and body in the healing of trauma.* Viking.

Wallin, D. J. (2010). **애착과 심리치료.** (김진숙, 이지연, 윤숙경 역). 학지사. (원전은 2007년에 출간).

Wedding, D. (2010). Current psychotherapies. *The Corsini Encyclopedia of Psychology,* 1-4.

국립건강정신센터 국가트라우마센터 홈페이지. https://www.nct.go.kr/

국제 펠든크라이스 협회(International Feldenkrais Federation: IFF) 홈페이지. https://

feldenkrais-method.org/

한국국제공인 펠든크라이스 전문가과정(Feldenkrais-Korea accredited professional training program) 홈페이지. http://koreafeldenkrais.com/

EFT Korea 홈페이지. https://www.eftkorea.net/

Moshe Feldenkrais, 『Body and mind』 (1980) IFF 홈페이지. Awareness Through Movement. https://feldenkrais-method.org/archive/feldenkrais-method/#atm

Moshe Feldenkrais, 『Body and mind』 (1980) IFF 홈페이지. Functional Integration. https://feldenkrais-method.org/archive/feldenkrais-method/#fi

제 3 장

요가 놀이치료

이형선

요가 놀이치료는 놀이치료의 치유적 관계 속에서 심리상담사와 내담자가 요가동작을 함께하며 몸과 마음을 동시에 안정화시키는 심리치료기법이다. 요가의 경전이라고 불리는 『요가수트라』에는 '요가는 마음의 작용을 조절하는 것이다'라는 구절이 나온다. 몸을 통해 마음을 조절하는 신체기반 심리치료의 원리가 그 속에 담겨 있지만 요가만으로 마음의 작용을 조절하려면 너무 많은 시간과 에너지가 필요해 심리적 에너지가 고갈된 내담자는 중도에 포기하기 쉽다. 이에 따라 요가 놀이치료는 비언어적 의사소통의 기술로서 상담 과정에서 따뜻한 돌봄을 제공하는 양육 환경을 재현하여 내담자와 보다 쉽게 라포를 형성할 수 있게 한다. 또한 놀이치료의 상호작용 촉진기술을 바탕으로 요가동작과 만다라 그리기를 하면서 상담사로부터 무조건적으로 수용받는 경험을 통해 내담자가 자신감을 갖고 새롭게 자기를 인식하여 자기 조절을 할 수 있도록 돕는 데 효과적이다.

1. 요가치료란 무엇인가

요가치료의 이해와 발달을 살펴보면, 요가는 산스크리트어인 유즈(yuji)에서 파생된 말로 '결합하다' '하나로 묶다'라는 뜻을 가지고 있다. B.C. 4000년 전부터 인도에서 자기 깨달음으로 가는 수행법으로 사용돼 왔는데, 현대에는 아동에서 노인에 이르기까지 신체건강과 심리치료, 적응 및 발달에 이르기까지 광범위하게 적용되고 있다. 이에 따라 전통 요가 프로그램을 그대로 시행하기보다는 대상자의 발달단계와 증상 완화에 중점을 둔 맞춤형 요가가 보급되는 추세이다.

요가치료에서는 우리 몸의 질병이 몸과 마음의 균형이 깨졌을 때 생겨난다고 보고, 요가를 하면서 심신의 균형을 회복하는 것을 근본원리로 하고 있다. 특별한 치료적 개입 없이도 요가를 하는 행위 자체가 호흡을 통해 몸과 마음을 정화시키는 치유의 과정이라고 할 수 있다. 요가치료에서는 전염성 질병을 제외한 대부분의 질병이 몸과 마음의 불균형 증상으로 보고 균형의 회복을 치료의 기본원리로 사용하고 있다(왕인순, 2010).

전통요가에서는 수련생의 신체적 · 정신적 상황에 맞춰 전통적인 요가 자세를 변형시켜 단계별로 적용해 가는 비니요가가 있는데 요가동작과 호흡을 통해 마음의 과도한 각성을 줄여 신체에 가해지는 스트레스를 줄이도록 하고 부정적인 사고나 정서를 긍정적인 것으로 대치시키도록 하는 것이다. 자세를 취할 때 형태보다는 호흡에 초점을 맞추면서 자기 자각을 할 수 있도록 돕고 불안한 생각으로부터 주의를 돌릴 수 있는 만트라, 명상과 기도 등의 처방을 제시한다(조옥경, 왕인순, 2016).

요가의 유용성은 너무 많아서 다 거론하지 못할 정도로 다양한 영역에 걸쳐 입증되고 있다. 신체적 측면에서 호흡기 기능 향상과 혈압 하강, 비만 감소(김수진, 2009; 김순분, 2007) 등에 효과가 있고, 인지와 정서 측면에서는 주의집중력 향상이나 스트레스, 우울, 대인관계 불안 및 공격성 감소(박장근, 임란희, 2006) 등에 효과가 있으며, 적응과 발달적 측면에서는 자기 조절력과 심리적 안녕감의 향상(박미진, 2008) 등에 효과가 있는 것으로 나타났다.

청소년이나 아동을 대상으로 진행된 요가 프로그램 관련 연구에서는 요가가 아동의 올바른 신체상과 자아존중감 향상에 효과가 있었으며(송유정, 이동훈, 2011), 학습된 무기력을 감소시키고, 학교 스트레스도 감소시키는 것으로 나타났다(양미애, 2010).

요가치료는 기존 서구의학의 한계를 보완할 수 있는 통합적 치료 방법으로 인정받고 있는데 미국 국립보건원(NCCAM) 산하 보완대체의학 연구소가 분류한 보완대체의학의 5개 영역 중 '심신치료개입(mind-body intervention)' 영역의 대표적인 방법이다(박지영, 조옥경, 2014). 요가 심신치료는 전통요가치료인 비니요가를 바탕으로 내담자 각각의 신체적 · 정신적 상태에 맞춰 개별적으로 요가를 구성하고, 동작을 하면서 느껴지는 신체 감각이나 자각, 생각이나 느낌 등에 집중하면서 자기 자각과 자기 조절을 할 수 있도록 돕는다.

요가 심신치료에서는 자기도 모르게 습관적으로 이뤄지고 있는 신체적 습관과 마음의 습관을 스스로 자각하도록 하는 데 중점을 둔다. 자기 자각을 통해 과거의 올바르지 못한 신체적 · 심리적 습관을 건강한 습관으로 바꾸고 반복적으로 수련하면서 자기 조절을 하게 되는 것이다.

요가에서는 '나'라고 하는 것이 5개의 층으로 이뤄졌다고 본다. 요가 심신치료에서는 이 가운데 신체(안나마야코샤), 느낌과 정서(프라나마야코샤), 생각(마노마야코샤)의 영역이 서로 조화를 이루도록 아사나와 호흡, 명상과 심리기법을 사용한다.

내담자가 특정한 자세나 동작을 실행하고 유지할 때 신체 감각에서 느껴지는 느낌과 감정을 찾아낼 수 있도록 치료사가 유도하면서 신체 감각에서의 안정감과 정서의 변화를 알아차리도록 하는 과정을 통해 몸과 마음이 함께 변화되도록 하는 것이다.

요가치료는 특히 외부의 충격적인 사건으로 신체와 정서를 조절하기 힘든 트라우마 환자에게 효과적이다. 트라우마 상태에서 우리의 뇌는 전두엽의 억제 기능에 문제가 생겨서 감정과 충동 조절이 어려워지고, 투쟁-도피(fight or flight) 반응이 일어나게 된다. 트라우마가 있는 사람들은 오랜 시간이 흐른 뒤에도 과거에 벌어진 일을 설명하는 것을 힘들어하며 공포와 격렬한 분노, 무기력감 등을 경험하게 되는데 이를 PTSD(외상 후 스트레스 장애)라고 한다. PTSD를 오랜 기간 경험하게 되면 뇌는 부정적인 정서와 사고를 증가시키고 집중력과 기억력, 상황에 대한 이해력을 감소시킨다. 트라우마가 있는 사람들을 치료하기 위해선 고통스런 사건이 이미 지나간 것임을 일깨우고 지금-여기에 의식이 머물도록 하는 하향식 조절과 함께 뇌의 잘못된 해석으로 오작동하고 있는 자율신경계를 안정화시키고 기능을 회복시키는 상향식 조절이 함께 요구된다(van der Kolk, 2014).

최근에는 트라우마 환자의 특성을 감안해 트라우마 중심 요가(Trauma-Sensitive Yoga: TSY)도 개발돼 보급되고 있다. 요가를 하면 부교감신경계가 활성화되어 스트레스 반응을 줄일 뿐 아니라 혈액 내 코르티솔 수준을 낮춰서 안정감을 주며 스스로를 조절할 수 있게 해 주는데 이러한 원리를 트라우마 치료에 활용한 것이다(Emerson, 2018). 트라우마 요가(TSY)는 내담자의 의향과 내적 경험을 중시하며 이를 적극적으로 반영한다. PTSD 환자에게는 자기의 경계를 지키는 것이 중요하기 때문에 내담자가 자세를 선택하고 내담자 스스로 호흡법을 선택하도록 한다. 자세를 만들기 위한 신체 접촉도 가능하면 삼가도록 한다. 요가를 하면서 신체에서 느껴지는 감각에 주의를 기울여 고유수용감각(뼈, 인대, 관절, 근육에서 오는 감각)과 내부수용감각(내장)을 알아차림(mindfullness)할 수 있도록 돕는다. 또 요가를 하는 중에 내담자에게 일어나는 감각과 느낌에 집중해 명령투의 어투보다는 '~해 보시겠어요?' '괜찮으시다면' '준비가 되셨으면' '원하시면'과 같은 권유형 언어를 사용한다. 내담자가 보다 편안한 분위기에서 요가를 하면서 자기의 느낌이나 감각에 집중할 수 있도록 하는 치료기법이다.

만성 트라우마가 있는 여성에게 20주 동안 주 1회 트라우마 중심 요가(TSY)를 실시하자 자기 조절에 중요한 역할을 하는 뇌섬엽과 내측 전전두엽피질이 활성화되었다(van der Kolk, 2014). 2004년 일본에서 발생한 쓰나미 생존자를 대상으로 한 연구에서는 긴장을 완화하는 훈련, 요가 자세, 호흡훈련, 휴식이 포함된 요가 프로그램을 7일간 매일 1시간씩 진행하자 공포, 불안, 수면장애, 슬픔 등 자가 평가한 모든 변인에서 유의미한 감소를 보였고, 변증법적 치료보다 요가를 실시한 집단이 PTSD, 과각성 증상이 더 많이 감소하고 활력과 신체 조율 상태도 개선되었다(Emerson, 2018).

2. 요가 놀이치료란 무엇인가

앞에서 말한 요가치료는 모두 요가라는 큰 틀 안에서 답을 찾는 방식으로 신체적인 활동을 통해 심리적 어려움까지 해소하는 '수련'이라는 데 초점이 맞춰져 있다. 그러나 심리적 고통에 시달리는 내담자가 당장 자기의 문제를 접어 두고 요가 동작에 집중하기란 쉽지 않다. 또 자기 자각을 통해 자기 조절에 이르기까지 너무 많은 시간이 걸리고, 요가치료를 통해 심신의 안정을 얻었다 해도 자기 통찰에까지 이르지 못해 일시적인 효과에 그치는 경우도 적지 않다.

요가 놀이치료는 이러한 단점을 보완해 '놀이치료'라는 구조 속에서 요가를 심리치료를 위한 '놀이'의 하나로 활용한다. 심리치료적 측면에서 요가치료가 몸 중심이라고 본다면 요가 놀이치료는 마음 중심이라고 볼 수 있다. 요가 놀이치료는 국제히말라야요가명상협회연합(Association of Himalayan Yoga Meditation Socities International: AHYMSIN) 한국지부 요가강사 자격을 보유하고 놀이치료사로 활동하며 심리재활학을 전공한 저자가 국제히말라야요가명상협회연합(AHYMSIN) 한국지부의 자문을 받아 구성하였다.[1)]

요가 놀이치료는 내담자의 심리적 어려움을 우선적으로 해결하는 데 초점을 맞추고 놀이치료의 상호작용 방법인 촉진기술을 사용하여 내담자가 이해받고 따뜻한 돌봄을 받으며 수용받는 가운데 내담자에게 맞는 요가동작들만 따로 뽑아서 실시하면서 심신의 안정을 찾도록 한다. 그런 다음, 요가를 하면서 떠오른 심상을 만다라로 표현하고 치료사와 공감적 대화를 나누는 과정을 통해 자기 통찰에 이르도록 한다.

요가 놀이치료는 Carl R. Rogers의 인간중심상담 이론(1980)과 그 이론을 바탕으로 한 Axline (1947)의 아동중심 놀이치료기법을 토대로 한 놀이치료기법이다. 요가 놀이치료는 무엇보다 내담자에 대한 민감한 이해를 우선시한다. 요가 놀이치료에서는 언어적 상호작용의 방법으로 Axline(1947)의 아동중심 놀이치료에 쓰이는 촉진기술을 사용한다. Ray(2011)는 아동중심 놀이치료의 촉진기술을 행동 추적하기와 내용 반영하기, 감정 반영하기와 의사결정을 촉진하고 책임 돌려주기, 창의성 촉진하기와 자신감 형성하기, 관계 증진하기와 더 큰 의미 반영하기, 한계 설정하기 등으로 제시했는데, 요가 놀이치료에서도 요가동작과 심상 그리기, 요가전후 몸과 마음 살피기 등 전 과정에서 이러한 촉진기술을 사용해 내담자가 지지받고 이해받으며 수용받는 느낌 속에서 안전하게 자기를 통찰할 수 있도록 한다.

1) 한국인형치료학회에서 트라우마 가족치료를 연구하면서 인형치료사 1급 자격을 보유하고 있는 연구자는 임상에 들어가기에 앞서 놀이치료 전공 교수와 심리재활학 박사과정에 있는 연구생 5명에게 1회 3시간씩, 총 2회 6시간에 걸쳐 요가 놀이치료의 이론적 토대를 설명하고 실습하는 과정을 통해 수정·보완했다.

요가 놀이치료는 시작 전 내담자와의 대화를 통해 몸과 마음의 상태를 체크하고, 또 규칙적이고 깊은 호흡을 통해 지쳐 있는 몸에 산소를 공급하면서 심신을 안정시킨 뒤에 내담자에게 맞는 요가를 실시하면서 자기를 자각하도록 한다. 이 과정에서 자기가 느낀 심상을 만다라로 표현하고 함께 이야기하면서 지지받고 이해받고 수용받는 경험을 할 수 있도록 한다. 매뉴얼에 따라 진행하는 구조화된 심리치료기법이지만 서두르지 않고 내담자의 상태를 봐 가며 치료사가 대화 시간이나 요가동작의 강도를 조절하기 때문에 내담자는 그 안에서 더 많이 존중받고 더 깊이 지지받는 느낌을 받을 수 있다.

Carl R. Rogers는 '내담자를 전체로서 수용하라'고 했다. 요가 놀이치료에서는 처음부터 끝까지 내담자가 수용받는 느낌 속에서 편안하게 자기를 표현할 수 있도록 한다. 치료사가 정해진 매뉴얼대로 내담자를 일방적으로 이끄는 것이 아니라 내담자의 상태에 맞춰 요가를 실시하고 심상을 자유롭게 표현하고 치료사와 공감적 대화를 나누면서 수용 받는 느낌을 통해 자기를 통찰할 수 있도록 하는 것이다.

요가 놀이치료의 이러한 섬세한 접근법은 놀이치료를 '내담자의 심리적 고통을 해결하도록 돕기 위해 숙련된 치료사가 놀이의 치료적 힘을 체계적으로 적용하는 대인관계 과정'으로 보았던 Shaffer(2011)의 견해와도 통한다.

신체기반 심리치료로서 요가 놀이치료는 내담자가 요가동작을 통해 '지금-여기'에 집중하도록 하면서 '과거의 나(고통받는 나)'에서 벗어나 '현재의 나(새롭게 인식된 self)'를 인식하고 자기를 통찰할 수 있도록 돕는다. 내담자 개개인의 상태에 맞게 짜인 프로그램 속에서 치료사의 가이드에 따라 요가동작을 따라하면서 심신을 이완하고, 자기의 심상을 그림으로 표현해 치료사와 함께 나누면서 지지받고 이해받고 수용받는 경험을 통해 안전한 대상관계를 확립하고 자기 통찰에 이를 수 있게 되는 것이다.

요가 놀이치료에서의 요가는 기존의 요가치료에서 강조해 온 '수련'보다는 '놀이'의 성격을 띠고 있다. 치료사의 가이드에 따라 내담자가 본인의 심리적 상태에 맞게 짜인 내담자 맞춤형 요가 아사나(동작)를 하면서 수용받는 경험을 통해 자연스럽게 에너지의 조절과 확장을 하게 된다.

놀이치료는 본래 아동을 대상으로 한 심리치료기법으로 시작됐지만 이제는 아동뿐 아니라 청소년과 성인, 노인 등 다양한 연령대에서 보다 안전하게 내담자의 심리적 경계와 방어를 허물고 진솔하게 다가서 자기 통찰에 이르게 하는 전 생애적인 심리치료법으로 확대되고 있다. 마음이 병들었다기보다는 '혼자서 감당하기에는 너무 힘들어서' '무얼 어떻게 해야 할지 모르는' '어려움에 빠진 사람들'이 전문적인 기술을 가진 치료사를 만나 함께 구조화된 '놀이'를 하면서 내적인 힘을 회복하고 자기를 찾아 가는 과정이라 할 수 있다.

이는 Johan Huizinga(1938)의 놀이에 대한 견해와 일치한다. Huizinga는 『Homo Ludens』(1938)에서 '놀이는 어느 정도 고정된 시간과 공간의 한계 안에서 수행되는 일종의 자발적인 활동 또는 작업으로서, 그 놀이 안에는 참여자가 자유롭게 받아들이기는 하였지만 절대적으로 따라야 하는 규칙이 있고, 놀이 그 자체로서의 내재적 목적이 있으며, 모종의 긴장감과 즐거움, 그리고 '일상적인 삶'과는 '다른 활동'이라는 참여자의 자각이 수반된다'고 하였다.

Wimmer(2011)는 '모든 놀이는 본질상 숙달(mastery)을 가져오는데, 신체적 동작은 배출을 가져오고, 창조성은 통찰을 키운다'고 보았다.

내담자는 자신을 위해 특별히 고안된 요가를 치료사와 함께하고 심상을 표현하고 공감적인 대화를 하면서 겹겹이 쌓여 있는 의식의 층을 지나 '심층적인 무의식'에 가까워진다. 이는 신체가 감각을 느끼고, 받아들이고, 인식하고, 자기화하는 의식화 단계를 넘어 무의식으로 연결되는 과정으로 이 과정에서 신체적 · 심리적으로 지극히 고요하고 평안한 상태에 이르게 된다. 이때 신체적으로 교감신경과 부교감신경이 조절돼 자율신경계가 활성화된다.

Greensberg와 Padesky(1995)는 '심리치료의 근본 목적이 내담자들의 회복과 행동 변화를 돕는 것이고 이러한 목적은 정서, 행동, 사고, 신체적 반응이라는 인간의 네 가지 기본 과정 중 어느 하나에든 영향을 주는 개입을 창조함으로써 획득될 수 있다'고 하였다. 또 인간 체계의 네 가지 요소인 정서, 행동, 사고, 신체적 반응은 '긴밀하게 상호작용하며 이런 인간 경험의 중심 양상 가운데 한 가지라도 변화하면 다른 양상들도 변화하게 된다'고 하였다.

이는 요가에서 몸과 마음은 연결돼 있으며 분리돼 있지 않다는 관점과 통한다. 『요가수트라』 1장 2절에는 '요가는 마음의 작용을 조절하는 것이다'라는 구절이 나오는데, 몸이 변하면 마음도 변화하고, 마음이 변화하면 몸도 변화하는, 몸과 마음이 서로 연결돼 작용하는 순환의 고리로 본 것이다.

전통요가는 호흡과 동작, 이완과 명상의 단계로 이뤄지는데 놀이치료에서는 요가의 호흡과 동작, 이완하기를 활용한다. 요가에서의 호흡은 횡격막 호흡으로, 들이쉬고 내쉴 때마다 갈비뼈 아래 횡격막이 오르락내리락하는 것에 집중하며 깊게 호흡하는 것이다.

요가 놀이치료에 쓰이는 동작은 누구나 쉽게 따라 할 수 있는 가장 기본이 되는 동작들이다. 그러나 내담자의 연령이나 상태에 맞춰 단계별로 동작의 강도를 높이거나 낮추는 식으로 조절할 수 있다. 너무 복잡하거나 과하게 근육을 늘리는 동작을 할 경우 몸에 무리가 갈 수도 있고 정서적으로 불안정한 내담자들의 심리적 스트레스가 가중될 수 있기 때문이다. 내담자가 회기 내에 충분히 숙지할 수 있는 단순한 동작으로 혼자서도 충분히 실행할 수 있는 것이 좋다. 회기가 진행되면서 내담자가 어느 정도 기본 동작에 익숙해지면 그때 한두 동작을 빼거나 새롭게 추가하면서 시간이나 스트레칭의 강도를 조금씩 높여 가는 것이 좋다.

신체화된 놀이치료를 통해 내담자가 자기 방어의 경계를 허물고 자연스럽게 라포가 형성되면 요가동작 시간을 줄이고 요가 전후 대화 시간을 늘려 가는 것도 좋다. 어느 방식이든 치료사가 내담자의 상태를 봐 가며 함께 의논하면서 융통성 있게 조정할 수 있다.

각 회기마다 단계별로 구성된 아사나(요가동작)가 끝난 뒤 내담자는 가이드의 지시에 따라 자신이 요가를 하면서 느낀 내적 체험을 둥근 원 속에 이미지로 표현하게 된다. 둥근 원은 삼라만상을 다 담고 있는 우주이자 완전체, 합일을 상징하는 만다라로 내담자는 4각의 지면(A4 용지) 위에 그려진 울타리 속에 다채롭게 자신의 심상을 표현하게 된다. 이 작업을 통해 내담자는 자유로움과 동시에 안전함을 느끼게 된다. 놀이치료에서 아동이 치료실이라는 제한된 공간에서 치료사와 상호작용을 하면서 자신의 정서를 자유롭게 표현하고, 이해받고, 수용받는 과정과 동일하다.

만다라는 네모 안에 원이 그려져 있는 하나의 중심점을 가진 도형으로 형상화된 도상화이다. Jung(1974)은 매일 아침 자신의 내면상태를 표현하고자 작은 원을 그리면서, 만다라가 자기의 중심으로 되돌아오는 유일한 것이라고 간주하며 '중심, 곧 개인화에 이르는 길'이라고 했다. Jung은 만다라에 정신발달의 목표라는 의미를 부여하면서 점차 인격 중심이라는 생각으로 형성하였다.

Frey(1983)는 놀이가 지니는 중요한 속성 중 하나가 '놀이가 은유(metaphor)와 신화를 창조한다'는 점이라고 봤는데, 내담자는 만다라 속에 자신의 심상을 표현하면서 또 하나의 세계를 창조하고 그 안에 깃들여 있는 자기를 통찰할 수 있게 된다. 내면의 상처와 갈등으로 혼란스런 마음을 가라앉히고 '지금-여기'에 있는 '자기(self)'를 볼 수 있게 되는 것이다.

현실에 대한 지나친 집착과 편견 때문에 힘들어하는 내담자를 자유로워지도록 돕고 자신과 세계의 다양한 가능성을 인식하고 자기의 삶을 융통성 있고 창의적으로 조성해 나가도록 도와주는 것이 심리치료의 목적이라고 보는 견해도 있다(김광웅, 유미숙, 유재령, 2004).

내담자는 자신이 그린 심상을 치료사에게 설명하면서 자기를 객관화시킬 수 있게 된다. 자신의 심상을 언어로 표현하면서 과거의 사건이나 감정으로부터 벗어나 현재에 머물 수 있게 돼 자기를 통찰할 수 있게 되는 것이다. 심상은 내면의 상태를 반영해 주는 개인 내면의 상(inner picture)으로 감정과 기억 그리고 사고뿐 아니라 모든 감각을 포함한다(Goldberg, 2002). 치료사는 내담자가 그린 만다라를 함께 보고 경험을 나누면서 내담자를 지지해 주고 이해해 주며 수용해 주는 역할을 하게 된다. 나의 부분이 아닌 모든 것을 수용해 주는 'good enough mother'로서 치료사와의 관계를 통해 안전한 대상관계를 정립하게 되는 것이다.

Rogers(1980)는 인간은 내부에서 자신의 문제를 만족스럽게 해결할 수 있는 능력과 성숙한 행동을 하려는 경향을 가진다는 믿음에 기초해서 인간중심상담 이론을 발달시켰다. 각 개인은 자기실현을 하려는 강력한 내적 힘을 가지고 있는데,

이것은 성숙과 독립, 자기 인내를 향한 원동력이라고 본다. 공감적 경청을 할 수 있는 능력, 일치성 또는 진실성, 수용 또는 인정 등이 효과적인 의사소통을 가능하게 하고 개인의 성격에도 건설적인 변화를 가져온다고 보았다. 그는 '인정해 주거나 사랑해 주는 것, 인정받거나 사랑받는 것은 성장을 크게 촉진시켜 주는 경험'이라고 하였다.

치료사의 가이드에 따라 요가를 하면서 내담자는 치료사와의 긴밀한 상호작용을 통해 심신의 안정을 찾고 따뜻한 돌봄과 수용을 경험하게 된다. 이 과정에서 자기와 대상에 대한 인식을 새롭게 해서 진정한 자기를 회복하고 내적 균형을 찾게 되며 정서를 조절할 수 있게 된다.

최적의 발달과 개별화는 초기의 가장 적절한 인간관계에 기초를 두고 있다는 대상관계이론을 바탕으로 한 것이다. 치료사와의 친밀한 상호작용을 통해 내담자는 안전한 대상관계를 만들고 그 속에서 자기를 자각하고 통찰하며 성장시키게 된다.

다음 절에서는 요가 놀이치료의 원리를 좀 더 자세하게 살펴보기로 한다.

1) 심리

요가의 근본정신을 담고 있는 『요가수트라(요가경전)』 1장 2절에는 '요가란 마음의 작용을 억제(조절)하는 것이다'라는 구절이 나온다. 요가를 통해 내담자는 호흡에 집중하며 다양한 동작을 수행하는 가운데 정서적인 안정감을 찾아서 스스로 자기 조절력을 회복하게 된다.

오랜 시간 잘못된 생각과 행동으로 만들어진 카르마(karma)라 할 수 있는 '과거의 습(習)'에서 벗어나 '현재의 나'를 찾고, '지금-여기'에 집중함으로써 '심리적 고통'으로부터 해방될 수 있다.

요가에는 진정한 나를 찾는 과정으로 최상의 깨달음에 이르는 8단계가 있다. 1단계는 다섯 가지 금지사항을 지키는 것으로 해치지 않기와 진실하기, 훔치지 않기와 감정 절제하기, 소유하지 않기이다. 2단계는 청결과 만족, 자기훈련과 자아 탐구, 자기포기의 준수사항을 지키는 것이다. 3단계는 요가동작을 수행하는 것으로 Asana라고 한다. 4단계는 에너지의 조절과 확장을 하는 Pranamaya, 5단계는 감각을 철수하는 Prayahara, 6단계는 집중하는 Dharana, 7단계는 명상하는 Dhyana, 8단계는 진아의 깨달음에 이르는 Samadhi이다.

요가 놀이치료에서는 이 가운데 3단계인 Asana(요가동작 수행)와 4단계인 Pranamaya(에너지의 조절과 확장)의 원리를 적용한다. 요가동작을 수행하면서 정체되어 있는 에너지를 선순환시키고 심신을 이완시켜서 안정감을 가지게 하고 '자기'를 자각할 수 있도록 하는 것이다.

요가에서는 '나'(판차코샤)라는 존재가 겹겹이 쌓여 5층으로 이뤄졌다고 본다.[2)]제일 표면에 있는 1단계는 안나마야 코샤(annamaya kosha)로 음식으로 된 덮개이며 2단계는 프라나마야 코샤(pranamaya kosha)로 활력 에너지로 된 덮개이고 3단계는 마노마야 코샤(manomaya kosha)로 낮은 마음으로 된 덮개, 4단계는 윈냐나마야 코샤(vijnanamaya kosha)로 분별력으로 된 덮개, 5단계는 아난다마야 코샤(anandamaya kosha)로 내적 지복으로 된 덮개가 있으며 그 안에 '진아(眞我)'가 있다고 본다.

요가에서는 각각의 층이 분리되어 있는 것이 아니라 통합된 전체로서 연결되어 기능한다고 보기 때문에 각각을 분리시켜 보기는 어렵지만, 굳이 나눈다면 1단계인 안나마야 코샤는 물질적인 나, 즉 신체를 뜻한다. 2단계는 신체를 통해 외부로부터 자극을 받아들이는 과정(느낌, 정서), 3단계는 받아들인 감각을 해석하는 과정(생각), 4단계는 해석한 감각을 분별하는 과정(내면화), 5단계는 분별을 넘어서 충만함을 느끼는 과정이며 이러한 단계를 거쳐 최종적으로 진정한 나에 이르게 된다고 본다(Anderson & Sovic, 2000).

요가 놀이치료에서는 이 가운데 1단계에서 3단계에 주목한다. 요가동작을 하면서 몸과 마음과 호흡이 일치되면 자연스레 '자기'에게 초점을 맞추게 되고 자기를 자각하게 되어 자기를 조절할 수 있게 된다. 마음의 문제로 고통받는 사람들의 주의

2) 산스크리트어로 코샤(kosha)는 커버 혹은 덮개를 의미하고, 마야(maya)는 '~로 된'이라는 뜻이다.

를 몸으로 돌리고 정체된 에너지를 순환시키면서 마음의 조절까지 돕는 원리이다.

요가가 개인으로 하여금 집중과 몰입을 체험하게 해서 자기 자각과 통찰에 이르게 하고(김천수, 2012), 자기 관찰이 자아수용 능력을 향상시켜 긍정적 신체자아 개념을 형성하게 하며(김순분, 2007), 자아존중감과 자아효능감으로 이어진다는 연구 결과도 있다(김영숙, 2005).

요가는 무기력과 부정적 대인관계를 감소시켜 인지나 정서적 측면을 보다 긍정적인 방향으로 개선해 준다. 요가를 실시하고 난 뒤 스트레스와 관련된 코르티솔 농도가 감소하고 사랑과 행복의 신경전달물질인 세로토닌과 도파민의 농도가 증가하였으며(백용수, 2007), 대인관계 효율성이 증대되고(민경자, 2006), 분노와 공격성 등의 문제행동도 감소됐다는 연구 결과도 있다(박은주, 2008).

몸과 마음은 따로 분리돼 있는 것이 아니라 연결돼 있어서 서로 영향을 주고받으며, 몸(요가동작)을 통해 마음을 조절한다는 요가의 심리적 관점은 요가 놀이치료에서도 그대로 적용된다고 볼 수 있다. 그러나 요가 놀이치료는 요가를 통해 일시적인 심신의 편안함을 얻는 데 그치지 않고 몸과 마음의 균형을 찾은 뒤 자기를 통찰하는 과정을 가진다는 점에서 보다 안정적인 심리치료기법이라 할 수 있다.

2) 아동중심 놀이치료를 기반으로 한 상호작용의 기술

요가 놀이치료에서의 언어적 상호작용은 Rogers의 인간중심상담 이론을 바탕으로 한 비지시적 방법으로, Axline의 아동중심 놀이치료에서 쓰이는 아홉 가지의 촉진기술을 사용하는 데 다음과 같이 적용할 수 있다.

- 행동 추적하기: 내담자가 하고 있는 동작을 반영한다.
  - 예) 내담자가 요가동작을 하는 것을 지켜보면서 행동 추적하기 반응: "횡격막이 오르락내리락하면서 규칙적으로 호흡하고 계시네요." "몸이 흔들리지 않게 균형을 잘 잡고 계시네요." 등 내담자가 하는 동작을 반영해 준다.

- 내용 반영하기: 내담자가 말하는 것을 다시 말한다.
  - 예) 내담자가 요가동작을 하다가 "균형을 잡기 힘들어요."라고 할 때 내용 반영하기 반응: "네, 지금 균형을 잡기 힘들어서 몸이 흔들리는군요." 혹은 "몸이 자꾸 오른쪽으로 기울어져서 몸의 균형을 잡기 힘들군요." 등으로 반응한다.
- 감정 반영하기: 내담자의 감정을 반영해 준다.
  - 예) 내담자가 요가동작을 잘 따라 하지 못해서 난처해할 때 감정 반영하기 반응: "네, 생각만큼 잘 안 돼서 당황스러우시죠. 처음에는 다 그렇습니다. 천천히 한 걸음씩 나아가신다고 생각하시고 저를 따라오시면 됩니다."
- 의사결정을 촉진하고 책임 돌려주기: 내담자가 스스로 결정을 내리고 스스로 한 선택에 대해 책임을 질 수 있는 기회와 책임을 준다.
  - 예) 내담자가 요가동작이 어렵다며 못하겠다고 할 때 의사결정 촉진하기와 책임 돌려주기 반응: "이 동작이 어려우시면 일단 접어 두고 다음 회기에 이 동작을 다시 해 볼 수 있습니다."
- 창의성 촉진하기: 내담자가 자신의 창의성을 촉진하고 표현감각을 개발할 수 있도록 한다.
  - 예) 내담자가 자신 없어 하며 그림을 못 그리겠다고 할 때 창의성 촉진하기 반응: "무엇이든 원하시는 대로 그리시면 됩니다. 정해진 방법이나 형식은 없습니다. 아무것도 떠오르지 않으면 떠오르지 않은 대로 그대로 표현하시면 됩니다. 당신의 느낌과 생각 그대로가 가장 소중하니까요."
- 자신감 형성하기: 내담자가 들인 노력에 대해 격려한다.
  - 예) 내담자가 몇 번의 시도 끝에 요가동작을 완성하거나 만다라를 완성했을 때 자신감 형성하기 반응: "네, 쉽지 않았지만 결국 완성됐네요." (요가동작에 대해서) "당신만의 그림이 완성됐네요."
- 관계 증진하기: 내담자와 치료사 사이의 관계를 인정하는 관계적 대응을 한다.
  - 예) 내담자가 "선생님과 이렇게 함께하니 마음이 편안해지는 것 같아요."라고 할 때 관계 증진하기 반응: "저와 함께하는 것이 안정감을 주고 즐겁

게 느껴지시는군요."

- 더 큰 의미 반영하기: 내담자가 하는 말이나 행동의 동기를 알아차리고 언어로 명료화시켜 준다.
  - 예) 내담자가 비를 맞으며 누워 있는 모습을 그린 뒤 "춥지도 않고 시원하다."고 할 때 더 큰 의미 반영하기 반응: "당신은 빗속에 누워 있어도 떨리거나 두렵지 않고, 행복감을 느끼고 있네요."
- 한계 설정하기: 내담자의 문제 해결 능력을 도모하고 자제력을 기르도록 경계를 설정한다.
  - 예) 내담자가 요가동작을 하면서 불필요한 말을 거는 등 집중하지 못할 때 한계 설정하기 반응: 내담자의 자세를 교정시켜 주거나 등 뒤에 손을 올려 내담자가 호흡에 집중하도록 하면서 "집중이 어려울 수도 있습니다. 동작과 마음과 호흡을 일치하시고 천천히 들이쉬고, 천천히 내쉬세요. 자, 들이쉬면서 하나, 둘, 셋, 넷, 내쉬면서 하나, 둘, 셋, 넷…… 코끝을 통해 들이쉬고 내쉬는 호흡에 의식을 집중해 주세요." 등

3) 요가

• 호흡

요가 놀이치료는 요가를 바탕으로 구성된 신체기반 심리치료이기 때문에 요가에 대한 기초적인 지식과 이해가 필수적이다. 요가에서는 특히 몸과 마음이 연결돼 있음을 강조하며 요가동작을 하는 내내 '들이쉬고 내쉬는' 호흡에 집중하고 동작과 호흡이 일치하도록 한다. 하타요가는 특히 하나의 동작을 취한 뒤, 바로 다음 동작으로 넘어가는 것이 아니라 자세를 유지한 채로 몇 번 호흡하는 과정이 있는데, 이를 통해 몸속에 더 많은 산소가 공급되고 더 깊이 머무르게 된다.

호흡은 신경계의 지표로 신경계가 균형을 잃으면 호흡이 얕아지고 긴장되며 한숨과 멈춤이 두드러지게 된다. 요가에서는 이런 과정이 마음에 기억된다고 본다. 호흡이 불규칙해지면 결국 마음의 균형도 무너지고 이로 인해 거칠고 얕은 호흡

을 하게 되며 여기서 다시 마음의 고통이 생겨나고 또다시 거칠고 얕은 호흡을 하게 돼서 마음의 균형이 무너지는 악순환이 반복된다고 보는 것이다.

요가 놀이치료의 호흡은 요가에서처럼 기본적으로 들숨과 날숨의 길이가 같은 횡격막 호흡을 기본으로 한다. 하지만 내적 갈등이나 울화 등으로 호흡이 거친 내담자가 처음부터 횡격막 호흡에 집중하기가 쉽지 않기 때문에 요가에 들어가기에 앞서 먼저 4.3.5 박스호흡을 실시해서 가슴에 꽉 막힌 것을 풀어내는 것이 좋다.

4.3.5 호흡은 넷을 셀 때까지 코로 들이쉬었다가 3초간 멈추고, 다섯을 세면서 입으로 내쉬는 복식호흡이다. 숨을 들이쉬고 3초간 멈춰서 뇌에 더 많은 산소가 머무르게 하고 날숨을 더 길게 쉬어서 긴장을 완화하는 데 도움이 된다. 4.3.5 호흡은 30회가 1세트로 요가 놀이치료에서는 요가동작에 들어가기에 앞서 내담자 상태를 봐 가며 3세트 내지 5세트 정도 실시하면 좋다.

횡격막 호흡은 호흡을 할 때 의식을 갈비뼈 아래에 우산처럼 장기를 감싸고 있는 횡격막의 오르내림에 집중하는 것이다. 깊게 들이쉴 때 폐 안에 공기가 가득 차면서 횡격막이 수축되고 깊게 내쉴 때 폐 안에 공기가 빠져나가면서 횡격막이 팽창되는 것에 의식을 집중한다. 이를 통해 내적 긴장이 완화되고 스트레스를 조절할 수 있으며 안정감과 동시에 활력을 찾을 수 있게 된다. 교감신경과 부교감신경이 조화를 이뤄 자율신경계가 활성화된다.

실제로 요가 놀이치료를 하기 전과 후에 내담자들의 자율신경계를 측정해 보면 교감신경이 너무 활성화돼서 긴장과 초조, 불안으로 힘들었던 사람은 부교감신경이 활성화되고, 반대로 부교감신경이 너무 활성화돼서 우울감과 무기력감을 느꼈던 사람은 교감신경이 활성화되어서 자율신경계가 전체적으로 균형을 이루며 활성화되는 것을 확인할 수 있다(144쪽 20대 여성 내담자 A의 사례 참조).

호흡과 정서는 연결돼 있어서 걱정이 많아 불안하거나 긴장되거나 초조할 때 얕은 숨을 쉬게 되는데 이때 횡격막 호흡을 하면 진정될 수 있다.

요가에서는 올바른 호흡에 다섯 가지 특징이 있다고 본다. 얕지 않고, 덜컥거리지 않고, 날숨과 들숨의 길이가 같고 시끄럽지 않고, 호흡과 호흡 사이가 완만하고 끊기지 않아야 한다는 것이다. 이런 호흡은 4단계의 과정을 거쳐 완성된다. 1단계는 호흡을 자각하는 것으로, 들어오고 나갈 때 호흡을 관찰하면서 지속적으로 호흡 자각 훈련을 익히는 것이다. 2단계는 코를 통한 호흡이다. 입을 통한 호흡은 외부의 공기가 바로 몸속으로 들어오기 때문에 공기 데우기와 습도 공급 및 여과라는 과정을 거치지 않아 좋지 않다고 본다. 하지만 코를 통해 호흡하면 날숨이 길어져 들숨의 길이와 균형을 맞추며 호흡하는 동안 기관지의 통로를 열어 줘서 더 깊은 호흡을 할 수 있게 된다. 뇌에도 더 많은 산소가 공급된다. 3단계는 횡격막 호흡이다. 횡격막과 관련된 감각을 인식하는 것을 익히고 송장 자세와 악어 자세, 앉은 자세에서 횡격막으로 호흡하는 것이다. 4단계는 횡격막을 강화하는 단계로, 송장 자세에서 배에 모래주머니를 올려놓고 자연스럽게 호흡하면서 들숨과 날숨에 따른 복부의 움직임을 관찰하다 5분 뒤에 모래주머니를 내려놓고 복부를 이완한 뒤 새로운 감각을 자각하는 것이다. 훈련시간을 차차 늘려 가며 횡격막 호흡을 강화하는 단계이다(Anderson & Sovic, 2000).

요가 놀이치료에서는 이 가운데 1단계부터 3단계까지를 적용한다. 들이쉬고 내쉬는 호흡에 의식을 집중하고 코를 통해서 들숨과 날숨의 길이를 같게 하며, 횡격막을 통해 부드럽고 규칙적으로 숨을 쉴 수 있도록 한다.

• 동작(아사나)과 이완

요가동작은 분석심리학을 바탕으로 Wallin(2007)의 자기 발달의 단계를 적용하여 자기실현의 과정에 맞춰 구성하였다. Wallin은 자기의 발달을 신체적 자기(somatic self), 정서적 자기(emotional self), 표상적 자기(representational self), 성찰적 자기(reflective self), 마음 유념적 자기(mindful self)의 5단계로 구분하였다. 신체적 자기는 애착 관계 경험으로부터 생기는 자기에 대한 최초의 느낌이고, 정서적 자기는 애착인물과의 안정감을 통해 발달하며, 표상적 자기는 안정된 애착과 함께 탐색을 위한 안전기지가 내재화된 결과이다. 성찰적 자기는 안전감을 증진하는 내적 작동 모델과 연결돼 정서를 조절하게 되는 역할을 하게 되며, 마음 유념적 자기는 지금-여기에서 경험되는 것에 압도되거나 해리되지 않으면서 비판단적 태도를 발달시키게 된다(장미경, 2017). 이러한 이론적 배경을 토대로 본 치료에서 활용한 요가동작은 인도의 히말라야 전통의 하타(Hatha)요가를 기반으로 하여 본 연구자가 호흡과 이완에 초점을 맞춰 4단계로 구성하였다.

1단계에서는 자기의 경계를 침범당한 내담자가 호흡과 이완법을 통해 신체적 자기를 자각하도록 하고, 2단계에서는 균형을 잡는 동작을 통해 자신에 대해 느끼는 그것이 자기 자신이라는 중심감을 주는 정서적 자기를 발달시킨다. 3단계에서는 자신감을 북돋우는 동작으로 자아를 강화해서 표상적 자기를 발달시킬 수 있도록 하였다. 4단계에서는 내적 고요와 안정화와 초점을 맞춘 동작으로 성찰적 자기를 발달시킬 수 있도록 하였다. 1단계에서 4단계에 이르는 요가수행을 통해 내담자는 비로소 5단계인 마음 유념적 자기에 이르게 된다.

요가동작이 끝나면 심신이 안정된 상태에서 내담자는 분석심리학 기반의 만다라 그리기를 하게 된다. 내담자가 어머니와 아이가 온전히 신뢰하는 관계인 모자일체성(Kalff, 2012)을 경험하면서 자기를 통찰하는 것이다. 만다라는 놀이치료에서 '오직 당신만을 위한 안전한 곳'이라는 메시지를 주는 치료실과 같은 의미이다. "만다라에 그림을 그리는 행위 자체가 보호된 영역인 신성한 공간이라는 측면에서 모든 에너지를 집중하여 표현하기 때문에 화합과 치료적 의미가 내포되어 있다"(Fincher, 1998). 내담자는 만다라 그리기를 통해 치료사와의 안전한 관계 속에서 '지금 바로, 여기'에 있는 '자기'를 볼 수 있게 된다. 만다라가 지니는 둥근 형태의 작업은 자신도 모르게 마음을 원만하게 해 주는 특성이 있다(정여주, 2001). 또 교감신경과 부교감신경을 조절해서 자율신경계를 안정시키고(성영진, 2004), 전두엽 관리 기능까지 향상시키는(차현희, 2012) 것으로 나타났다.

기존의 요가치료가 치료사의 지시에 따라 이뤄지는 수동적 치료였다면 요가와 만다라를 활용한 놀이치료는 치료사와 내담자 간의 연결성과 내적 체험을 중시하는 능동적인 치료기법이다. 내담자는 4단계로 구성된 요가를 치료사와 함께 하고 만다라로 심상을 표현하고 나누는 과정을 통해 스스로를 인식하면서 깊은 무의식의 세계로 접근할 수 있다. 이는 신체가 감각을 느끼고, 받아들이고, 인식하고, 자기화하는 의식화 단계를 넘어 무의식으로 연결되는 과정이다.

이런 면에서 요가와 만다라를 활용한 놀이치료는 생애 초기 적절한 보살핌을 받지 못해 애착 트라우마가 있는 내담자들에게 안정적인 양육을 재경험할 수 있게 도와주는 보금자리와 같은 역할을 할 수 있을 것으로 보인다.

요가 놀이치료에서의 동작은 몸과 마음과 호흡의 일치를 중시하는 요가의 원리를 그대로 적용한다. 요가에서의 동작은 아사나라고 하는데, 악어 자세로 시작해 깊고 편안한 호흡을 하면서 몸의 각 부위별로 긴장과 이완을 반복하며 점점 강도를 높여 간다. 이를 통해 우리 몸은 활력을 찾게 된다. 그다음 단계는 이완하기로 요가의 동작이 끝난 뒤 송장 자세로 누워서 눈을 감고 호흡에 집중하며 체계적으로 몸과 마음을 완전히 이완하는 것이다. 마지막 단계는 몸과 마음이 정화된 상태로 호흡에 집중하며 앉아서 명상하는 것이다.

요가 놀이치료에서는 내담자의 상태에 맞게 요가의 동작과 이완 기법을 골라서 적용한다. 정해진 프로그램에 따라 단계별로 스트레칭의 강도를 높여 간다는 점에서는 동일하지만 그때그때 내담자의 상태를 체크해서 시간과 강도를 조절하고 내담자의 욕구를 이해 · 반영 · 수용하면서 내담자가 끝까지 포기하지 않고 앞으로 나아갈 수 있도록 촉진한다는 점에서 아동중심 놀이치료의 원리를 따른다.

요가동작(아사나)은 명상을 하기에 앞서 최적의 상태를 만드는 것인데, 보통 4단계로 이뤄져 있다. 1단계는 들숨과 날숨에 집중하며 몸과 마음을 이완시키는 것이며(악어 자세, 송장 자세), 2단계는 관절을 풀어 주고 림프샘을 자극하는 준비운동 단계이다. 3단계는 본격적인 동작으로 근육을 조이고 늘려 자세를 취하는 단계이고, 4단계는 편안하게 이완하며 쉬는 단계이다.

요가동작은 몸과 호흡, 마음의 일치를 통해 몸과 마음을 정화하고 집중상태에 이르게 한다. 스트레칭을 하면 먼저 근육이 따뜻해지고 긴장이 풀리며 피로한 뇌세포가 생생하게 살아나는 것을 느낄 수 있다. 이를 통해 몸과 마음의 균형이 잡히며 자신의 스트레스와 그것을 처리하는 기술, 마음의 습관과 반응 패턴, 이완하고 집중하는 능력들을 키우게 된다. 그리고 이러한 과정 속에서 우리 몸의 에너지의 중심인 차크라가 활성화돼 막혀 있던 에너지가 원활하게 흐르게 된다. 머리에서 발끝, 손가락 끝에서 발가락 끝까지 온몸을 스캐닝하면서 긴장과 이완을 반복하며 활력과 동시에 정서적인 안정감을 가질 수 있게 된다.

요가에서는 우리 몸에 7개의 에너지 센터인 차크라가 있다고 본다. 1번 차크라는 회음부로 생명의 근원이며 삶의 근본적 생기와 관련되어 있고, 2번 차크라는 배꼽 아래 자궁 부위로 성과 생명 창조의 힘과 관련돼 있다. 3번 차크라는 배꼽 부위로 감정과 정체성, 타인과 정적인 친밀감과 관련돼 있고, 4번 차크라는 가슴 중앙에 있는데 균형과 수용의 단계에 들어선 사랑과 관련되어 있다. 5번 차크라는 목젖이 튀어나온 부분인데 모든 에너지의 정화와 순수, 창조와 의지, 영적 세계의 통로라 볼 수 있고, 6번 차크라는 미간으로 모든 가능성을 현실에서 이뤄 내는 힘과 영성, 예지력과 관련돼 있다. 마지막으로, 7번 차크라는 정수리로 언어 이전의 완전한 통합과 열반, 깨달음이라 부르는 초월단계와 관련돼 있다.

요가 수행이 진전됨에 따라 7개의 차크라 가운데 어느 한 부분이 활성화되는 것처럼 느껴질 때가 있는데 이것은 그 차크라가 강화된다기보다는 다른 차크라의 에너지 레벨에 맞춰 전체적으로 조화와 균형이 맞춰지는 과정으로 볼 수 있다.

요가 놀이치료에서는 요가동작을 통해 우리 몸의 교감신경과 부교감신경이 균형을 잡으면서 전체적으로 자율신경계의 기능이 활성화돼 정서적으로 편안한 상태에 이르는 것으로 본다.

요가 놀이치료에서는 앞서 말한 것처럼 자율신경계의 기능을 회복하는 방법으로 이완을 중시한다. 요가에서의 이완은 보통 다음과 같은 순서를 따른다.

- 송장 자세로 눈을 감고 눕는다.
- 횡격막을 통해 호흡이 머리끝에서 발끝까지 흐르는 것을 느껴 본다.
- 먼저, 머리 부위를 편안히 하고, 그다음 얼굴 부위를 편안히 한다.
- 목 부위를 편안히 하고, 어깨를 편안히 한다.
- 양팔을 편안히 하고, 양손을 편안히 한다.
- 가슴 부위를 편안히 하고 배 부위를 편안히 한다.
- 양다리를 편안히 하고 양발을 편안히 한다.
- 머리에서 발끝, 발끝에서 머리끝까지 호흡이 편안히 흐르는 것을 느끼며 양손과 양발로 내 안에 있는 긴장과 불안이 다 빠져나가는 것을 느껴 본다.

- 온몸이 편안히 이완된 상태에서 양손과 양발이 묵직해지면서 가라앉는 느낌에 집중한다.
- 계속해서 호흡이 온몸에 편안하게 흐르는 것을 관찰한다.
- 몸 전체가 숨을 쉬는 것처럼 호흡을 하면서 마친다.

요가 놀이치료에서는 요가의 체계적 이완법을 바탕으로 머리에서 발끝까지 온몸을 스캐닝하듯이 다음과 같이 한다.

- 송장 자세로 눈을 감고 눕는다. 두 다리가 살짝 벌어진 상태로 발끝이 바깥쪽을 향하게 한다.
- "지금부터 저와 함께 체계적인 이완을 해 보도록 하겠습니다."
- "머리끝에서 발끝, 발끝에서 머리끝까지 손끝에서 발끝, 발끝에서 손끝까지 들이쉬고 내쉬는 호흡을 지켜보며 온몸이 편안히 이완되는 것을 느껴 보세요."
- "정수리를 편안히 하시고, 이마를 편안히, 양 미간을 편안히, 볼과 턱 부위를 편안히 하세요."
- "목을 편안히, 어깨를 편안히, 위팔, 아래팔, 팔목, 양손을 편안히 하세요. 손끝을 편안히 하세요."
- "다시 손끝, 팔목, 아래팔, 위팔, 어깨를 편안히 하시고, 목을 편안히 하세요."
- "윗가슴을 편안히 윗배, 아랫배를 편안히 하시고 골반부위를 편안히 하세요."
- "윗다리, 무릎, 종아리, 발목, 발끝을 편안히 하세요."
- "다시 발끝, 발목, 종아리, 무릎, 윗다리, 골반, 아랫배, 윗배를 편안히 하세요."
- "가슴, 어깨, 위팔, 아래팔, 팔목, 양손, 손끝을 편안히 하시고 다시 팔목, 아래팔, 위팔, 어깨를 편안히 하세요."
- "목, 턱, 양 미간을 편안히 하시고, 이마를 편안히 하세요."
- "정수리를 편안히 하시고, 들숨과 날숨을 따라 온몸이 편안히 이완된 것을 느껴 보세요."
- "그 상태에서 정수리를 따라 푸르고 밝은 생명의 에너지가 들어와서 온몸으

로 퍼져 나가는 것을 느껴 보세요."

- "손끝, 발끝을 통해 내 안에 쌓여 있던 긴장과 불안이 모두 빠져나가는 것을 느껴 보세요."

요가 놀이치료의 이러한 이완법은 부교감신경을 활성화하기 때문에 단지 심리치료를 할 때뿐만 아니라 질병 등으로 병석에 누워서 몸을 움직이기 힘들 때 혹은 잠이 잘 안 올 때 실시해도 좋다. 요가에서는 이완하기가 끝나면 다음과 같은 명상하기의 단계에 이른다.

- 누워 있던 몸을 일으켜 자리에 앉는다.
- 두 다리를 교차시켜 바닥에 앉으면 척추가 s자 모양으로 곧게 펴진다.
- 두 눈을 살짝 감고 척추와 경추가 곧게 펴졌는지 마음의 눈으로 훑어본다.
- 코끝을 통해 들어오고 나가는 숨에 집중하면서 명상한다.

명상은 마음의 짐을 다 내려놓고 머릿속을 맑게 비우는 것인데 그 과정에서 초반에는 자꾸 다른 생각들이 떠오르고 집중이 되지 않는 경우가 많다. 이때는 콧구멍을 들락날락하는 호흡에 주의를 두고 마음속으로 들이쉬면서 머릿속에서 하나의 단어를 반복적으로 되뇌면서 집중한다. 명상 중에 어떤 생각이나 심상 등이 떠오르면 반응하지 말고(그것에 주의를 두지 말고) 그냥 지나가게 한다. 이것이 바로 알아차림(mindfulness)이다.

요가 놀이치료에서는 명상 단계까지 가지는 않고 동작을 다 마친 뒤 두 다리를 교차시켜(양반다리) 자리에 앉아 허리를 곧게 펴고 두 눈을 살짝 감은 뒤 3분 정도 코를 통해 들이쉬고 내쉬는 숨에 집중하며 호흡을 고요하게 한다.

4) 분석심리학을 기반으로 한 만다라 그리기와 나누기

산스크리트어로 만다(manda)는 중심 또는 본질이며 라(la)는 소유 혹은 성취를 의미하는 것으로, 만다라(mandala)는 중심과 본질을 성취하는 것이라고 해석된다(홍윤식, 1996).

Jung은 자신이 직접 만다라를 체험하면서 내적인 조화를 얻고 자기와 하나가 될 수 있었다(이부영, 1988). Jung은 만다라를 '개성화 과정의 그림'이라고 정의했는데, 개성화 과정은 인간 내면 속에 본원적으로 가지고 있는 규칙적인 유형을 따른 것이고 이는 영혼 심상에 대한 무의식적인 반영이며 원형과의 동일시 경험이라는 일련의 정서를 갖는다고 하였다(성영진, 2004).

만다라를 그리면서 내담자는 과거의 고통에서 벗어나 그리는 행위 자체에만 몰두하게 된다. 만다라가 지니는 둥근 형태의 작업은 바로 자신도 모르게 마음을 원만하게 해 주는 특성이 있다. 만다라를 창작하는 사람은 누구든지 그러한 활동을 통해 감정과 정신 상태가 아주 빨리 균형을 이루고 생동감을 얻게 되며 내적 충만을 체험할 수 있게 된다(정여주, 2001).

Joan Kellogg(1992)는 만다라를 반드시 종교적 혹은 치료적인 것에 국한시킬 필요는 없다는 입장을 취하면서 만다라는 그 자체가 자기발견을 가져다줄 확실한 통로로 사용될 수 있다고 하였다.

만다라 그리기는 스트레스를 낮추고 주의집중력을 높일 뿐 아니라(김숙희, 2005), 임산부의 정서 안정에도 효과가 있는 것으로 나타났다(김화자, 2008). 또 교감신경과 부교감신경을 조절해서 자율신경계를 안정시키고(성영진, 2004), 전두엽 관리 기능까지 향상시키는 것으로 분석되었다(차현희, 2012).

요가 놀이치료는 만다라 그리기가 가진 이런 치유적 측면에 주목한다. 내담자가 요가를 하면서 느낀 심상을 색연필로 원 안에 자유롭게 표현하고 이에 대해 치료사와 대화를 나누면서 충분히 이해받고 수용받는 과정을 통해 '과거의 고통받던 나'가 아닌 '바로 지금 여기에 있는 나'를 인식하고 자기를 통찰할 수 있도록 돕는다(이형선, 노남숙, 2023).

Susan Fincher(1998)는 만다라 그리기에 대해 일원상 속에 그림을 그리는 행위 자체가 보호된 영역인 신성한 공간이라는 측면에서 모든 에너지를 집중하여 표현하기 때문에 화합과 치료적 의미가 내포돼 있다고 보았다.

요가 놀이치료에서 심리적 안전지대는 3개의 겹으로 이뤄져 있다. 치료사와의 긴밀한 상호작용으로 이뤄진 요가라는 행위를 통해 안전감을 느끼고 둥근 원 안에 만다라를 자유롭게 표현하면서 또 한 번 보호받고, 자신이 그린 만다라를 치료사에게 설명하면서 지지와 이해, 수용받는 경험을 통해 심리적 안정감을 찾게 되는 것이다.

단순히 요가만 하고 끝내는 것이 아니라, 요가로 긴장된 몸과 마음을 편안하게 하고 만다라 그리기를 통해 자기를 자각하고, 치료사와 공감적인 대화를 통해 자기 통찰에 이르도록 한다는 점에서 요가 놀이치료는 보다 심층적인 심리치료라 할 수 있다.

3. 비언어적 의사소통으로서의 요가 놀이치료 실행법

상담을 하다 보면 언어적 의사소통이 어려운 경우가 많다. 내담자가 소통의 의지가 없는 경우나 산만해서 집중력을 유지하기 어려운 경우 혹은 내적인 에너지가 고갈되어 그야말로 말할 힘조차 없는 경우가 있다. 또 심리적인 방어가 너무 심해서 라포 형성이 어려울 경우, 트라우마 때문에 숨쉬기조차 힘든 경우 등 요가 놀이치료는 비언어적 의사소통 기술로서 내담자를 보다 편안하게 심리치료의 세계로 이끈다. 이는 가랑비에 옷 젖는 줄 모르듯이 슬며시 일단 몸을 편안하게 만들어서 뇌를 활성화시켜 궁극적으로 마음을 치료하는 방식이라고 할 수 있다.

신체를 기반으로 한 심리치료인 요가 놀이치료는 이렇듯 아동과 청소년, 성인 등 전 연령대에 걸쳐서 경계심을 허물고 보다 쉽게 라포를 형성할 수 있는 방법으로 개인과 그룹 모두에게 적용할 수 있다. 특히 내담자가 심리치료에서 익힌 호흡법과 동작들을 수시로 하면서 자기 돌봄을 할 수 있기 때문에 치료 속도도 빠르고 회기가 종결된 이후에도 안정적으로 생활할 수 있다.

요가 놀이치료는 누구든지 따라 하기 쉬운 기본동작을 토대로 정해진 매뉴얼에 따라 가이드하면 되기 때문에 요가에 익숙하지 않은 치료사들도 쉽게 치료법을 숙지하고 실행할 수 있다. 또 치료사와 내담자가 꼭 대면하지 않아도 컴퓨터나 스마트 기기를 통해 비대면으로 치료할 수 있다는 점에서 한층 효용성이 있다고 할 수 있다.

요가 놀이치료 실행법에 대해 자세히 살펴보면, 매 회기마다 몸과 마음 상태 살피기를 한 후 요가동작을 하고 자기의 심상을 그린 뒤 치료사와 함께 나누며 마무리하는 순으로 진행한다. 요가동작은 다음과 같이 단계별로 나눠서 스트레칭의 강도를 높여 가는 방식으로 적용한다.

1단계는 자기 인식-호흡하기와 집중하기(1~2회기)이다. 요가동작은 가장 기본이 되는 동작으로, '호흡에 맞춰 천천히 양팔을 들어 올렸다 내리기+악어 자세와 송장 자세, 산 자세'를 내담자의 상태에 따라 실행한다.

2단계는 자기 조절-몸과 마음의 균형 잡기(3~9회기 반복)이다. 요가동작은 1단계의 동작을 기본으로 몸의 균형을 잡고 집중력을 강화시킬 수 있는 동작을 추가하여 1단계 동작(악어 자세와 송장 자세, 산 자세, 원더우먼 자세)+서 있는 나무 자세를 실행한다.

3단계는 자아 강화-한발 더 나아가기(10회기 이상)이다. 요가동작은 1단계+2단계+3단계(전사 자세)로, 1단계 동작(악어 자세와 송장 자세, 산 자세, 원더우먼 자세)+2단계(서 있는 나무 자세)+3단계(전사 자세)를 실행한다.

1) 준비 단계

준비물은 부드러운 매트(푹신한 이불요), 포근한 덮개(부드러운 담요), 둥근 원이 그려진 A4 용지, 파스텔, 얇은 손수건이 필요하다.

조명은 상담실의 커튼을 내리고 너무 밝지 않게 조절해서 내담자가 편안함을 느낄 수 있게 한다. 너무 밝은 조명은 교감신경을 활성화시켜서 내담자가 이완되는 것을 방해한다.

간혹 누워서 눈을 감고 호흡하는 자세를 할 때 내담자가 자신을 내려다보고 있는

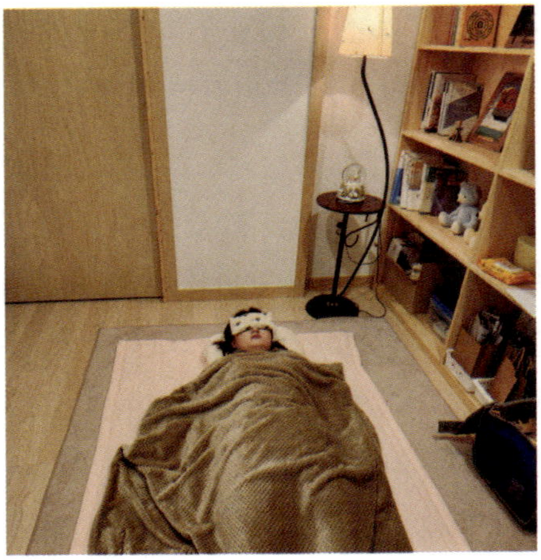

치료사를 의식해서 불편해하는 경우가 있는데 이때는 내담자의 눈 위에 얇은 손수건이나 눈 베개를 올려 줘서 안정감을 주고 호흡에만 집중할 수 있도록 해 준다.

2) 실행 단계

모든 회기는 호흡 살피기 → 박스호흡이나 천천히 호흡하면서 팔 들어 올렸다 내리기 → 요가동작(이완하는 것으로 시작해 단계별로 스트레칭의 강도를 높여 가는 식으로 동작 추가) → 심상 그리기 → 공감하기와 마무리 순으로 진행된다.

1단계와 2단계 동작을 기본으로 하고 3단계는 회기에 따라 내담자의 상태에 맞게 스트레칭의 강도를 높이는 동작을 추가하거나 빼면서 조절할 수 있다.

유의사항은 다음과 같다.

첫째, 몸과 마음과 호흡이 일치해야 하며, 절대 무리하지 말고 내담자의 상태를 살펴 가며 단계별로 적용한다.

둘째, 내담자가 불편해하면 즉시 이전 단계로 돌아가 편안하게 한 뒤 다시 다음 단계로 진행한다.

셋째, 요가 놀이치료에서 호흡은 요가의 원리에 따라 입은 사용하지 않고 코만 사용해 들숨과 날숨의 길이를 같게 하는 것이 좋지만, 비염이나 가슴 속 울화 등으로 힘들어하는 내담자는 코로 들이쉬고 입으로 길게 내쉬게 한다. 이때는 들숨보다 날숨을 한 템포 정도 더 길게 한다.

넷째, 상담 시작 전 박스호흡을 실시한다. 앉아서 호흡할 땐 코로 넷을 셀 때까지 들이쉬고, 3초간 숨을 멈춘 뒤 입으로 다섯을 셀 때까지 천천히 숨을 뱉어 낸다. 3초간 숨을 멈춰서 뇌 속에 산소가 더 오래 머물게 한다. 들숨보다 날숨의 길이를 더 길게 한다.

다섯째, 회기당 시간은 성인과 청소년은 60분, 아동은 50분으로 한다.

여섯째, 요가동작을 할 때 무리하게 하지 말고 자신이 할 수 있는 범위에서 80% 정도만 스트레칭한다.

(1) 1단계: 호흡하기와 집중하기(1~2회기)

- 내담자의 몸과 마음의 상태를 체크한다. 내담자가 언어적 소통을 힘들어하면 바로 박스호흡을 실시하고, 안정되면 그때 몸과 마음의 상태를 다시 체크해도 된다.
- 내담자에게 의자에 앉은 상태에서 허리를 곧게 펴도록 하고 박스호흡을 가르쳐 준다. 치료사가 하나, 둘, 셋, 넷을 셀 때까지 코로 들이쉬고, 하나, 둘, 셋 3초간 숨을 멈춘 뒤, 입으로 하나, 둘, 셋, 넷, 다섯을 셀 때까지 깊게 내쉰다(5분 실시).
- 내담자에게 4.3.5 호흡 이전에 비해 어떻게 느껴지는지 묻고, 호흡을 체크한다.
- 내담자에게 양말을 벗고 어깨 너비만큼 발을 벌리고 서게 한 뒤, 손바닥이 위로 향하게 한다. 천천히 코로 숨을 들이쉬면서 양팔을 귀 옆까지 올렸다가 천천히 입으로 숨을 내쉬면서 팔을 내린다(6회 반복).
- 내담자를 매트 위에 엎드리게 한 뒤 악어 자세(두 다리를 살짝 벌려 발끝이 바깥쪽을 향하게 하도록 엎드리게 한다. 양쪽 복숭아 뼈가 땅에 닿아야 골반이 안정감 있게 밀착된다.)로 횡격막 호흡하는 법을 알려 준다. 그런 다음, 왼팔 위에 오른팔을 올리고 그 위에 이마를 살짝 얹은 뒤, 갈비뼈 아래쪽만 바닥에 닿은 채

들숨과 날숨에 따라 횡격막이 올라갔다가 내려오는 것을 느껴 보도록 한다.

- 악어 자세를 5분 정도 한 뒤, 바로 누워 두 팔과 두 발을 벌리고 발끝이 바깥쪽을 향하도록 한 뒤 송장 자세로 누워 들숨과 날숨에 주목하며 편안하게 호흡하도록 한다(5분 실시).
- 내담자에게 책상다리를 하고 앉게 한 뒤, 등을 곧게 펴고 두 눈을 살짝 감은 채 호흡을 관찰하게 한다.
- 내담자를 의자에 앉도록 한 뒤 요가를 하면서 느낀 심상을 둥근 원에 그림으로 간단하게 표현하게 한다.
- 내담자가 그린 만다라를 설명하도록 하고 놀이치료의 촉진적 기술로 내담자를 반영하고 지지 및 수용해 준다.
- 내담자에게 요가를 하기 전과 후에 몸과 마음이 어떻게 느껴지는지 묻는다.
- 집에 돌아가서도 아침과 잠들기 전, 규칙적으로 악어 자세와 송장 자세를 하도록 한다. 송장 자세를 할 때 배 위에 작은 베개나 모래주머니를 올려놓고 횡격막 호흡훈련을 하도록 권한다.

- 내담자 혼자 오늘 배운 자세를 해 보도록 하고, 잘 모르거나 잘못된 부분이 있으면 수정해 준다.

(2) 2단계: 몸과 마음의 균형 잡기(3~9회기)

- 내담자와 마주 앉아 지난 한 주 동안 어떻게 지냈는지 묻고(일상), 내담자의 호흡을 살핀다(호흡이 안정적인가? 불안정한가?).
- 박스호흡을 3분 실시한다.
- 악어 자세 5분, 송장 자세 5분, 바로 서기 2분, 두 팔 벌려 오르락내리락 숨쉬기 6회를 실시한 뒤, 바로 서서(양발을 붙인 채) 두 눈을 감고 발바닥 중앙으로 올라오는 감각에 집중하면서 편안하게 호흡하게 한다.
- 바로 선 채 양발을 어깨 너비로 벌리고, 두 손을 허리 위에 얹는다(원더우먼 자세). 어깨를 쫙 펴고 그대로 선 채 몇 번 호흡한다.
- 몸의 중심을 왼쪽으로 옮기고, 균형을 잘 잡은 뒤 오른발을 들어 발끝을 왼쪽 발끝 앞에 콕 찍고(호흡), 다시 오른쪽 발바닥을 왼쪽 복숭아뼈에 붙였다가(호흡), 다시 왼쪽 무릎 안쪽에 붙였다가(호흡) 오른손으로 오른쪽 발목을 당겨서 왼쪽 사타구니 안쪽에 오른쪽 발바닥을 붙인다(호흡).
- 내담자가 균형을 못 잡으면 할 수 있는 데까지만 실시하고 좌우 양쪽을 2회씩 반복한다(서 있는 나무 자세).
- 다시 바로 서기를 실시해서 몇 번 호흡하다가 내담자에게 매트 위에 양반 자세로 앉게 하고 두 눈을 감은 채 편안히 호흡을 관찰하도록 한다.
- 내담자를 의자에 앉도록 한 뒤, 현재 떠오르는 심상을 만다라 위에 그리도록 한다.
- 내담자에게 자기가 그린 만다라를 설명하도록 한 뒤 놀이치료의 촉진기술을 사용해 충분히 수용해 준다.
- 집으로 돌아가기 전, 오늘 배운 자세 중에 어려운 자세가 있는지 묻고, 그 자세를 다시 한번 가르쳐 준다.

• 아침과 잠들기 전, 악어 자세와 송장 자세, 바로 서기와 두 팔 오르락내리락 숨쉬기, 서 있는 나무 자세를 한 뒤, 다시 송장 자세로 편안히 숨쉬며 이완하도록 한다.

(3) 3단계: 한발 더 나아가기(10회기 이상)

• 내담자와 마주 앉아 지난 한 주 동안 어떻게 지냈는지 묻고(일상), 내담자의 호흡을 살핀다(호흡이 안정적인가? 불안정한가?).
• 박스호흡을 3분 실시한다.
• 악어 자세 5분, 송장 자세 5분, 바로 서기 2분, 두 팔 벌려 오르락내리락 숨쉬기 6회를 실시한 뒤, 바로 서서(양발을 붙인 채) 두 눈을 감고 발바닥 중앙으로 올라오는 감각에 집중하면서 편안하게 호흡하게 한다.
• 바로 선 채 양발을 어깨 너비로 벌리고, 두 손을 허리 위에 얹는다(원더우먼 자

세). 어깨를 쫙 펴고 그대로 선 채 몇 번 호흡한다.

- 몸의 중심을 왼쪽으로 옮기고, 균형을 잘 잡은 뒤 오른발을 들어 발끝을 왼쪽 발끝 앞에 콕 찍고(호흡), 다시 오른쪽 발바닥을 왼쪽 복숭아뼈에 붙였다가(호흡), 다시 왼쪽 무릎 안쪽에 붙였다가(호흡) 오른손으로 오른쪽 발목을 당겨서 왼쪽 사타구니 안쪽에 오른쪽 발바닥을 붙인다(호흡).
- 내담자가 균형을 못 잡으면 할 수 있는 데까지만 실시하고 좌우 양쪽을 2회씩 반복한다(서 있는 나무 자세).
- 다시 바로 서기를 실시해서 몇 번 호흡하다가 내담자에게 허리에 손을 얹도록 하고 왼쪽으로 몸의 중심을 옮기도록 한다. 그 상태에서 왼쪽 무릎을 직각으로 만들면서 오른발을 뒤로 쭉 빼서 발끝을 세운다. 양팔을 허리 옆에 놓고 천천히 숨을 들이쉬면서 양팔을 귀 옆에 붙이고 허리를 뒤로 쭉 펴고 다시 앞쪽으로 허리를 접는다. 이때 오른발이 자연스레 들리면서 몸과 오른발이 지면과 수평을 이루게 한다. 양팔은 귀 옆에 붙인 채로 시선은 정면을 향한다. 그 상태로 8초 정도 호흡을 하다 오른발을 바닥에 내려놓고 두 팔을 귀 옆에 붙인 채로 제자리로 돌아와서 두 팔을 허리 옆에 내려놓는다. 오른발을 당겨서 왼발 옆에 놓고 바로 선다. 편안하게 호흡을 몇 번 한다(전사 자세). 왼쪽도 이와 같이 실시해서 각각 2회씩 실시한다.
- 내담자를 의자에 앉도록 한 뒤, 현재 떠오르는 심상을 만다라 위에 그리도록 한다.
- 내담자에게 만다라를 설명하도록 한 뒤 놀이치료의 촉진기술을 사용해 충분히 반영 · 공감 · 수용해 준다.
- 집으로 돌아가기 전, 오늘 배운 자세 중에 어려운 자세가 있는지 묻고, 그 자세를 다시 한번 가르쳐 준다.
- 아침과 잠들기 전, 악어 자세와 송장 자세, 바로 서기와 두 팔 오르락내리락 숨쉬기, 서 있는 나무자세를 한 뒤, 다시 송장 자세로 편안히 숨 쉬며 이완하도록 한다.
- 일주일 동안 아침, 저녁으로 실시하도록 한다.

(4) 종결회기: 13회기

- 내담자의 몸과 마음을 체크한다.
- 악어 자세 5분, 송장 자세 1분, 바로 서기 1분, 두 팔 벌려 오르락내리락 숨쉬기 2분, 바로 서기 1분, 산 자세 1분, 다시 바로 서기 1분, 서 있는 나무 자세 오른쪽, 왼쪽 번갈아 총 3분 실시한다.
- 요가 매트에 양반 자세로 앉아서 편안하게 호흡하도록 한다(1분 정도).
- 다시 송장 자세로 누운 채로 상담사의 안내에 따라 체계적인 이완법을 실시한다. 정수리, 목젖, 어깨점, 가슴, 배꼽, 배꼽 아래, 무릎, 발목, 발끝에 차례로 의식을 집중했다가 다시 발끝에서 정수리로 돌아온다. 의식이 머물렀다 떠난 자리에서 긴장과 이완이 반복되는 것을 느껴 본다(10분).
- 송장 자세로 편안히 누워 있다 왼쪽으로 몸을 구르듯이 하며 일어나 앉는다.
- 허리를 바르게 펴고 양반 자세를 하고 앉아서 턱을 살짝 앞으로 당긴다.

- 척추에서부터 경추까지 허리가 곧게 편 것을 느끼며 두 눈을 살짝 감고 코끝으로 들락날락하는 호흡에 집중한다(5분).
- 내담자를 의자에 앉힌 뒤 떠오르는 심상을 만다라에 그림으로 표현하게 한다.
- 이를 반영 · 수용 · 공감해 주고, 내담자가 맨 처음 그린 그림과 어떻게 달라졌는지(신체적 · 심리적 변화)에 대해 이야기한다.
- 집에 가서 그동안 배운 치료법을 아침, 저녁으로 계속 실시하도록 하고, 작은 노트를 주어서 매일의 변화를 한두 줄씩 적어서 자신을 점검할 수 있도록 한다.

만일 내담자의 신체적 · 심리적 고통이 완화되고, 13회기 이후에도 내담자가 계속해서 요가치료를 원하면 3단계를 반복한다고 생각하고 1, 2단계의 동작은 그대로 하면서 3단계의 동작만 빼거나 새롭게 추가하면서 조절하는 것이 좋다.

4. 요가 놀이치료의 실제적 활용

1) 공황장애와 우울증을 앓고 있는 20대 여성 A (요가 놀이치료 18회기 시행)

20대 중반의 학습지 교사인데 부모님의 반대로 파혼을 겪으면서 1년 전 공황장애를 진단받고 약을 복용했지만 별로 나아지지 않아 심리치료를 받게 됐다. 심한 우울 상태였고, MMPI(다면적 인성검사)에서는 우울과 강박, 편집증적이고 비현실적 사고와 내향성 등 정서적 불편감이 신체화 증상으로 이어져 일상생활에 많은 어려움이 있었다. 일주일에 한두 번씩 숨이 막히는 공황 증세가 나타나고 희망이 없는 것 같아 아침에 자리에서 일어나기 힘들며, 수시로 죽고 싶은 생각이 든다고 했다. 공황장애 약도 복용하고 있었다. 공황장애가 있으면 자율신경계 이상으로 교감신경과 부교감신경이 제 기능을 하지 못한다. 자율신경계의 작동원리상 교감신경은 기상 직후 최고치에 이르고 시간이 지나면서 점차 낮아지고 오후에는 부교감신경이 우세해야 정상이다. 자율신경계의 활성도는 맥파를 측정해 심장박동과 파형을 분석한 결과를 통해 알 수 있다. 첫 회기에 맥파를 측정하자 내담자는 오전임에도 불구하고 우울감과 무기력감으로 부교감신경 활성도가 높았다. 그러나 요가 놀이치료 시행 이후 활력을 찾으면서 교감신경 활성도가 더 높아져 자율신경계가 안정화되었다.

9회기 이후 다면적 인성검사(MMPI)를 실시한 결과, 우울 척도만 정상 범위(65T)를 조금 벗어났고(68T) 다른 척도들은 모두 정상 범위로 돌아왔다. 특히 요가 놀이치료 시행 이후 PTSD와 관련이 높은 PK 척도는 요가 놀이치료 시행 전 76T였으나 51T로 정상 범위 내로 낮아졌다. 측정도구는 의료기기 2등급 기기인 '옴니핏 마인드 케어(Omnifit Mindcare)' 제품을 이용해 맥파(PPG)의 생체신호를 측정해 교감신경과 부교감신경의 활성도, 자율신경계 건강도를 측정했다.

매 회기 요가동작을 하고 나서, 내담자는 만다라를 그리고 그림에 대해 제목을 붙이고 통찰하는 과정을 거쳤는데, 내담자가 그린 만다라를 보면 '자기 성장'이라는 주제 아래 자연스럽게 연결되는 것을 볼 수 있다. 내담자가 그린 만다라의 제목은 '안개'에서 시작해 '천국–교감–봄–숲속 길–마음의 집–바라봄–빛–내 마음의 숲속–마음의 세계–파도–시간을 달리는 소녀–소생–나의 젊음–아름다운 여성, 사람–자유함–나무와 바다–영혼의 동반자'로 이어진다.

타인과 정서적 교류를 거부하고 혼돈과 두려움 속에 자기만의 세계에 갇혀 있던(안개) 내담자가 자연을 느끼며(교감) 세상 밖으로 나와(봄) 자기의 길을 가서(숲속 길) 자기만의 집을 짓고(마음의 집) 안전감 속에 세상을 다시 바라보고(바라봄) 환한 빛의 세계로 나아가면서 내 안에 언제든 쉴 수 있는 안전지대를 만든다(내 마음의 숲속). 이후 양분된 세계를 하나로 통합하고(마음의 세계), 끊임없이 밀려오는 파도 위에서 반짝이다 사라지는 윤슬을 보면서 영원을 갈망하며(파도), 과거의 고통에서 벗어나(시간을 달리는 소녀), 다시 살아나고(소생), 지금 이 순간으로 돌아와(나의 젊음), 나를 새롭게 인식하고 성장시키게 된다(아름다운 여성, 사람). 또 자기를 스스로 아끼고 돌보면서 외로움에서 벗어나게 되었고(자유함, 나무와 바다), 타인과 깊은 정서적 교류를 하면서 자신감을 가지고 관계를 확장시키게 되었다(영혼의 동반자).

심상을 표현하는 방식도 초기에는 1, 2개의 색깔만을 사용해 단순한 도형으로 그렸지만 회기가 진행될수록 점차 색감이 풍부해지면서 다양한 정서의 다채로운 이미지로 구체화되었다. 만다라에서는 애착 트라우마로 관계 맺는 것을 두려워하고 혼돈과 불안 속에 고립돼 있던 내담자의 자아가 요가 놀이치료를 통해 자신감을 찾고 점차 강화되는 모습이 나타난다. 이와 함께 내담자의 실생활도 적극적이고 진취적으로 변화되었다(이형선, 노남숙, 2023).

표 3-1 내담자가 그린 만다라와 나누기

회기	만다라	나누기(내담자)
1회기 안개	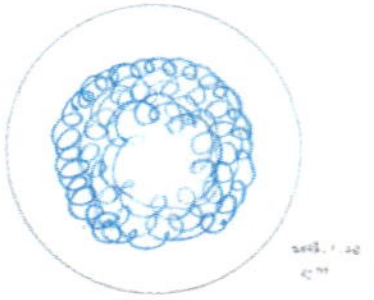	구름이나 안개 같이 앞이 보이지 않는 불투명한 상황 앞에 서 있는 것 같아요. 막막하고 불안하고 앞으로 가야 하는데 아무것도 보이지 않는 느낌이랄까…….
2회기 천국		문득 천국이 떠올랐어요. 이전의 것은 다 지나갔고 나는 행복하다는 마음과 넓은 하늘을 자유롭게 나는 것 같은…… '나의 힘이 되시는 여호와여, 내가 주를 사랑 하나이다.'
3회기 교감	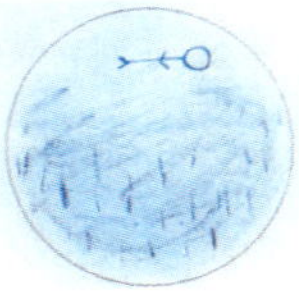	비가 오는 날 땅에 누워서 비를 맞고 있는 거예요. 날씨는 추운데 시원한 느낌이랄까 ? 얼굴에 톡톡 떨어지는 빗방울이 재밌게 느껴져요. 봄의 새싹 같은 느낌…… 봄비를 맞고 있는 봄의 새싹이요.
4회기 봄		봄에 예쁜 옷을 입고 사람들을 만나고 있는 거예요. 검은색 원피스에 파란색 가디건을 입고 웃고 있어요……. 날씨도 풀리고 즐거울 것 같아요.
5회기 숲속 길		주위에 아무도 없어서 좀 무서운 느낌도 들어요……. 외롭고 어디가 끝인지 모르겠어서…… 이제 보니 이건 내 길이니까 내가 가야 하는…… 그런 생각이 들어요.
6회기 마음의 집	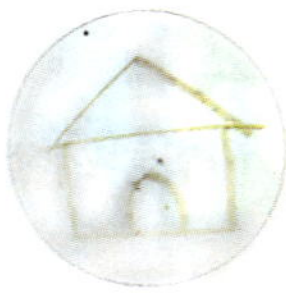	명상하는 데 떠올랐어요, 벽돌집이요……. 단단하고 내가 이루어진 것들로만 된 집이 있다는 게 안정감이 들고 든든하고 계속 있고 싶어요. 마음의 집…….
7회기 바라 봄		옛날에는 차분한 느낌보다는 시끄러운 전쟁소리 같은…… 내면에 생각이 너무 많아서 그랬는데 최근에는 차분한 느낌. 정돈된 느낌이 많이 들어요……. 밖의 햇살, 풍경, 그런 게 너무 예뻐서 바라보는 느낌…….

8회기 빛		호흡을 하고 있는데 밝은 빛들이 모이는 느낌이 들었어요……. 내가 서 있는데 위에서부터 빛이 나를 비추는 느낌…… 갖가지 색으로 빛나는데…… 뭔가 정돈된 느낌이에요.
9회기 내 마음의 숲속		제가 쉬고 싶을 때 쉴 수 있는 나만의 공간…… 오두막이에요. 내가 많이 좋아진 것 같아요……. 나를 원망하거나 위기를 대처할 의욕과 용기가 없었는데 나를 지키고 대응할 방법을 배운 거 같아서 감사해요.
10회기 마음의 세계	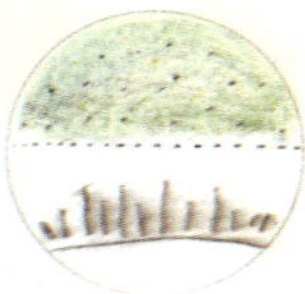	호흡을 할 때는 이런 평안한 느낌이 들지만, 균형을 잡는다는 것은 우리가 인생을 살아가면서 애써야 할 때가 있는 것처럼 우리가 힘을 줘야 하는 부분도 있는 것 같아서…… 인생에는 행복한 순간과 어려운 순간이 함께 공존한다…….
11회기 파도		바닷가의 윤슬을 혼자 쪽으로 앉아서 보고 있는 거예요……. 햇빛이 물에 비치면 반짝반짝 빛나는 거 파도요……. 내 마음에 몰아치는 그런 걷잡을 수 없는 생각 마음들, 그런 것들을 파도를 보면서 아무것도 생각하지 않고 물에 잠식되고 싶어요.
12회기 시간을 달리는 소녀		넓은 초원 위에 집이 한 채 있고 예쁜 꽃들이 펼쳐져 있어요……. 사실은 살고 싶나? 살고 싶나? 〈하울의 움직이는 성〉에서 문을 열고 나가면 나오는 곳이에요……. 제목은 '시간을 달리는 소녀'요.
13회기 소생		옥상 위에서 내려다보는 거요……. 뛰어내리려고 했는데 밑에 민들레가 있는 거예요……. 뛰어내리려는 순간 민들레가 보여서 한참 보다가 다시 내려왔어요. 그래서 '소생'이 맞는 거 같아요…….
14회기 나의 젊음		지난 주말에 후배랑 홍천강이 보이는 카페에 갔었는데 그걸 그린 거예요. 강에 있는 윤슬이 참 예뻤어요……. 나의 20대가 저런 윤슬 같았으면 좋겠다……. 너무 좋다, 나의 젊음이 좋다. 아름답다…….

15회기 아름다운 여자, 사람		외면과 내면이 건강하고 아름다운 사람으로 성장하고 싶은 그런 마음의 소망과 아름다움에 대한 갈망이 있어서…… 이제서야 저는 다른 사람들은 잘 돌봐주면서 본인한테는 잘 못 하는 것을 깨달았어요. 나를 더 아끼고 혼자 있는 시간을 슬퍼하기보다 그걸 더 가치 있게 보낼 수 있는 방법이 뭘까…… 생각하게 됐어요.
16회기 자유함		누워서 부는 바람도 느끼고 자연의 소리도 들으면서 열려 있는 느낌…… 혼자 있어도 외로운 그런 느낌이 아니라 혼자 있어도 시간을 잘 보내고 싶어서 노력을 많이 하다 보니까…… 제 자신한테 괜찮아 잘하고 있어 이런 말들을 스스로 해 주고 싶어 하는 것 같아요.
17회기 나무와 바다		나무 밑에서 쉬면서 바다를 바라보고 있어요. 고요하고 잔잔한 마음…… 편안하고 정말 쉰다 이런 느낌이 들어요……. 좋은 마음인 거 같아요. 좋은 마음을 편안하게 이렇게 쉬고 있는 느낌…….
18회기 영혼의 동반자		살아보는 것도 괜찮은 선택이야…… 최근에 많이 깨달았어요. 저는 되게 부족하고 모자라서 옆에 딱히 나를 생각해 주는 사람이 많이 없을 거라 생각했는데 둘러보고 이제 세상 밖으로 나가 보니까 생각보다 이렇게 저를 생각해 주는 사람들이 없지는 않구나.

2) 아동 · 청소년 사례

(1) 학교폭력 피해 청소년 사례

평소 활달하고 명랑한 성격의 중학교 3학년 남학생이었는데 동급생으로부터 학교폭력을 당한 뒤 밤잠을 못 자고, 우울해하며, 분노조절에 어려움을 겪어 내방하게 되었다. 내담자는 학교폭력을 당한 뒤 수치심과 분노 때문에 자신이 전혀 다른 사람이 된 것 같다며 괴로워했다. 특히 분노조절이 힘들어져서 선생님에게 자기도 모르게 거친 언행을 해서 징계를 받게 되었다. 병원에서 PTSD 진단을 받고 약을 복용하고 있었으나 나아지지 않아 요가 놀이치료를 시행하게 되었다(6회 실시). 이 학생도 첫 회기엔 편안하게 호흡하기에만 중점을 두고 요가의 체계적인

표 3-2 내담자가 그린 만다라와 나누기

회기	만다라	나누기(내담자)
2회기 맑은 하늘		이완이 되면서 편안한 느낌이 들었어요……. 봄의 느낌이랄까…… 편안한 느낌이 들었어요.
3회기 노을의 색감		알록달록해서 지금 잘 버티는 제 상황 같아요……. 소나무에 의미를 뒀어요. 봄. 여름. 가을. 겨울…… 파랗잖아요……. 낙엽송이 변하듯 나도 변하자 내가 그 숲으로 들어가는 느낌을 받았어요.
4회기 빛		어둠 속에서 유일하게 빛을 받아서 피어나는 새싹…… 희망 같은 거예요……. 빛은 어디에나 있지만 볼 수 없는 것이고 어둠은 어디에도 없지만 보이는 것이잖아요…….
5회기 거울 세계	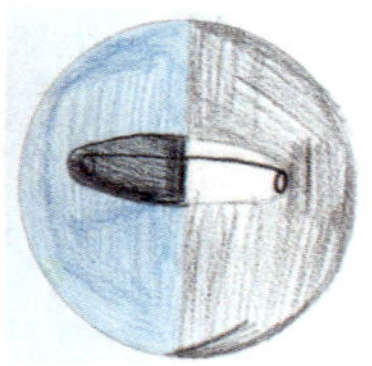	이 세계의 양면성을 표현하고 싶었어요. 거울은 반대로 보이잖아요. 남한테는 내가 남을 밝혀 줄 수도 있지만 나한테는 '나'를 어둡게 할 수도 있잖아요.
6회기 스마일		웃고 있는 거예요. 날씨도 맑고 화창해지고 마음도 좀 편안해진 거 같아요.

이완법만 실시했다(만다라 그리기는 시행하지 않음). 2회기부터 체계적인 이완법을 토대로 심신의 균형을 잡을 수 있는 요가동작(팔 들어 올렸다 내리기, 나무 자세)을 실시하고 만다라 그리기와 나누기를 했다.

내방 당시 이 학생의 자율신경계 건강도는 '경고' 수준이었으나 이후 체계적인 이완법을 중심으로 한 요가 놀이치료를 시행하자 자율신경 건강도가 '매우 좋음' 수준으로 회복돼 약을 복용하지 않고도 잘 지내게 되었다.

내담자가 그린 만다라의 주제도 요가 놀이치료를 통해 얻은 안정감을 '맑은 하늘'로 표현하고 노을처럼 다양한 색들이 어우러져 변화하듯 자신도 변화에 적응해야겠다는 마음을 '노을의 색감'으로 나타냈다. 또 어둠 속에서 '빛'을 받고 피어나는 새싹처럼 자신 안에 긍정적인 정서가 살아나고, 같은 모습을 비추지만 갈라져 있는 '거울'과 같은 이 세계의 양면성을 인식하고 이를 통합하면서 편안해진 마음을 '스마일'로 표현했다.

(2) 인터넷 게임중독 청소년 사례

한 고등학생은 수개월째 밤샘 게임을 하면서 학교생활이 어렵고, 대화 도중에 마치 누군가 옆에 있는 듯 혼잣말을 중얼거리는 등 이상증세를 보여 내방하게 되었다. 대화가 어려운 상황에서 체계적인 이완법을 중심으로 한 요가 놀이치료를 실시하면서 점차 게임중독에서 벗어나게 되었다(12회기 실시).

또 다른 중학생은 하루 4시간 이상 인터넷 게임을 해 왔는데 두 달 전부터 가만히 있으면 귀에서 이상한 소리가 들리고, 수업시간에 앉아 있지 못하고 왔다 갔다 안절부절못하는 증세를 보였다. 이 학생 역시 요가 놀이치료를 통해 자율신경계가 안정되자 환청이 사라지고, 스스로 게임시간을 줄여 나가면서 수업시간에도 제자리에 앉아서 집중할 수 있게 되었다(8회기 실시).

(3) 물에 빠져 죽을 뻔한 아동 사례

한 초등학생은 장마 때 물에 빠져 죽을 뻔하다 살아난 뒤 트라우마 증상으로 내방하게 되었다. 평소 차분한 성격이었는데 트라우마를 겪은 뒤로 자기도 모르게 버럭 화를 내며 욕을 하거나, 밤에 악몽을 꾸고 오줌을 싸는 등의 PTSD 증상을 겪게 되었다. 이 아동도 체계적인 이완법을 중심으로 요가 놀이치료를 받으면서 증상이 나아져 4회기 만에 종결하게 되었다.

아동이나 청소년은 성인과 달리 자기가 느낀 심상을 표현하는 것을 부담스러워하고, 그림을 그리고 난 이후에 만다라를 설명하는 것도 힘들어 하는데, 이때는 억지로 표현하게 하기보다는 '꼭 그림을 그리지 않아도 되고, 원하는 색만 칠해도 된다'고 하는 것이 좋다. 아예 색조차 칠하려 하지 않을 때는 독촉하지 말고 기다려 주거나 "아무것도 그리고 싶지 않을 수도 있어." 혹은 "지금은 트라우마 상태라 아무것도 떠오르지 않을 수도 있지." 등과 같이 내담자의 어려움을 공감해 주는 것이 필요하다. 간혹 그림을 잘 그려야 할 것 같은 부담 때문에 손을 못 대는 경우도 있는데 이때는 "잘 그리지 않아도 돼. 여기선 네가 그리고 싶은 대로 그리면 돼. 점을 찍고 싶으면 점을 찍어도 되고, 낙서를 하고 싶으면 낙서를 해도 되고 네 마음이 원하는 대로 따라가는 거야."라고 반영해 주는 것이 좋다. 한 고등학교 남학생은 요가가 끝난 후 한참을 고민하더니 둥근 원 한가운데 검은 점을 찍었다. 치료사가 "검은 점이네."라고 하자 "코딱지에요."라고 하면서 낄낄거렸다. 은둔형 외톨이라 친구도 거의 없고 눈도 마주치지 못해 대화도 어려웠는데 '코딱지 만다라'를 그린 이후 내담자와 훨씬 편안하게 소통할 수 있게 됐다. 이처럼 자율신경계 안정을 기반으로 한 요가 놀이치료는 내담자와 쉽게 라포를 형성할 수 있도록 해주고 아동과 청소년의 불안과 트라우마 증상을 다스리는 데 효과적이다.

정리 해 봅시다

- 요가 놀이치료는 '놀이치료'라는 큰 틀 속에 요가를 담아서 내담자가 요가를 하면서 자율신경계를 안정시키고 이를 바탕으로 내담자가 자기를 통찰할 수 있도록 구조화시킨 비언어적 의사소통 기술이다.

- 요가 놀이치료에서 언어적 상호작용은 아동중심 놀이치료의 '상호작용 촉진기술'을 바탕으로 한다. 상호작용 촉진기술에는 '행동 추적하기'와 '내용 반영하기' '감정 반영하기' '의사결정을 촉진하고 책임 돌려주기' '창의성 촉진하기' '자신감 형성하기' '관계 증진하기' '더 큰 의미 반영하기' 등이 있다.
- 요가 놀이치료에서 요가동작은 체계적인 이완법을 바탕으로 내담자가 규칙적인 호흡을 통해 자율신경계의 안정을 찾도록 하는 것을 기본으로 내담자의 상태를 봐 가면서 필요한 동작들을 추가한다. 요가 놀이치료는 내담자의 심리치료를 위한 것이므로 복잡하거나 난이도가 높은 동작은 피하고 내담자가 쉽게 따라 할 수 있는 동작으로 구성하되 내담자의 상태를 봐 가며 단계별로 구성한다.
- 요가 놀이치료의 만다라 그리기와 나누기는 분석심리학을 바탕으로 한 것으로 내담자가 요가를 하면서 느낀 심상을 자유롭게 만다라 속에 표현하도록 하는 것이다. 만다라를 그리는 행위 자체가 스스로를 치유하는 행위이며 자신이 그린 만다라를 치료사와 함께 나누는 과정을 통해 자기를 통찰할 수 있게 된다. 만다라 그리기와 나누기를 어려워하면 만다라에 색을 칠하는 행위만으로도 충분하다며 내담자를 지지해 주고 수용해 준다.
- 요가 놀이치료는 자율신경계 안정을 기반으로 한 치료기법으로, 특히 충격적인 사건을 겪은 뒤 교감신경과 부교감신경의 불균형으로 고통받는 트라우마 증상을 보이는 내담자를 안정시키는 데 효과적이다.
- 요가 놀이치료는 아동과 청소년, 성인 등 모든 연령대에 걸쳐 적용할 수 있으며 치료사를 통해 따뜻한 보살핌을 받는 경험을 통해 안정적인 애착을 재경험시킴으로써 내담자에게 편안함을 주고 보다 쉽게 라포를 형성할 수 있다.

활동 해 봅시다

- 다음에 제시한 요가 놀이치료에 적합한 동작들을 스스로 해 보면서, 몸과 마음에 일어나는 변화(느낌, 생각)들을 노트에 정리해 보고, 익숙해질 때까지 연습해 본다.
- 동료 치료사와 상담사, 내담자 역할을 맡아서 요가 놀이치료를 시연해 보고, 그 과정에서 일어나는 몸과 마음의 변화(느낌, 생각)와 아쉬운 점 등을 정리해서 서로에게 알려 준다.

부록: 요가 놀이치료에 적합한 동작

다음은 요가 놀이치료에 적합한 동작과 효과를 정리한 것이다. 요가 놀이치료의 기본 매뉴얼을 바탕으로 회기마다 내담자의 상태를 고려해 융통성 있게 동작을 변경할 수 있다.

표 3-3 요가 놀이치료 아사나(동작)

동작	하는 법	효과
1. 악어 자세 	1. 자리에 엎드려서 눈을 감고 다리를 살짝 벌리고 발끝이 바깥쪽을 향하게 한다. 양쪽 복숭아뼈가 바닥에 닿도록 한다. 2. 엎드린 채로 왼팔을 접어서 구부리고 왼팔 위에 오른팔을 접어 그 위에 이마를 살짝 얹는다. 3. 횡격막이 오르락내리락하는 것을 느끼며 코로 호흡한다.	• 깊고 편안한 호흡으로 주의를 현재에 두고 집중할 수 있다. • 뇌에 산소가 많이 공급되는 자세로, 두통이 있거나 숙취가 있을 때 이 자세를 취하고 편하게 쉬면 좋다.
2. 송장 자세 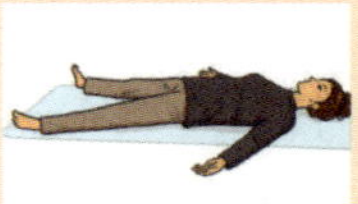	1. 편하게 자리에 눕는다. 2. 두 발을 살짝 벌린 채로 발끝이 바깥쪽을 향하도록 한다. 3. 두 눈을 살짝 감고 코를 통해 들이쉬고 내쉬는 숨에 집중한다.	• 등이 바닥에 밀착되면서 안정감을 느낄 수 있다. • 두 눈을 감은 채 호흡에 집중하면서 날숨을 통해 긴장이 빠져나가고 들숨을 통해 몸에 활력이 생기는 것을 느낄 수 있다.
3. 송장 자세+ 모래주머니(베개) 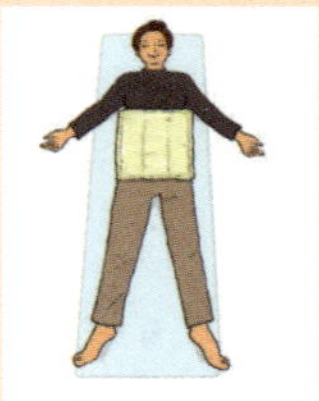	1. 편하게 자리에 눕는다. 2. 두 발을 살짝 벌린 채로 발끝이 바깥쪽을 향하도록 한다. 3. 두 눈을 살짝 감고 아랫배 위에 작은 베개나 모래주머니를 올려놓고 오르락내리락하는 느낌에 집중하며 계속 호흡한다.	• 의식이 배에 있는 모래주머니에 집중돼 횡격막 호흡을 하기가 쉬워진다(횡격막 호흡훈련). • 들숨과 날숨의 길이가 같아져 규칙적이고 깊은 호흡을 할 수 있다.

4. 양반 자세 	1. 허리와 목이 일직선이 되게 등을 곧게 펴고 바닥에 앉는다. 2. 두 다리를 교차시킨 채 양반 자세를 취하고 두 손은 무릎 위에 살짝 얹는다. 3. 턱을 살짝 안으로 당기고 척추가 곧게 펴져 있는 것을 느끼며 코를 통해 들이쉬고 내쉬는 숨에 집중한다.	• 앉아서 호흡을 자각하는 자세로 편안함과 안정감을 주고, 신체에 대한 주의를 내부로 돌리고 마음을 고요하게 한다.
5. 산 자세 	1. 양발을 어깨 너비로 벌리고 허리를 곧게 펴고 선다. 2. 턱을 살짝 안으로 당기고 어깨에 힘을 푼 상태에서 발바닥을 통해 올라오는 에너지를 느끼면서 코로 호흡한다.	• 척추를 곧게 펴고 몸의 중심을 잡으면서 흐트러진 마음의 중심도 함께 잡을 수 있다. • 서서 호흡에 집중하는 것만으로도 불안이 가라앉고 침착해진다.
6. 팔 들어 올렸다 내리기 	1. 산 자세로 서서 손바닥이 위를 향하게 하고 들이쉬면서 자신의 호흡의 길이에 맞게 양팔을 천천히 머리까지 들어올린다. 2. 양팔이 귀에 닿으면 다시 손바닥이 아래로 향하게 한 채 천천히 숨을 내쉰다. 3. 들숨과 날숨의 길이가 같아지도록 계속해서 팔을 들어 올리고 내리고를 반복한다.	• 팔을 들어 올리고 내리고를 반복하면서 가슴에 있는 차크라가 활성화되고 답답함이 해소된다. • 들숨과 날숨의 길이가 같아져서 호흡이 편안해진다. • 가슴에 있는 차크라를 활성화시켜 활력이 증대되고 우울이나 무기력감이 해소된다.
7. 허리에 손 얹는 자세 	1. 두 발을 어깨 너비로 벌리고 서서 양손을 허리에 얹는다. 2. 시선은 정면을 향하고 가슴을 쫙 편 채로 계속해서 호흡에 집중한다.	• 뇌에 노르에피네프린 호르몬 분비를 자극시켜 활력을 주고 자신감과 당당함을 갖게 한다.

8. 나무 자세 	1. 두 발을 어깨 너비로 벌리고 산 자세로 선다. 2. 몸의 중심을 왼쪽으로 옮기고, 균형을 잘 잡은 뒤 오른발을 들어 발끝을 왼쪽 발끝 앞에 콕 찍고, 다시 오른쪽 발바닥을 왼쪽 복숭아뼈에 붙였다가 다시 왼쪽 무릎 안쪽에 붙였다가 오른손으로 오른쪽 발목을 당겨서 왼쪽 사타구니 안쪽에 오른쪽 발바닥을 붙인다. 3. 내담자가 균형을 잡기 어려워하면 발목이나 무릎에 발 붙이기로 실시한다.	• 균형감각과 집중력을 향상시킨다. • 다리와 골반 근육을 강화하고 가슴과 어깨를 펴서 고르고 규칙적인 숨을 쉴 수 있게 된다.
9. 허리 비틀기 자세 	1. 송장 자세로 누워서 편안히 2~3회 호흡한 뒤, 두 팔을 어깨높이로 올려 손바닥이 바닥을 향하게 한다. 2. 두 다리를 붙인 뒤 무릎을 접고 접을 무릎을 복부까지 끌어올린다. 그 상태에서 숨을 들이쉬고 내쉬면서 몸을 비틀어 고개는 왼쪽, 무릎은 오른쪽 바닥에 닿도록 한다. 3. 자세를 완성한 뒤 들이쉬고 내쉬면서 호흡을 관찰한다. 긴장되는 부위에 의식을 집중한다.	• 등 중간과 허리의 긴장을 풀어준다. • 척추와 복부가 이완되면서 편안함을 느낄 수 있다.
10. 코브라 자세 	1. 몸을 뒤집어 양팔은 손등이 바닥에 닿도록 허리 옆에 두고, 얼굴을 오른쪽으로 돌려 놓는다. 2. 두 발은 발끝이 안쪽을 향하도록 놓은 채 편안하게 호흡을 두세 번 한다. 3. 다시 얼굴을 정면으로 턱을 바닥에 닿게 한 뒤, 양팔을 어깨높이까지 올려 접은 뒤 다시 호흡하며 편안히 쉰다. 4. 다시 숨을 들이쉬고 내쉬면서 손바닥으로 바닥을 지지하면서 윗몸을 일으켜 세운다.	• 깊은 호흡으로 목, 가슴, 복부 차크라를 활성화시켜 활력이 증대된다. • 등 근육을 강화하고 척추 추간판 쪽으로 흐르는 혈액의 흐름을 증진시킨다.

	5. 턱을 들어 허리에서부터 목 근육까지 쭉 늘어나는 것을 느끼며 팽팽한 긴장감을 느껴 본다. 호흡을 3회 정도 한 뒤 제자리로 돌아와 얼굴을 돌려 왼쪽으로 향하게 한 뒤 편히 호흡한다.	
11. 무릎 들어 한 발로 서기 자세 	1. 두 발을 어깨 너비로 벌리고 서서 몇 번 호흡하다 몸의 중심을 왼쪽으로 옮기고 오른발을 들어서 무릎이 직각이 되게 한다. 그 상태에서 몇 번 호흡하다 발을 내려놓는다. 2. 다시 바로 선 자세에서 이번에는 몸의 중심을 오른쪽으로 옮기고 왼발을 들어서 무릎이 직각이 되게 한다. 그 상태에서 몇 번 호흡하다 발을 내려놓는다.	• 몸과 마음의 균형을 잡고 주의력과 집중력을 강화시킨다. • 불안과 산만함을 해소하고 안정감을 느낄 수 있게 한다.
12. 양팔 교차 하기 자세 	1. 두 발을 어깨 너비로 벌리고 서서 천천히 숨을 들이마시며 두 팔을 어깨높이까지 올린다. 2. 그 상태에서 손바닥이 앞을 향하게 양팔을 교차시킨다. 3. 몸이 흔들리지 않게 중심을 잡으면서 속도를 조금씩 높여 양팔을 교차시킨다.	• 가슴 차크라를 활성화시켜 답답함을 해소하고 활력을 증대시킨다.
13. 다리 흔들기 자세 	1. 두 발을 어깨 너비로 벌리고 서서 몇 번 호흡하다 두 손을 허리에 얹는다. 2. 단단하게 몸의 중심을 잡은 채로 왼쪽으로 옮긴다. 3. 오른발을 들어서 발끝이 위쪽을 향하도록 발목을 직각으로 하고 다리를 편 채로 앞뒤로 흔든다. 4. 다시 바로 선 채로 몇 번 호흡하다 두 손을 허리에 얹고 몸의 중심을 오른쪽으로 옮긴 뒤 왼쪽 발목을 직각으로 해서 앞뒤로 흔든다.	• 고관절 부위의 혈액의 흐름을 증대시켜 활력을 증대시키며 몸과 마음의 균형을 잡아 집중력을 향상시킨다.

<table>
<tr>
<td>14. 댄서 자세
</td>
<td>1. 두 발을 붙이고 서서 몸의 중심을 왼쪽으로 옮긴다.
2. 오른쪽 무릎을 접어서 오른손으로 오른 발끝을 잡는다.
3. 그 상태에서 왼팔을 왼쪽 귀까지 올리고 손바닥이 앞을 향하게 놓는다. 몇 번 호흡하다가 몸을 앞쪽으로 기울인다.
4. 오른쪽 다리를 편다는 느낌으로 팽팽한 긴장감을 유지하면서 몸을 앞으로 더 숙인다.
5. 그 상태로 몇 번 호흡하다가 천천히 바로 선다(반대편도 반복).</td>
<td>• 등을 곧게 펴게 하고 가슴 차크라를 활성화시켜 활력을 증대시킨다.
• 집중력과 주의력을 향상시킨다.
• 우울과 무기력감을 해소하고 성취감을 준다.</td>
</tr>
<tr>
<td>15. 전사 자세
</td>
<td>1. 발을 어깨 너비로 벌리고 바로 서서 몇 번 호흡하다 두 팔을 귀 가까이로 올린다.
2. 그 상태에서 오른 다리를 직각으로 만들고 왼발을 뒤로 빼서 발끝으로 선 채 몸이 대각선이 되게 한다.
3. 오른발을 단단하게 지지하면서 왼발을 들고 바닥과 수평이 되게 유지한 채 몇 번 호흡하다 바로 선다(반대편도 반복).</td>
<td>• 몸과 마음의 균형을 잡아서 집중력과 주의력을 향상시킨다.
• 우울과 무기력감을 해소하고 의지력을 키우며 성취감을 준다.</td>
</tr>
<tr>
<td>16. 아기 자세
</td>
<td>1. 발등 위에 무릎을 꿇고 앉는다.
2. 허리를 곧게 편 상태에서 양팔은 가지런히 몸 옆에 놓고 허리를 접는 기분으로 이마를 바닥에 댄다.
3. 두 손은 손등이 바닥을 향하게 발 옆에 가지런히 놓고 몇 번 호흡한다.</td>
<td>• 허리의 긴장을 풀어 주고 척추를 부드럽게 해 주며 안정감을 준다.
• 머리에 집중적으로 산소가 공급돼 머리가 맑아진다.
• 아기가 자궁 안에서 편안함을 느끼듯 안정감을 느낄 수 있다.</td>
</tr>
</table>

• 요가 놀이치료의 힘

고등학교 남학생이 어머니의 손에 이끌려 상담을 받으러 왔다. 평소 공부도 열심히 하고 부모님 말씀도 잘 들어 별로 신경 쓸 일이 없는 아이였는데, 코로나19에 걸려 2주간 자신의 방에서 격리생활을 한 뒤로 완전히 다른 사람이 되었다는 것이었다. 표정도 없어지고, 말도 없어지고, 친구도 안 만나고 학교에 가는 시간을 제외하고는 밤새도록 자기 방에서 게임만 한다는 것이었다. 벌써 10개월째였다. 저러다가 방 안에 고립되어 사회적 생활을 전혀 못하는 사람이 되지는 않을지 어머니는 걱정이 크셨다. 앞머리가 눈을 푹 내리덮어서 눈길조차 맞추기 어려운 상황에서 가까스로 심리검사를 진행하였다. 하지만 그 학생은 상담사인 나의 모든 질문에 대하여 귀찮다는 듯이 답변을 회피하였다. 어떻게든 마음의 문을 열어서 소통해 보려고 애써 봤지만 대답은 늘 똑같았다. "그냥요." 아니면 "몰라요."였다. 그러다가 무심코 인터넷 게임방송을 중계하는 것처럼 웅얼웅얼 혼잣말을 하기도 했다. 어제도 밤새도록 게임을 했다고 말하면서 게슴츠레 뜨고 있던 눈이 스르르 감겨 있었다.

내담자와 언어적 의사소통이 전혀 안 되는 상황, 상담실 바닥에 매트를 깔고 그 위에 내담자를 엎드리게 했다. 두 팔을 접어 그 위에 이마를 올리고 다리를 살짝 벌려 양쪽 발끝이 바깥쪽을 향하게 한 뒤에 계속해서 코를 통해서 들이쉬고 내쉬는 호흡에 집중하도록 했다. "천천히 들이쉬고, 내쉬고, 천천히 들이쉬고 내쉬면서 코끝을 통해 들어오고 나가는 호흡에 집중하세요."

밤샘 게임에 지쳐 피곤했던 학생은 순순히 나의 말을 따랐고, 얼마 지나지 않아 고르게 숨을 쉬기 시작하였다. 엎드린 등 위로 횡격막이 규칙적으로 오르락내리락하는 것이 느껴졌다. 인터넷 게임중독에 빠져 타인과의 소통을 거부한 채 아무것도 하지 않았던 고등학생의 심리치료는 이렇게 시작되었다.

횡격막 호흡을 통해 게임으로 지친 뇌에 집중적으로 산소를 공급해 머리를 맑게 하고, 교감신경과 부교감신경의 균형을 맞추어 자율신경을 안정시킨 뒤, 집중력과 주의력, 통제력을 발휘할 수 있도록 전두엽의 기능을 강화시키는 것에 초점을 두고 매 회기마다 단계별로 요가동작(아사나)을 추가했다. 요가를 한 뒤에는 떠오른 감정이나 생각들을 둥근 원 속에 그리게 하고, 이에 대해 이야기하면서 치료사로부터 충분히 지지받고 이해받고 수용받는 경험을 통해 자신을 통찰하도록 했다.

회기가 진행되면서 남학생은 차츰 이전의 모습을 찾게 되었다. 무표정한 얼굴에 생기가 돌고, 엄마에게 먼저 말을 건네고, 친구들과 농구를 하고, 편의점에서 삼각김밥에 컵라면을 사 먹으며 쾌활했던 예전의 그 싱그러운 청년으로 돌아갔다. 인터넷 게임을 아예 끊은 것은 아니지만 게임시간을 스스로 조절해서 밤 12시 무렵에는 잠자리에 들게 되었다. 어머니는 잃어버린 아들을 다시 찾은 것 같다고 좋아하셨다.

요즘엔 누군가와 마주 앉아 대화하는 것 자체를 부담스러워하는 사람들이 많다. SNS로 짧게 용건만 간단히 소통하는 것이 일상이 되면서 상담을 하러 와서도 자기의 이야기를 풀어 가는 걸 힘들어 한다. 이때 억지로 말을 시키려 하면 오히려 더 말문을 닫고 방어적이 되기 때문에 어떻게 해야 할지 답답할 때가 많다. 이런 때는 굳이 말로 소통하려 하지 말고 편안하게 눕혀서 체계적인 이완을 실시하면 좋다. 신체 부위별로 하나하나 짚어 가면서 깊게 숨을 들이쉬고 내쉬는 동안 내담자의 긴장이 풀리면서 얼굴이 환해진다. 또 본인이 느낀 심상을 만다라로 표현하고 치료사와 함께 나누면서 어느새 마음의 벽이 스르르 무너진다.

놀이치료라는 안전한 틀 속에서 상담사에게 따뜻하게 보살핌을 받으며 내담자들은 자연스레 지친 몸과 마음을 내려놓고 '지금-여기'에 집중하게 된다. 과거에 일어난 사건이나 고통에서 벗어나 몸과 마음이 안정된 '지금-여기'에 집중함으로써 진정한 '자기'를 만날 수 있게 된다.

요가 놀이치료는 구조화된 기법이지만 꼭 1단계에서 3단계까지 이어서 실시하지 않아도 된다. 그때그때 내담자의 상태를 봐 가면서 처음에 라포를 형성할 때만 써도 되고, 다른 치료기법을 쓰다 중간에 도입해도 된다. 중요한 건 내담자가 따뜻한 돌봄을 받고 있다는 느낌을 유지하는 것이다. 상담사의 의도가 절대 내담자보다 앞서 나가지 않고 내담자의 상태에 맞게 난이도를 조절하면서 실시해야만 내담자가 편안함을 느낄 수 있다.

참고문헌

김광웅, 유미숙, 유재령(2004). 놀이치료학. 학지사.

김수진(2009). 요가 숙련 여부에 따른 항산화 효소 활동 및 호흡 순환기능의 차이. 한국체육대학교 대학원 석사학위논문.

김숙희(2005). 만다라 미술 활동이 주의력 결핍 과잉행동 장애 아동의 주의집중에 미치는 효과. 창원대학교 대학원 석사학위청구논문.

김순분(2007). 아유르베딕 요가 프로그램이 초등학교 비만 아동의 비만도 및 자아존중감 변화에 미치는 효과. 창원대학교 교육대학원 석사학위논문.

김영숙(2005). 요가프로그램이 청소년의 신체감, 호흡감, 마음가짐 및 자아존중감에 미치는 영향. 숙명여자대학교 대학원 석사학위논문.

김유섭, 백종수, 이계윤, 백용수, 정혜민, 윤선미, 김주영, 민범일(2007). 중년여성의 요가운동이 Cortisol과 DHEA에 미치는 영향. 한국스포츠리서치, 18(5), 679-686.

김천수(2012). 요가수련자의 자기초점적 주의와 심리적 안녕감 간의 관계에서 마음챙김의 매개효과. 전남대학교 대학원 석사학위논문.

김혜진(2006). 20주간의 요가수련이 교육가능급 정신지체 청소년의 신경전달물질에 미치는 영향. 숙명여자대학교 대학원 석사학위논문.

김화자(2008). 만다라 미술치료가 임산부의 우울과 자존감에 미치는 영향. 순천향대학교 건강과학대학원 석사학위논문.

민경자(2006). 어린이 요가 통합 프로그램이 정서, 자존감, 사회성에 미치는 영향. 한국정신과학학회 제24회 2006년도 춘계학술대회 논문집, 97-106.

박미진(2008). 요가 수련이 초등학생의 공격성에 미치는 영향. 한양대학교 교육대학원 석사학위논문.

박은주(2008). 요가수련이 초등학생의 공격성에 미치는 영향. 한양대학교 교육대학원 석사학위논문.

박장근, 임란희(2006). 긍정적 정서변화를 위한 요가의 효과 검증. 한국사회체육학회지, 27.

박지영, 조옥경(2014). 요가심신치료의 불안해소 효과. 요가학 연구, 12, 10-13.

백용수(2007). 하타요가 수련이 부신피질 및 성 호르몬 변화에 미치는 영향. 전남대학교 대학원 박사학위논문.

성영진(2004). 만다라 예술치료가 일반인의 자율신경계 활동에 미치는 효과. 원광대학교

대학원 석사학위논문.

송유정, 이동훈(2011). 신체자각을 중심으로 한 요가 프로그램이 비만 아동의 신체상, 자아존중감 및 스트레스에 미치는 효과. **인문학논총, 26**, 241-269.

양미애(2010). 요가프로그램이 초등학생의 학교 스트레스에 미치는 효과. **초등상담연구, 9**(2), 175-193.

왕인순(2010). 요가 자세, 요가 호흡, 요가 이완 프로그램이 비정규직 여성 노동자들의 스트레스의 신체증상, 피로, 스트레스 반응 및 자아 존중감에 미치는 효과. **한국심리학회지: 건강, 15**(1), 67-90.

이부영(1988). **분석심리학: C. G. 융의 인간 심성론**. 일조각.

이형선, 노남숙(2023). 요가와 만다라 그리기를 이용한 애착트라우마 치료 사례연구. **한국예술치료학회지, 23**(3), 133-151.

장미경(2017). **분석심리학적 모래놀이치료**. 학지사.

정여주(2001). **만다라와 미술치료**. 학지사.

조옥경, 왕인순(2016). 심신중재법으로서 요가의 치료적 적용. **한국심리학회지: 건강, 21**(1).

차현희(2018). 만다라 적극적 명상 미술치료를 통해 고위인지기능이 향상된 성인여성의 사례 연구. **한국예술치료학회지, 18**(2), 139-159.

홍윤식(1996). **만다라**. 대원사.

Abt, T. (2008). **융 심리학적 그림해석**. (이유경 역). 분석심리학 연구소. (원전은 2005년에 출간).

Anderson, S., & Sovic, R. (2000). *Yoga: Mastering the basics*. Himalayan Institute.

Axline, V. (1947). *Play therapy: The inner dynamics of childhood*. Houghton Miffin.

Emerson, D. (2018). **트라우마 치유 요가**. (조옥경, 왕인순, 장진아 역). 김영사. (원전은 2015년에 출간).

Fincher, S. F. (1998). **만다라를 통한 미술치료**. (김진숙 역). 학지사. (원전은 1991년에 출간).

Frey, D. E. (1983). The use of play with adults. In K. O'Coner & C. Schaefer (Eds.), *Handbook of play therapy*. Wiley.

Goldberg, D. T. (2002). *The racial state*. Wiley.

Greensberg, D., & Padesky, C. A. (1995). *Mind over mood*. Guilford.

Huizinga, J. (2010). **호모 루덴스**. (이종인 역). 연암서가. (원전은 1938년에 출간).

Jung, C. G. (1974). *Psychological types.* Collected Works, 6, Prinston.

Kalff, D. M. (2012). 도라칼프의 모래놀이: 융심리학적 치유법. (이보섭 역). 학지사. (원전은 1985년에 출간).

Kellogg, J. (1992). Color theory from the perspective of the great round of the mandala. *The Journal of Religion and Psychical Research, 15*(3).

Kirk, M. (2005). Hatha yoga illustrated. *Human Kinetic,* 138-146.

Ray, D, C. (2011). *Advanced play therapy: Essential conditions, knowledge, and skills for child pratice.* Routledge/Taylor & Francis Group.

Rogers, C. R. (1980). *A way of being.* Houghton Miffin Company.

Saradananda, S. (2008). *Chakra meditation.* Himalayan Institute.

Shaffer. C. E. (2011). 성인을 위한 놀이치료. (백지연 역). 북스힐 (원전은 2003년에 출간).

van der Kolk, B. (2020). 몸은 기억한다. (제효영 역). 을유문화사. (원전은 2014년에 출간).

Wallin, D. J. (2007). *Attachment in psychotherapy.* The Guilford Press.

Wimmer, D. W. (2011). 성인을 위한 놀이치료: 성인 놀이의 치유적 잠재력. (백지연 역). 북스힐. (원전은 2003년에 출간).

제 4 장

그림책

손유라

우리는 말을 배우기 전부터 세상을 경험하고 이해한다. 아기는 부모의 표정을 보고 기쁨과 사랑을 느끼고, 손짓과 몸짓으로 의사 표현을 한다. 인간은 본능적으로 비언어적 방식으로 세상을 이해하고 감정을 나누며, 타인과 관계 맺는 법을 배운다. 이러한 비언어적 의사소통은 표정과 몸짓뿐만 아니라, 시각적 요소를 통해 더욱 정교하게 이루어진다.

그림책은 이러한 비언어적 의사소통의 대표적인 예로, 이미지와 상징을 통해 감정과 의미를 전달한다. 글을 읽지 못하는 어린아이부터 언어가 다른 문화권의 사람들까지, 그림을 통해 공감하고 소통할 수 있다. 예를 들어, 한 장의 그림에 담긴 색과 형태는 분위기를 조성하고, 인물의 표정과 몸짓은 말보다 깊은 감정을 표현한다. 따라서 그림책을 읽는다는 것은 이야기를 따라가는 것뿐만 아니라, 그림의 의미를 이해하고 감정을 경험하는 과정이라고 할 수 있다.

그림책은 우리의 뇌 활동에도 깊은 영향을 미친다. 그림책을 보는 동안, 뇌는 시각적 정보를 처리하고 감정을 인식하며, 단서를 활용해 의미를 이해하는 능력을 키운다. 이는 뇌의 다양한 영역을 활성화할 뿐만 아니라, 공감 능력과 창의적 사고를 키우는 데 중요한 역할을 한다.

소리 내어 읽는 과정 역시 언어적 활동 이상의 의미를 지닌다. 목소리의 억양과 리듬, 속도와 강세를 통해 비언어적 요소로 의미를 전달한다. 또한 목소리의 울림과 운율은 치유적 효과를 주며, 심리적 안정과 감정 정화의 기회를 제공한다.

따라서 이 장에서는 그림책이 비언어적 의사소통 도구로서 어떻게 작용하는지, 그리고 언어 · 인지 · 정서 · 사회성 발달에 어떠한 영향을 미치는지를 탐구하고자 한다. 더불어, 그림책의 본질을 이해하고, 비언어적 소통의 힘을 발견함으로써, 그림책을 새로운 시각으로 바라보며 그 의미와 가치를 살펴보고자 한다.

1. 그림책이란

1) 그림책의 개념

그림책은 글과 그림이 조화롭게 결합된 예술 작품이라고 할 수 있다(Nikolajeva & Scott, 2001). 그림책을 예술 작품이라고 부르는 이유는 그것이 문학, 미술 같은 단일 장르로 정의되지 않고, 오직 그림책으로만 온전히 이해될 수 있기 때문이다(신혜은, 2011).

그림책은 글과 그림이 각각 독립적으로 기능하면서도 상호작용하며 이야기를 완성한다. 글이 전달하는 내용만으로는 이야기의 전체적인 맥락을 파악하기 어려울 수 있으며, 그림이 글을 보충하는 것 이상으로 이야기 자체를 전개하기도 한다. 또한 글이 직접적으로 설명하지 않는 부분을 그림이 전달하거나, 글과 그림이 서로 다른 의미를 제공하여 독자가 능동적으로 해석하게 만들기도 한다. 이처럼 그림책은, 단순히 글과 그림이 결합된 형태를 넘어 두 매체 간의 상호작용을 통해 새로운 의미를 만들어 내는 독립적 예술 형식이다(Barthes, 1977).

2) 그림책의 특성

그림책을 알기 위해서는 그림책의 특성을 잘 이해해야 한다.

첫째, 그림책은 인쇄 형식의 특성을 지닌다. 글과 그림이 종이에 인쇄되어 독자에게 전달되는 형식으로, 다양한 판형과 제본 방식을 통해 독창성을 표현할 수 있다. 또한 독자는 한 장 한 장 책을 넘기며 이야기를 따라가고, 자신의 속도에 맞추어 이야기를 멈추거나 다시 돌아가는 등 능동적인 경험을 할 수 있다. 이러한 과정은 독자가 이야기의 흐름을 자신의 방식으로 결정하고, 글과 그림의 의미를 깊이 있게 되새기며, 각 페이지마다 새로운 발견을 하도록 만든다. 페이지를 넘기는 순간마다 새로운 시각적 요소와 이야기가 등장하기 때문에 독자는 자신의 호기심과 상상력을 활용하게 된다.

둘째, 그림책은 시각 매체로서의 특성을 지닌다. 글의 타이포그래피(typography)는 글자의 크기, 모양, 색상, 배치 등을 통해 감정과 분위기를 시각적으로 전달할 수 있다. 또한 그림의 색채, 형태, 선의 굵기와 방향 등 독자에게 감정적 · 심리적 메시지를 전달한다. 이러한 시각적 요소들은 독자가 이야기를 보다 직관적으로 이해하고 감정적으로 몰입할 수 있도록 돕는다.

셋째, 그림책은 이야기를 전달하는 매체이다. 그림책은 글과 그림을 나열하는 것이 아니라, 서사적 구조를 통해 이야기를 전달한다. 이는 스토리보드와 같은 계획 과정을 통해 글과 그림이 유기적으로 연결되도록 구성된다. 스토리보드는 이야기의 흐름을 시각적으로 구성하여 각 장면의 분위기, 인물의 감정, 배경의 변화 등을 효과적으로 표현할 수 있도록 한다. 이를 통해 독자는 그림책을 읽으면서 시간의 흐름과 공간의 변화를 자연스럽게 따라가며 이야기에 몰입하게 된다.

2. 그림책의 비언어적 구성요소

1) 암묵적 지식

암묵적 지식은 표현하거나 설명하기 어려운 경험 기반의 비언어적 지식으로, 주로 행동과 경험을 통해 무의식적으로 체득된다. 일상에서 자주 사용하는 기술이나 감각적 경험 속에서 자연스럽게 나타나며, 이를 구체적으로 언어나 문자로 풀어내기란 쉽지 않다.

자전거를 처음 배울 때를 떠올려 보자. 우리는 먼저 페달을 어떻게 밟고, 균형을 어떻게 잡아야 하는지에 대한 설명을 듣는다. 하지만 아무리 설명을 듣고 머릿속으로 이해하려 해도, 막상 몸을 움직여 보면 그대로 되지 않는다. 균형을 잃고 넘어지기도 하고, 어색한 자세로 휘청거리며 앞으로 나아가기도 한다. 이론적으로는 알고 있는 것 같지만, 실제로 해 보면 전혀 다르게 느껴진다. 그런데 신기한

점은 어느 순간 자연스럽게 자전거를 타고 있는 자신을 발견하게 된다는 것이다. 더 이상 '어떻게 페달을 밟아야 하지?' '균형을 맞추려면 어떻게 해야 하지?'와 같은 생각을 하지 않는다. 몸이 기억하고 있기 때문이다. 이는 자전거를 배우는 과정을 통해 암묵적 지식을 내면화한 대표적 사례이다.

암묵적 지식은 신체적 기술 습득 외에도 사람과의 관계에서 발견할 수 있다. 아기는 언어를 이해할 수 없지만, 부모와의 비언어적 상호작용을 통해 세상을 배운다. 아기는 엄마가 따뜻하게 안아 줄 때 느껴지는 온기, 심장박동 소리, 부드러운 촉감을 통해 안정감을 경험한다. 엄마가 미소 지으며 부드러운 목소리로 말을 걸어 주면, 아기는 언어의 의미를 몰라도 그 감정적 교류를 통해 보호받고 있음을 인식한다. 이것이 반복되면서 아기는 '이 사람은 나를 안전하게 지켜 주는 존재이다'라는 신뢰를 형성하게 된다.

이러한 애착 형성 과정은 설명을 듣거나 가르침을 받아서 이루어지는 것이 아니다. 부모가 "내 품에 안기면 안전해."라고 설명한다고 해서 아기가 그 의미를 이해하는 것이 아니다. 심리학자 Stern 등(1998)은 영아가 초기 상호작용 속에서 감각적으로 세계를 경험하며, 이를 통해 자기(self)와 타인에 대한 내면적 모델을 구축한다고 설명했다. 즉, 아기는 부모의 표정, 목소리, 신체 접촉을 통해 감정을 읽고, 반복적인 경험을 통해 감각적으로 애착을 형성한다. 반복되는 경험과 감각적 교류 속에서 자연스럽게 익혀지는 것이다.

그림책은 아이의 암묵적 지식이 발달하는 데 기여할 수 있다. 부모가 아이와 함께 그림책을 읽을 때, 부모의 목소리 톤과 리듬, 따뜻한 신체 접촉은 아이에게 감각적 안정감을 제공한다. 이는 이야기를 전달하는 것 이상으로 애착 형성의 중요한 과정으로 작용하며, 비언어적 의사소통의 매개체로서 그림책의 가치를 보여 준다.

2) 그림책의 시각적 요소

그림책은 시각적 이미지를 통해 독자의 이해를 돕는다. 언어를 배우기 전의 유아부터 다양한 문화와 언어적 배경을 가진 사람들까지, 누구나 공통적으로 이해할 수 있는 시각적 이미지를 통해 감정과 이야기를 전달한다.

그림책 속 시각적 요소는 독자의 감정과 공감 능력을 키우는 데 중요한 역할을 한다(Evans et al., 2001). 캐릭터의 표정, 배경의 분위기와 색감은 글이 표현되지 않은 부분을 시각적으로 보완하며 독자가 상황을 보다 구체적으로 이해하도록 돕는다. 이를 통해 독자들은 다양한 정서를 간접적으로 경험하게 된다(Arizpe & Styles, 2003; Evans, 2009).

신경과학 연구에서는, 웃긴 이미지를 보고 웃거나, 공포스러운 이미지를 보고 두려움을 느끼는 이유를 뇌의 거울 뉴런 작용으로 설명한다. 위험한 이미지를 접했을 때 뇌가 실제로 그 상황을 경험하는 것처럼 반응하게 되는데, 이것은 시각적 자극이 생존 본능과 직결된 신경 반응을 자극하기 때문이다(Blackmore, 2005; O'Shea, 2005). 그림책 속 시각적 요소는 이러한 신경 반응을 촉진하며 독자가 다양하고 폭넓은 경험을 하도록 돕는다.

또한 독자의 무의식적인 감각과 기억을 자극하며 새로운 해석과 체득의 기회를 제공한다. 이는 독자가 자신의 경험과 결합하여 자신만의 고유한 이야기를 만들

표 4-1 그림책에서의 그림

요소	내용
선	곡선, 직선, 사선 등의 선을 다양하게 표현하며 가늘거나 굵게, 거칠거나 부드럽게 사용하여 인물의 성격, 분위기, 속도감 등을 나타낸다.
캐릭터의 몸짓	캐릭터의 몸짓은 텍스트 없이도 많은 정보를 전달하며, 그들의 감정과 행동을 나타내는 중요한 비언어적 단서이다. 몸을 쭉 뻗으면 기쁨을, 팔을 옆으로 늘어뜨리면 괴로움과 슬픔을 나타낸다는 것을 이해할 수 있으며 그림책 속 캐릭터의 몸짓을 통해 감정과 상황을 이해하게 된다.
표정	표정은 감정 표현의 핵심으로, 시선의 방향과 입 모양을 통해 호기심, 두려움, 행복 등을 직관적으로 전달한다. 예: 『The Pout-Pout Fish』(2008)에서는 과장된 입 모양으로 감정을 표현, 『크레용이 화났어』(2013)에서는 크레용의 표정을 통해 감정 전달
색채	색은 가장 먼저 인지되는 요소로, 감정과 분위기를 형성한다. 따뜻한 색은 활기, 차가운 색은 차분함을 표현하며, 유아의 정서 발달에도 영향을 준다.

어 낸다는 것을 의미한다. 그림책의 가장 큰 강점은 바로 이 지점에서 나타난다. 그림 속 인물의 표정, 동작, 배경의 분위기 등은 독자가 그림을 해석하고 스스로 이야기를 확장하도록 이끈다. 독자는 언어적 장벽 없이 감각적으로 이야기를 받아들이고, 그림이 제시하는 상징적 표현과 색채, 구도를 통해 자신의 경험과 감정을 자연스럽게 연결한다.

3) 그림책의 서사적 요소

서사(narrative)는 이야기의 내용과 이를 전달하는 형식이 결합된 구조를 의미한다. 이는 사건들을 나열하는 것이 아니라, 개별 사건들이 인과관계와 시간적 흐름 속에서 연결되어 하나의 줄거리로 만들어지는 과정을 말한다. 서사는 사실이나 상상을 바탕으로 이야기를 만들고, 이를 통해 의미를 전달하는 활동이다.

서사와 이야기는 비슷해 보이지만 본질적으로 다른 개념이다. 이야기는 인간의 행위와 사건들에 대한 정보를 담고 있으며, 서사의 재료로 볼 수 있다. 이야기는 인물, 상황, 사건을 중심으로 전개되며, 인물이 처한 상황 속에서 어떻게 생각하고 느끼며 행동하는지를 보여 준다. 이에 반해 서사는 이러한 이야기들에 의미를 부여하는 것을 말한다. 이러한 서사 구조는 정서의 시간적 진행을 가능하게 하며 독자는 페이지를 넘기면서 감정의 고조와 완화를 경험한다. 시각적 자극이 즉각적 반응이라면, 서사는 정서가 이어지고 확장되는 시간적 기반이다.

서사는 이야기(내용)와 담론(표현 방식)이라는 두 가지 층위로 이루어지며, 같은 이야기라도 담론 방식에 따라 수많은 서사가 만들어질 수 있다. 이야기가 사건의 나열이라면, 서사는 이 사건들을 인과관계와 시간의 흐름 속에서 인간 경험에 의미를 더하는 것이다. 서사는 몇 가지 중요한 속성을 가진다.

첫째, 서사는 삶의 사건을 이야기한다. 등장인물이 존재하고, 그 인물이 겪는 사건이 발생한다. 이 등장인물은 실제 인간일 수도 있고, 의인화된 동물이나 사물, 자연일 수도 있다. 중요한 것은 이들이 이야기 속에서 역동적이고 생생하게 묘사되어야 한다는 점이다.

둘째, 서사에서 사건들은 개연성을 가지고 연결되어야 한다. 사건들이 실제로 일어났는지 여부보다는 사건들이 의미 있게 연결되어 있는지가 중요하다. 이러한 개연성은 사건 간의 인과관계를 통해 형성되며, 이는 독자에게 이야기를 설득력 있게 전달하는 중요한 요소가 된다.

셋째, 서사는 객관적인 사실보다 인간 존재의 정서적 가치를 담아내며, 과학적 사실의 입증보다는 상상력과 은유적 요소를 중요시한다. 인간은 자신의 경험을 선택적으로 기억하고 이를 흥미로운 이야기로 재구성함으로써 감정적 만족을 추구한다.

마지막으로, 서사는 개인의 가치관과 시대적 문화가 혼합되어 있다. 이는 서사가 단순한 사건의 나열이 아니라, 그 안에 담긴 인물들의 의도와 생각을 해석해야 온전히 이해할 수 있음을 의미한다.

이처럼 서사적 요소는 감정을 시간 속에 배열하고, 독자가 그 감정을 함께 살아내도록 만드는 비언어적 구조이다. 이는 독자의 감정이 장면마다 단절되지 않고, 연속성과 방향성을 가지도록 돕는 중요한 역할을 한다.

4) 그림책의 구조적 요소

그림책의 구성은 본문부터 시작되지 않는다. 표지, 면지, 판형, 여백, 타이포그래피, 레이아웃 등 구조적 요소는 독자가 책을 마주하는 첫 순간부터 신호를 보낸다. 이는 비언어적 소통이 본문 이전에 이미 시작되고 있음을 보여 준다. 이러한 본문 외부의 구성요소들을 파라텍스트라는 개념으로 설명된다.

파라텍스트(paratext)는 작품 본문이나 대화 텍스트를 둘러싼 주변 요소를 일컫는 말이다. 즉, 책을 구성하고 있는 모든 외부 요소를 포함하며, 그림책의 전체적인 의미를 형성하는 데 중요한 역할을 한다(Genette, 1997; 신세니, 조희숙, 2011; 권윤지, 이조은, 이연선, 2016; 박유정, 2020). 프랑스의 문학 이론가 Gerard Genette에 의해서 파라텍스트라는 개념이 처음 도입되었으며, 그는 파라텍스트를 다시 페리텍스트(peritext)와 에피텍스트(epitext)라는 두 가지 요소로 구분하였다.

페리텍스트는 책의 물리적 부분에 포함된 요소로서, 표지, 표제지, 제목, 면지, 타이포그래피, 레이아웃 등 책을 구성하는 데 직접적으로 필요한 요소를 말한다. 에피텍스트는 책 외부에 있지만 책과 관련된 요소인 논평, 인터뷰, 헌사, 감사의 글 등 간접적으로 영향을 미치는 요소를 말한다. 그림책에서는 주로 페리텍스트를 가리켜 '그림책의 파라텍스트'라고 부른다(남아름, 김상림, 2020; 박유정, 2020; Genette, 1997).

파라텍스트는 그림책의 비언어적 요소로서 중요한 역할을 할 뿐만 아니라, 텍스트에 담겨 있는 생각이나 내용을 외현화하여 책을 접하는 방식이 풍부해지도록 돕기 때문에(손영은, 2014) 그림책을 이해하는 데 중요하다. 따라서 파라텍스트의 요소들을 구체적으로 살펴보고 이해한다면 그림책 읽기의 경험을 풍부하게 할 수 있다(신세니, 2011). 그중에서도 핵심이 되는 네 가지 요소를 중심으로 살펴보고자 한다.

(1) 표지

그림책의 표지는 하나의 싸개처럼 앞표지와 뒤표지가 연결되며, 본문을 읽기 전에 결정적인 역할을 주도한다. 표지는 독자의 흥미를 자극하고 분위기와 주제를 암시한다. 또한 글의 내용을 상징적이고 함축적으로 반영하는 역할을 한다. 표지에 드러난 글자의 배치와 디자인은 상징적인 공간이 되며 밝고 다채로운 표지는 재미있고 활기찬 이야기를, 어두운 표지는 진지하거나 묘한 느낌의 이야기를 기대할 수 있다. 이처럼 표지는 그림책이 담고 있는 이야기에 대한 정보와 장르를 예측할 수 있도록 도와준다(Nikolajeva & Scott, 2001).

(2) 면지

그림책의 면지는 표지 앞과 뒤에 배치되어 본문 텍스트를 감싸는 기능을 하는데(Genette, 1997), 이는 무대에서 극이 시작되기 직전의 막(서정숙, 김정원, 김유정, 2009)과 같은 역할에 비유할 수 있다. 면지에서 이미 이야기가 시작되고 끝나기도 하기 때문에 그림책의 전체 구성에서 중요하고 필수적인 역할을 하게 된다. 때로는 인물의 특징을 담기도 하며, 주인공의 특성을 살려 상징적인 방식으로 인물의 존재를 형상화하기도 한다(나선희, 2010). 또한 본문 내용에 삽입된 그림과 텍스트의 반복으로 시작되기도 하며, 표지에 사용되었던 톤의 분위기를 조화롭게 연결하여 작품의 의미를 전달하는 역할을 한다(고영경, 2022).

(3) 타이포그래피

타이포그래피는 활자의 서체, 배치, 배열 방식을 통해 특정 의미를 전달하거나 강화하는 것을 말한다. 그래서 타이포그래피를 '몸짓으로서의 언어'라고도 한다(마승혜, 2024). 단지 예쁜 글씨체를 사용하는 것이 아니라 글의 의미를 함축한 디자인으로써 글의 의미나 주제를 나타내기도 한다(김지현, 강아영, 2007; Lissitzkt-Kuppers, 1992). 그림책의 이야기에서 내포하고 있는 상징적 의미를 타이포그래피로 시각화하여 독자의 흥미를 유발할 수도 있다(마승혜, 2024).

(4) 레이아웃

레이아웃은 디자인에서 제한된 공간 안에 구성요소를 효과적으로 배치하는 과정으로, '주어진 정보를 목적에 맞게 적절한 위치에 배치하는 기술'로 정의할 수 있다. 이는 정리, 배열, 구성, 장식 등의 개념을 포함하며, 특히 편집 디자인에서는 특정한 개념이나 아이디어를 기반으로 시각적 요소를 조화롭게 구성하는 작업을 의미한다(이혜수, 2010).

즉, 레이아웃은 디자인 요소를 단순히 규칙적으로 배열하는 것이 아니라, 시각적 강조, 정보 전달력, 형태의 조화 등의 요소를 종합적으로 고려하여 제한된 공간 안에서 효과적으로 배치하는 과정이다. 특히 표지 디자인에서는 정보 전달의 목적을 충족시키기 위해 구성요소들을 조화롭게 배치하며, 이를 통해 전체적인 시각적 균형을 형성하여 독자의 관심을 끌고, 기억에 오래 남을 수 있도록 유도하는 역할을 한다.

그림책의 비언어적 구성요소는 각기 다른 방식으로 감각과 정서에 작용하며, 독자의 몸으로부터 이해를 이끌어 낸다. 암묵적 지식은 반복된 감각의 축적이고, 시각적 요소는 감정의 직접적 자극이며, 서사는 정서의 시간적 흐름, 구조는 감각의 시작과 몰입을 설계한다.

이 네 가지 요소는 독립적으로 기능하지만, 실제 그림책 읽기 경험 안에서는 긴밀하게 상호작용한다. 독자는 반복된 감각 속에서 정서의 의미를 익히고, 이미지와 이야기의 흐름을 통해 감정을 따라가며 구조적 요소를 통해 몰입과 해석의 맥락을 형성한다.

3. 그림책의 심리학적 의미와 치유적 효과

1) 그림책의 심리학적 의미

그림책은 상징과 은유를 활용하여 무의식적인 욕망, 두려움, 갈등을 표현하며, 심리학적 의미를 담고 있다. 이러한 상징들은 직접적으로 인식하기 어려운 내면의 감정을 간접적으로 탐색할 수 있게 도와준다. 정신분석 이론에 따르면, 이러한 상징들이 무의식적 갈등을 드러내는 방법이라고 설명한다. 따라서 그림책은 내면의 감정을 탐색하고 이해하는 매개체로 활용될 수 있다.

Maurice Sendak의 그림책은 심리학적 의미를 담고 있는 작품으로 알려져 있다. 대표적으로 『괴물들이 사는 나라(Where the Wild Things Are)』(1963)에서는 주인공 맥스가 늑대 옷을 입고 말썽을 부리다가 엄마가 "괴물 같은 녀석!"이라며 야단을 치자, "내가 엄마를 먹어 버릴 거야."라고 반발하며 자신의 분노와 욕망을 표출한다. 이야기 속에서 맥스는 괴물들을 통해 현실에서 충족되지 못한 사랑을 경험하고, 마지막에 엄마의 따뜻한 음식(구강기 만족)과 함께 안정을 찾는다.

Sendak은 평소에 엄마를 잡아먹는 그림들을 자주 그렸는데 이에 대해 Kloss(1989)는 Freud의 심리성적 발달단계인 구강기 결핍 욕구가 반영된 것이라고 주장하였다.

또한 Sendak의 『깊은 밤 부엌에서(In the Night Kitchen)』(1970)는 주인공 미키가 한밤중 주방에서 들려오는 소리에 깨어나는 장면으로 시작된다. 심리학자들

(Kloss, 1989; Lanes, 1980)은 이 소음을 부모의 성적 행위로 해석하며, 미키가 우유(엄마의 모유를 상징)를 찾아 떠나는 과정이 소외된 아이의 심리적 욕구를 반영한

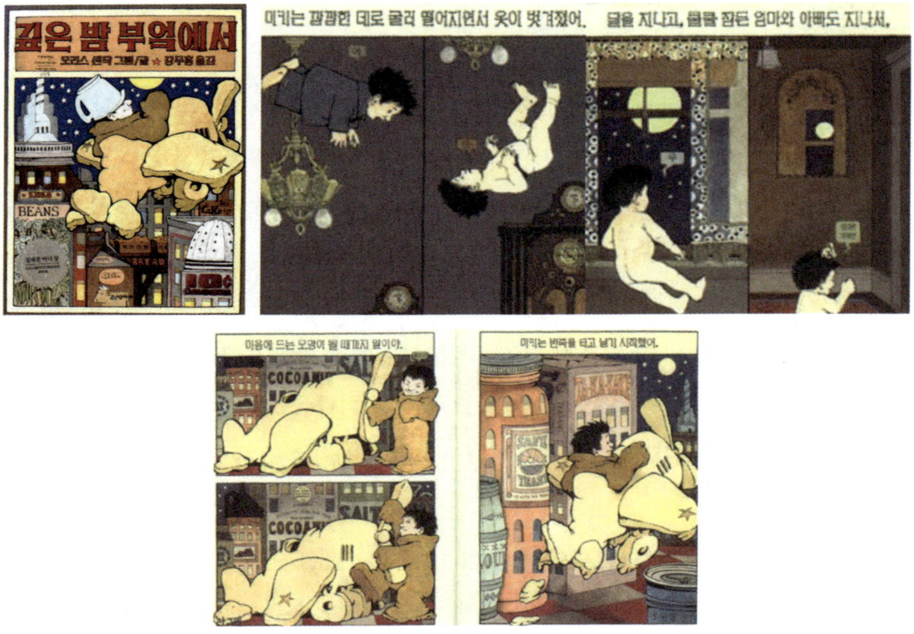

다고 주장한다.

『잃어버린 동생을 찾아서(Outside Over There)』(1981)에서는 주인공 아이다가 아빠의 부재로 인해 상실감을 느끼는 엄마를 돌보며, 동생을 보살피는 모습을 보인다. 심리학자 Kloss(1989)는 아이다가 내면적으로 동생이 사라지길 희망하는 감정을 고블린이 동생을 납치하는 장면을 통해 표현했다고 분석하며, 동생을 되찾은 것은 아빠의 귀환과 연결된 심리적 보상이라고 해석한다.

이처럼 Sendak의 작품은 어린이의 심리를 세밀하게 묘사하며, 내면 갈등과 판타지를 통해 자신의 감정을 이해할 수 있도록 한다. 또한 표현하기 어려운 감정을 안전하게 경험하게 함으로써 자신의 분노와 욕망을 해소하는 것을 보여 준다.

뿐만 아니라, 아라이 료지(あらいりょうじ)의 그림책 역시 심리적 의미를 담고 있다. 『오늘은 하늘에 둥근달 (きょうは そらに まるい つき)』(2007)과 『아침에 창문을 열면(あさになったのでまどをあけますよ)』(2011)에서는 광대한 자연을 묘사하며 인간 존재의 작음을 인식하게 한다. 이는 우주적 관점에서 삶을 성찰하도록 하며, 독자들에게 깊은 철학적 메시지를 전달한다.

Kitty Crowther의 『메두사 엄마(Mére Méduse)』(2014)는 부모와 자녀 관계의 심리적 갈등을 중심으로 전개된다. 주인공 메두사 엄마는 아이를 떠나보내기 어려워하며, 물리적 보호 속에 가두려 하지만 결국 자신의 변화를 통해 아이를 놓아 준다. 이는 부모의 심리적 의존과 자녀의 독립 과정에서 나타나는 갈등을 상징적으로 표현하며, 가족 내 관계를 되돌아보게 한다(이수형, 현은자, 2022).

한편, Shaun Tan의 『잃어버린 것(The Lost Thing)』(2000)에서는 사회 속에서 소외된 존재들에 대해서 생각해 보게 하는 그림책이다. 주인공 소년이 해변에서 발견한 이상한 물체를 주변 사람들에게 보여 주지만, 아무도 관심을 가지지 않는다. 이는 현대 사회에서 소외된 존재에 대한 상징으로 해석되며, 개인과 사회의 역할에 대한 성찰의 기회를 제공한다.

이처럼 그림책은 내면의 감정을 탐색하고 표현할 수 있는 안전한 공간을 제공하며, 심리적 의미를 담는다. 또한 복잡한 심리적 이슈와 철학적 주제를 통해 새

로운 통찰과 깨달음을 준다.

Torr(2007)는 독자가 그림책을 읽으며 자신의 과거 경험을 연결하며 의미를 해석한다고 하였다(나선희, 현은자, 2010). 이는 Gadamer(2012)가 주장한 "고유한 역사성"의 개념과 연결된다. 각자의 환경과 경험은 주관적인 해석을 만들어 내며, 독자는 그림책을 통해 자신의 삶을 이야기와 결합하여 존재론적 의미를 발견하게 된다(권경선, 2021).

2) 그림책의 치유적 요소

그림책은 우리의 내면과 가까워지도록 돕는다. 자연스럽게 우리 자신과 대면할 수 있도록 하며, 치유와 성장의 기회를 제공한다. 최근 그림책의 치유적 요소를 조망한 독서치료와 문학치료 분야의 연구에 따르면, 그림책을 읽은 후 치료자와 내담자가 나누는 상호작용을 통해 동일시, 카타르시스, 통찰과 같은 심리적 과정이 일어날 수 있다고 하였다. 이는 그림책이 가진 치유적 요소의 기본 원리로 여겨진다.

첫째, 동일시는 독자가 그림책 속 인물이나 상황에 자신을 투사하여 감정적으로 연결되는 것을 말한다. 독자는 그림책에서 자신의 모습을 발견하고, 자신과 비슷한 특징들을 찾아내며, 자신이 겪는 문제나 고민을 다른 사람들도 겪고 있다는 점에서 안도감을 느끼게 된다. 또한 동일시 과정을 통해 자신의 내면을 반영하게 되며, 이러한 과정은 등장인물의 감정을 자연스럽게 공감하도록 한다.

둘째, 카타르시스는 감정을 표출하거나 해소함으로써 심리적 긴장과 스트레스를 완화하고 정서적 안정을 찾는 것을 의미한다. 그림책을 통해 감정을 이입하고 인물의 상황에 자신을 대조해 보며, 억눌린 감정을 자유롭게 표출하는 것은 내면의 감정을 해방시키는 해독제 같은 역할을 한다. 카타르시스는 치유 과정에서 핵심적인 역할을 하며, 마치 내면의 숨겨져 있던 감정을 밝게 비추어 정화시키는 빛과 같다. 그 과정에서 자신 안에 감춰져 있던 감정의 본질을 발견하게 되며, 이를 통해 자아를 더 깊이 이해하고 수용할 수 있게 된다. '감정 정화'라고도 불리는 카타르시스는 이러한 과정을 통해 내면의 치유를 돕는다. 독서치료에서는 '감상의 고백'이라는 활동을 통해 책 속 인물의 감정과 성격, 사고에 대한 감상을 표현하게 한다. '감상의 고백'은 그림책 속 인물이 아닌 자신의 내면의 아픔이나 성격, 감정이 투영된 간접 고백이지만, 감상을 고백하는 동안 자신에 대한 직접적인 고백의 형태로 표현하게 됨으로써 의미 있는 활동이 된다(김광해, 2019).

셋째, 통찰은 자신의 문제에 대하여 객관적이고 정확한 이해를 바탕으로 하며, 그림책 속 인물이 어려움을 극복해 나가는 간접적인 경험을 통해 스스로 깨달음을 얻는 과정이다. 따라서 반복적인 그림책 활동을 통해 통찰은 자신의 문제에 대한 정서적 이해를 갖게 된다(김현희, 서정숙, 강은주, 2004).

이러한 치유적 요소로 인해 그림책은 중요한 역할을 한다. 마음을 열게 하고, 스스로 내면의 상처를 치유하게 하며, 자신이 처한 문제를 해결하려는 동기를 부여할 수 있다. 또한 감정 치유의 도구로서 다른 문학 장르보다도 다양한 표현과 해석이 가능하고, 간결하고 쉬운 어휘를 사용하여 쉽게 이해할 수 있는 주제와 일상의 경험을 다룬다. 그림책은 부담스럽지 않으면서도 매력적이고 상징적인 그림을 통해 흥미를 유발하고 풍부한 감정을 이끌어 낼 수 있어 그림책을 통한 감정 치유적 접근은 매우 유용할 것이다(김광해, 2019).

3) 그림책의 치유적 효과

그림책은 읽고 보는 것 이상의 의미를 지니며, 언어적, 인지적, 정서적, 사회성 발달에 긍정적인 영향을 미친다.

첫째, 그림책은 정서적 안정감을 제공하고, 읽기의 즐거움을 경험하게 한다. 책 읽기에서 가장 중요한 본질은 즐거움이다. 즐겁게 그림책을 읽고 정서적인 감동을 느낄 수 있다면 오랫동안 가슴 속에 남아, 독자의 정서적 성장에도 긍정적인 영향을 미치게 될 것이다. 이야기를 통해 공감하고 위로받는 경험은 독자가 자신의 감정을 이해하고 표현하는 능력을 기르는 데 중요한 역할을 한다.

둘째, 그림책을 통해 자신의 삶과 자신을 둘러싼 세상을 자연스럽게 배울 수 있다. 핵가족화 및 다양한 사회적 영향으로 깊이 있는 인간관계를 맺기 어려운 시대에, 그림책은 세상을 살아가면서 필요한 가치와 덕목을 자연스럽게 전달한다. 예를 들어, 타인을 배려하는 마음, 공감하는 능력, 갈등을 해결하는 방법, 사회적 규범을 익히는 과정 등을 그림책을 통해 자연스럽게 배울 수 있다. 그림책 속 다양한 등장인물과 상황을 경험하며 자신을 둘러싼 사회적 관계를 이해하고, 적절한 행동을 배우게 된다.

셋째, 그림책을 보면서 그림과 글의 상호작용을 통해 상상력과 예측 능력이 발달한다. 그림책은 글과 그림의 조화로 이루어진 매체이기 때문에 그림을 보면서 내용을 예상하거나 글이 전달하려는 내용을 그림에서 찾아낼 수 있어야 한다. 경우에 따라 그림이 더 많은 이야기를 담아낼 때도 있고 시간이나 공간을 마음속으로 구체화하는 동안 우리의 상상력은 무한대로 확장된다.

넷째, 언어 발달과 인지 발달에 도움을 준다. 그림책은 아이들이 처음 접하는 책으로서 자연스럽게 문자 교육과 학습 능력을 향상시킬 수 있다. 아이들의 관심이나 흥미와 관련된 부분을 재미있게 교육 활동으로 이끌 수 있으며, 그림책을 읽는 과정에서 새로운 정보나 개념을 습득하고 완전하지 않은 그림책의 내용과 요소를 채우는 능력은 폭넓은 이해력을 발달시켜 준다.

다섯째, 즐거움을 주는 그림책 읽기 습관이 형성되면 이후 단계의 독서에서도 잘 읽어 낼 수 있는 기초가 마련된다. 국가평생교육진흥원이 전국 만 18세 이상 성인 1만 429명을 대상으로 진행한 '2020년 성인문해능력조사' 결과에 따르면, 만 18세 이상 성인 중 초등 또는 중학교 수준의 학습이 필요한 성인은 20.2%

에 달했으며, 이를 실제 성인 인구 수로 환산하면 약 890만 명에 달하는 것으로 조사되었다. 또한 교육부와 한국교육과정평가원이 실시한 2023년 국가 수준 학업성취도 평가 결과에 따르면, 국어에서 보통 학력 이상을 받은 중3 비율이 2017년 84.9%에서 2023년에는 61.2%로 떨어졌다. 고2 비율도 2017년 75.1%에서 2023년 52.1%까지 감소했다.[1] 이러한 통계조사를 통해 문해력 저하가 개인적 문제를 넘어서 사회적 문제로 대두되고 있음을 알 수 있다.

이처럼 그림책은 읽기 자료 이상의 역할을 하며, 정서적 안정, 사회적 이해, 상상력 발달, 언어 및 인지 능력 향상, 문해력 증진 등 다양한 측면에서 긍정적인 영향을 미친다. 그림책을 읽는 경험은 자신과 감정을 마주하는 기회를 제공하고, 타인과의 관계를 이해하며, 세상을 바라보는 시각을 확장하는 과정이 된다. 특히 어린 시절부터 그림책을 가까이하는 습관은 평생 독서의 기초를 다지고, 학습의 기반을 마련하는 중요한 역할을 한다.

또한 문해력 저하가 사회적 문제로 대두되는 현시점에서, 그림책을 통한 즐거운 읽기 경험은 문해력을 높이고, 평생 학습의 밑바탕을 다지는 효과적인 방법이 될 수 있다. 따라서 그림책을 활용한 독서 습관 형성은 단순한 취미 이상의 가치를 지니며, 개인의 성장과 사회적 발전에 중요한 의미를 가진다.

4. 뇌와 친해지는 그림책

1) 신경 가소성

신경 가소성이란, 뉴런과 뉴런을 연결하는 신경망이 끊임없이 변화하는 현상을 의미한다. 과거에는 인간의 뇌가 출생 전과 유년기 초기에만 신경세포(뉴런)를 생

1) CIVICNEWS (http://www.civicnews.com)

성하고 이후에는 변화하지 않는다고 여겨졌다. 그러나 최근 연구들은 뇌가 평생 동안 새로운 신경을 생성하고 지속적으로 변화할 수 있음을 밝혀냈다.

신경학자 Paul MacLean은 뇌의 구조를 '삼위일체의 뇌'라는 개념으로 설명했다. 그는 1단계는 파충류의 뇌-뇌간, 2단계는 포유류의 뇌-변연계, 3단계는 인간의 뇌-대뇌피질로 분류하고 뇌의 각 영역이 특정 기능을 담당한다고 보았다. MacLean의 이러한 주장은 당시(1960~1970년대)에 가장 영향력 있던 작가[2)]가 작품에 차용하면서 빠르게 퍼져 나갔다.

MacLean의 개념은 수십 년 동안 뇌과학적인 사실로 인식되며 큰 영향력을 끼쳤다. 하지만 현대 뇌과학 연구가 발전하면서, MacLean의 개념은 점차 비판을 받았다. 뇌의 기능이 특정 영역에 고정된 것이 아니라, 다양한 영역이 서로 연결되어 협력하며 유기적으로 작동한다는 것이 밝혀졌기 때문이다.

이러한 점은 뇌 손상을 입은 환자의 회복 과정과 동물 실험을 통해 신경 가소성이 중요한 역할을 한다는 사실이 입증되었다. 프랑스 마르세유에서는 뇌의 피질이 매우 얇고 작지만, 정상적인 일상생활을 하는 공무원의 사례가 보고되었으며, 이스라엘에서는 정상적인 후각을 가진 여성에게서 뇌의 후엽이 존재하지 않는 경우가 확인되었다. 또한 중국의 한 젊은 여성은 운동을 담당하는 소뇌가 아예 없었음에도, 약간의 운동협응 문제를 제외하고는 정상적인 생활을 유지했다. 이러한 사례들은 특정 뇌 영역이 손상되거나 결핍되더라도, 뇌가 이를 보완하며 기능을 유지할 수 있음을 보여 준다.

이와 같은 신경 가소성의 원리는 동물 실험에서도 확인되었다. 연구자들은 특정 동물의 뇌 일부를 통제했을 때, 해당 기능이 일시적으로 손실되었으나, 시간이 지나면서 다른 영역이 이를 대신하며 기능이 회복되는 것을 발견했다. 2019년, 갈증을 해소하는 쥐의 뇌를 연구한 결과, 34개의 뇌 영역 내에서 2만 4천 개의 뉴런이 활성화되었으며, 각 영역이 서로 다른 방식으로 관여하고 있음이 확인되었다.

2) Arthur Koestler의 『The Ghost in the Machine』(1967)이다.

이는 뇌가 개별적으로 분리된 것이 아니라, 서로 긴밀하게 연결되어 있으며, 필요에 따라 기능을 조정하고 재구성할 수 있음을 시사한다.

즉, 신경 가소성은 특정 부위의 신경세포나 영역이 손상되었을 때, 새로운 신경 연결망을 형성하며 기능을 보완하는 것을 의미한다. 이는 한 영역의 보완 차원이 아니라, 뇌 전체의 복잡한 네트워크가 유기적으로 작동하는 결과라 할 수 있다. 이러한 뇌의 유연성 덕분에, 우리는 나이가 들어도 새로운 것을 학습하고, 경험을 통해 사고방식을 확장하며, 변화하는 환경에 적응할 수 있는 능력을 갖출 수 있는 것이다.

2) 그림책과 뇌신경과의 관계

인간의 대뇌피질은 고차원적인 인지 기능과 의식적인 사고를 담당하는 가장 중요한 영역이다. 대뇌피질은 후두엽(뒤통수엽), 측두엽(관자엽), 두정엽(마루엽), 전두엽(이마엽)의 네 가지 주요 영역으로 구성되며, 각 영역은 서로 유기적으로 연결되어 다양한 기능을 수행한다. 후두엽의 주요 기능은 시각 정보를 분석하고, 측두엽은 언어와 청각 정보를 처리하며, 두정엽은 감각 정보를 통합하고 공간 인식을 담당한다. 전두엽은 논리적 사고, 계획, 감정 조절 등의 역할을 수행한다. 하지만 뇌는 특정 기능을 개별적인 영역에서만 담당하는 것이 아니라, 1,000억 개 이상의 신경세포(뉴런)와 100~1,000조 개에 달하는 시냅스가 복잡한 네트워크를 이루며 협력적으로 작동한다. 즉, 시각 정보가 후두엽에서 처리되더라도 의미를 이해하는 과정에서는 전두엽과 측두엽이 함께 관여하며, 감정과 공감을 해석하는 과정에서는 두정엽이 유기적으로 작용한다는 것이다.

그림책을 읽는 과정에서는 뇌의 이러한 여러 영역이 동시에 활성화된다. 후두엽은 그림 속 색상, 형태, 구도를 분석하여 시각 정보를 처리하고, 측두엽은 들리는 소리와 단어의 의미를 해석한다. 전두엽은 이야기의 흐름을 예측하고 논리적으로 구성하며, 두정엽은 감각 정보를 통합하여 공간적 관계를 파악하고, 시각적 요소 간의 상호 관계를 분석한다.

이러한 과정에서 그림책은 뇌의 여러 영역을 동시에 자극하여 시각적 · 청각적 정보를 통합적으로 이해하는 능력을 기르게 된다. 따라서 그림책을 읽을 때 활성화되는 뇌 영역을 중심으로, 시각 및 청각 정보처리 과정이 어떻게 이루어지는지 살펴보고자 한다.

(1) 시각적 신경

뇌신경에서 말하는 시각이란, 우리가 보이는 세계에서 무엇이 어디에 제시되어 있는지를 이미지로부터 발견하는 과정이다. 시각 처리 과정은 2개의 병렬 흐름으로 나뉘어 이루어지며, 이는 뇌가 시각 정보를 두 가지 주요 경로를 통해 처리함을 의미한다. 대뇌피질의 시각 피질은 크게 두 가지 영역으로 구분된다. 첫 번째는 '무엇'에 해당하는 정보를 해석하는 시각 영역(what-path)이고, 두 번째는 '어디'에 해당하는 정보를 해석하는 시각 영역(where-path)이다. 이 두 영역 모두 눈 안쪽에 위치한 망막에서 시작되어 시각 정보를 처리한다.

눈에 들어오는 시각 정보는 망막에서 시작된다. 망막은 시각 정보를 받아 시상에 있는 가쪽무릎핵[3]으로 보낸다. 그 후 이 정보는 1차 시각 피질(줄무늬 피질, V1)로 전달된다. 1차 시각 피질은 뇌 뒤쪽의 후두엽에 위치하며, 시각 정보가 뇌로 들

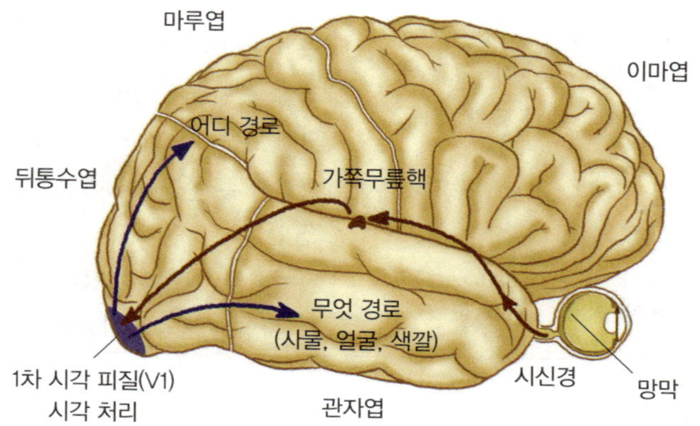

[그림 4-1] 대뇌피질의 구조

출처: Kandel (2019).

어오는 첫 번째 지점이다. 여기서 시각 정보는 간단한 형태로 처리되며, '무엇'이 있는지, '어디'에 있는지에 대한 기본적인 정보가 파악된다.

이후 1차 시각 피질에서 나온 정보는 2개의 주요 경로로 나뉜다. 첫 번째 경로는 '무엇'을 알아보는 경로로, 사물이나 사람의 얼굴을 인식하는 데 사용된다. 이 경로는 뇌의 아래쪽에 위치한 아래 관자엽(V2, V3, V4)으로 이어지며, 얼굴의 특징, 모양, 색깔 등을 처리한다.

두 번째 경로는 '어디'에 관한 정보를 처리하는 경로로, 시각 정보가 뇌의 위쪽으로 전달되어 공간의 깊이와 위치를 파악한다. 이 경로는 대상이 실제로 어디에 위치하는지 알아내는 데 중요하다. '무엇'과 '어디'에 대한 정보는 서로 결합하여 시각적 경험을 완성하는데, 두 경로는 독립적이지 않고 서로 정보를 주고받으며 상호작용한다.

- 시각 정보: 망막 → 시상(가쪽무릎핵) → 후두엽(1차 시각 피질, V1) → 고차원 시각 피질(V2, V3, V4)

표 4-2 시각 피질 영역의 기능 및 역할

시각 피질 영역	주요 기능	그림책에서의 역할
V1	명암 대비, 기본적인 선과 모양 감지	그림책의 색상, 형태, 선 등을 인식하며 그림의 기본적인 구조 파악
V2	단순한 형태와 윤곽 분석	그림 속 인물과 사물의 윤곽을 분석하며, 형태 인식
V3	동적 시각 정보, 공간적 관계 파악	그림책 속 인물이나 객체의 움직임, 변화를 인식
V4	색상, 복잡한 형태 분석	그림책의 색상과 복잡한 형태를 인식하고, 다양한 색의 의미를 해석

3) 뇌 깊숙한 곳에 자리한 시상이라는 영역에 들어 있는 세포 집단으로서, 정보를 1차 시각 피질(줄무늬 피질, V1이라고도 한다)로 보내는 일을 한다.

- '무엇' 경로(what-path): 대상의 형태, 색, 얼굴 인식을 담당하며, 아래쪽 관자엽(V2, V3, V4)으로 연결
- '어디' 경로(where-path): 대상의 위치, 움직임, 공간적 관계를 분석하며, 두정엽을 거쳐 전두엽으로 연결

(2) 청각적 신경

청각 정보는 측두엽에 위치한 청각 피질에서 처리되며, 이는 주로 청각 및 언어 능력과 관련된 일을 처리한다(서유헌, 2010). 특히 좌측 측두엽에는 브로카 영역과 베르니케 영역이라는 언어의 핵심 중추가 있어 이들이 함께 작용해 언어를 습득하고 표현하는 데 중요한 역할을 한다(Perlmutter, 2010).

브로카 영역은 무엇보다 혀, 얼굴, 턱, 후두를 움직여 말을 만들어 내는 데 중요한 역할을 한다. 또한 문법구조도 이 영역에서 담당하며, 어순이 서로 다른 문장을 비교하거나, 어순의 의미와 정확성을 인식해야 할 때 활성화된다(Korte, 2012). 브로카 영역에 손상을 입으면 언어를 이해하는 능력은 유지되지만, 자신의 의사를 표현하는 말은 어려워지는 상태가 된다. 이로 인해 환자는 명령받은 간단한 문장조차 말하기 어려운 운동성 실어증을 나타낸다(조정연, 2008). 이 브로카 영역은

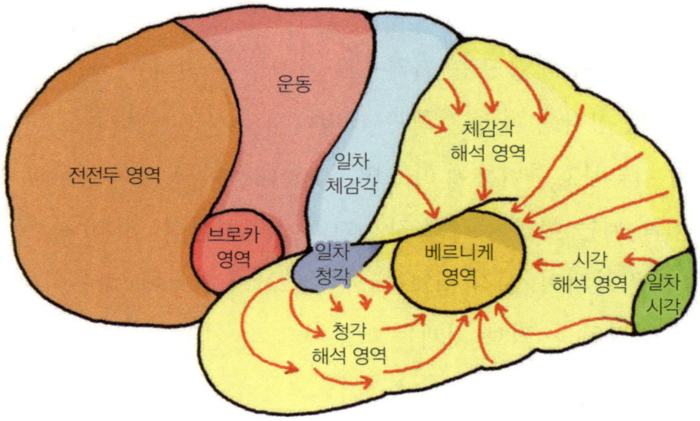

[그림 4-2] 뇌의 측두엽

출처: 박문호(2013).

계획, 순서 추적, 논리, 규범, 학습과 같은 기능을 담당하는 전두엽(이마엽) 근처에 위치하고 있어 문법을 발달시키기에 용의하다(Eliot, 2004).

베르니케 영역은 언어 이해를 담당하는 중요한 뇌 영역으로, 단어와 문장의 의미를 파악하는 데 도움을 준다. 이 영역은 각각의 단어를 이해해야 할 때 활성화된다. 베르니케 영역에 손상을 입으면, 말은 할 수 있고 발음도 정확하며, 단어의 순서나 구절도 적절하게 할 수 있지만 언어를 이해하고 수용하는 데 장애가 발생하여, 언어와 비언어를 구분하지 못하는 문제가 나타난다. 언어가 단순한 소리로만 인식되며 의미 없는 말이나, 비논리적인 문장을 말하는 감각성 실어증 증상을 보인다(구지연, 2004: 조정연, 2008 재인용). 이러한 언어 이해 장애를 개선하기 위해 음운론적 접근, 즉 '책 읽어 주기'를 통한 치료 방법이 제시되고 있다(Wolf, 2009). 또한 베르니케 영역은 시각, 청각, 촉각과 관련된 영역의 경계면에 위치하고 있기 때문에 단어의 소리와 그 단어가 나타내는 사물, 장소, 사람 사이의 관련성을 연결하고 통합하는 역할을 한다.

시각적 사고가 안정 지향적인 것과는 반대로, 청각적 사고는 움직임(변화) 지향적이다. 이는 소리가 본질적으로 시간적 변화를 수반하기 때문이며, 청각은 이러한 변화를 감지하고 해석하는 데 최적화되어 있다. 시각과 달리 청각은 시간적 변화 속에서 전경과 배경의 차이를 감지할 수 있으며, 일정한 배경 소리 위에서도 주의를 기울여 특정 소리를 선택적으로 인식할 수 있다. 청각적 지각은 정적이든 동적이든 다양한 소리를 배경 또는 전경으로 처리할 수 있다.

이러한 시각과 청각의 특성은 학습 과정에서도 중요한 역할을 한다. Paivio와 Clark(1991)의 이중부호화이론에 따르면, 학습 내용이 청각적 정보와 시각적 정보로 제공될 경우, 뇌는 이를 각각의 감각기억에 입력한다. 청각 정보는 언어 처리 체계에 의해 조직화되며, 시각 정보는 시각적 처리 체계에 의해 이미지로 조직화된다. 이렇게 조직된 두 정보 체계는 서로 참조적 연결(referential connections)을 통해 통합되어 학습 결과로 산출된다.

그림책 읽기 활동은 시각적 정보와 청각적 정보를 동시에 제공함으로써 이중부호화 과정을 촉진한다. 그림책의 그림을 시각적으로 인식하는 과정에서는 뇌의 후두엽(시각 피질)이 활성화되는데, 이 과정에서 색상, 형태, 공간적 구조를 해석하고, 그림과 관련된 사물, 사람, 상황의 의미를 이해하는 시각적 처리 능력이 발달한다. 동시에, 그림책을 읽어 줄 때 뇌는 청각 정보를 처리하고 의미를 해석하는 과정을 거친다. 이는 청각 피질을 자극하며 소리의 리듬과 억양을 이해하는 능력을 키워 준다. 그림책을 읽어 주는 것을 듣거나 직접 읽을 때, 글의 어순과 의미를 정확하게 인식하기 위해 브로카 영역과 베르니케 영역에서 언어의 이해와 수용, 표현과 관련된 활발한 활동이 이루어진다.

글의 내용을 들으면서 그림을 함께 볼 때, 좌반구의 브로카 영역과 베르니케 영역이 언어의 의미와 구조를 처리하고, 우반구의 시각 처리 영역은 이미지와 시각적 맥락을 해석한다. 이 과정에서 두 정보 체계가 서로 연결되어 의미를 통합하고, 보다 효과적인 학습과 기억 형성을 도와 발달에 도움이 된다.

3) 소리 내어 읽기(낭독)

(1) 낭독의 역사

낭독이 처음 사용되었다고 알려진 시기는 고대 그리스이다. 당시 낭독은 상형문자에 쓰인 내용을 해독하여 일반 대중에게 내용을 이해할 수 있도록 전달해 주기 위해 사용되었다. 이후 로마 시대에 접어들면서 중요하게 여긴 교육은 웅변이었는데 웅변 기술 중 하나가 낭독이었다. 수사학자인 Quintilianus는 그 당시 웅변 교육을 지도하며, 낭독에 대해서 "낭독은 시선 처리와 목소리를 조절해야 하는 등의 신체적인 기술과 호흡 및 억양을 연결하여 이루어지는 복잡한 활동이다."라고 설명하였다(Laborde, 1990).

중세 시대에 이르러 낭독은 가톨릭, 유대교, 이슬람교 등 종교의식 차원에서 사용되었는데 이때는 중얼거리며 읽는 낭송[4)]의 형태로 사용되었다. 또한 봉건시대

4) 음악에서 시나 이야기 등을 소리 내어 읊는 일을 말한다.

에는 음유시인들이 문학이나 시를 음송하거나 낭송하였는데 이러한 여파로 글을 읽을 줄 모르는 평민들에게 문학과 문화를 전파하는 수단이 되기도 하였다. 즉, 고대 그리스와 로마 시대에는 문자를 읽어 주는 정도로 사용되었지만, 시간이 흐르면서 점차 문학과 문화를 전파하는 사회적 기능을 갖추게 되었다(문혜영, 2021).

한편, 17세기 초 프랑스에서는 살롱을 중심으로 귀족, 작가들이 모여 낭독을 통해 작품을 발표하는 문화가 형성되었다. 이후 18세기 계몽주의 시대에 접어들면서 종교개혁의 영향으로 귀족뿐만 아니라, 일반인들도 성서를 읽을 수 있게 되었고, 모두가 낭독을 할 수 있게 되었다. 낭독은 19세기 중반까지 전 유럽으로 확산되었으며, 문학과 문화를 전달하는 주요한 수단이 되었다(Jean, 1999).

최근에는 낭독이 정서적 소통과 인지 발달에 긍정적인 영향을 미친다는 연구 결과들이 발표되면서, 교육적 · 심리적 측면에서도 다시 주목받고 있다(Weisleder, 2018).

(2) 치유적 힘을 갖는 낭독

낭독은 복합적이고 기능적이다. 낭독은 대상이 타인이 될 수도 있고 자신이 될 수도 있다. 또한 낭독자의 신체적 · 심리적 · 인지적 측면이 낭독 효과에 영향을 미치기도 한다. 발화 과정에서 카타르시스를 느끼기도 하는데 그것은 신체 기관의 반응이 감정과 결합하여 파생되기 때문이다.

낭독의 가장 중요한 특징은 목소리를 사용한다는 것이며, 목소리는 숨, 진동 등 다양한 호흡기관을 거쳐 발화된다. 목소리는 다섯 가지 요소인 음색, 발음, 강세, 어조, 억양에 영향을 미치며 매우 다른 효과를 보이기도 한다.

심리치료사였던 Lucie Guillet(1946)는 제2차 세계대전 후 트라우마에 시달리는 정신과 환자들에게 시를 직접 읽게 함으로써 치유되는 모습을 보았다. 환자들은 시의 운율과 호흡의 상호작용으로 인하여 정서적 안정감을 되찾는 모습을 보였으며 트라우마에서 벗어날 수 있었다. 이런 효과를 낼 수 있었던 이유는 시가 가지고 있는 특성 중 하나인 운율 덕분이었다. 운율은 운동 에너지를 동반한다. 운동 에너지는 움직이는 특성이 있기 때문에 인간의 신체 깊은 곳까지도 접촉하며 새로운 에너지를 생성하고 신체와 정신과의 교감을 일으킨다.

또한 Lucie Guillet는 음절이 중요하다고 하였다. 감정을 조절하는 효과를 보려면 6음절과 6음절로 이루어진 시가 적합하며, 진정하는 효과를 보기 위해서는 4음절, 4음절, 4음절로 이루어진 시가 효과가 좋다고 하였다. 12음절로 된 3개의 시를 낭독하게 되면 긴장이 완화되는 데 탁월하다고 하였다. Lucie Guillet는 이러한 내용을 분석하여 자신이 쓴 『시치료(La Poético Thérapie)』(1946)를 통해 자세히 설명하고 있다.

가천의과대학 신경외과 김영보 교수는 낭독이 시각, 청각, 구강 운동 등 많은 자극이 동시에 이루어지기 때문에 뇌를 활성화하는 좋은 방법이라고 설명한다. 또한 낭독은 호흡, 성대의 진동, 구강 운동을 통해 뇌의 여러 영역을 자극한다. 특히 호흡은 생명의 기본 요소로서 낭독 과정에서 중요한 역할을 하는데, 발성 과정에서는 성대를 진동시키고, 이로 인해 발생한 진동은 신경계와 자율신경계에 영향을 주어 신체 내부의 균형을 유지하는 데 기여한다. 이러한 역동적인 호흡의 흐름은 잠재된 에너지를 활성화하고, 정서적 안정과 자발적인 회복 과정을 촉진한다(김호진, 2020).

(3) 낭독할 때 일어나는 뇌의 변화

2011년 MBC에서 방영된 〈우리 아이 뇌를 깨우는 101가지 비밀〉에서는 낭독의 효과를 뒷받침하는 연구 결과가 소개되었다. 이 실험은 초등학생들을 대상으로 두 그룹으로 나누어 기억력과 학습 효과를 비교하는 방식으로 진행되었다.

첫 번째 실험에서는 성적이 유사한 학생들을 두 그룹으로 나눈 뒤, 단순 기억력 검사를 실시했다. 두 그룹 모두 학년 수준에 맞는 새로운 책을 읽었으며, 한 그룹은 묵독(조용히 읽기), 다른 그룹은 낭독(소리 내어 읽기) 방식으로 진행했다. 책을 읽은 후에는 독서 내용을 바탕으로 퀴즈를 실시했는데, 그 결과 낭독 그룹의 평균 점수는 50.6점으로, 묵독 그룹의 평균 점수인 36.0점보다 훨씬 높았다. 이는 낭독이 단순한 묵독보다 정보의 기억과 이해에 더 효과적임을 보여 주는 결과였다.

이어진 두 번째 실험에서는 두 그룹의 읽기 방식을 서로 바꾸어 진행했다. 즉, 처음에는 묵독을 했던 학생들이 낭독으로, 낭독했던 학생들은 묵독으로 전환하여 같은 방식의 독서 퀴즈를 다시 풀었다. 그 결과, 낭독 그룹의 평균 점수는 57.5점으로 상승한 반면, 묵독 그룹은 38.7점에 그쳤다. 한 학생은 묵독에서 낭독으로 방식을 변경한 후 점수가 24점이나 상승하기도 했다.

학생들은 묵독을 통해 책을 더 빠르게 읽을 수 있어 시간이 절약된다는 점을 장점으로 꼽았지만, 내용을 암기하거나 이해하는 데에는 낭독이 더 효과적이었다고 했다. 즉, 묵독은 책을 신속히 읽는 데 유리하지만, 정보의 기억과 학습 효과는 상대적으로 낮았다. 이 결과는 낭독이 묵독에 비해 뇌를 더 활발하게 자극하여 학습 능력을 향상시키는 데 긍정적인 영향을 준다는 것을 보여 준다.

이러한 실험 결과를 뇌 과학적으로 뒷받침하기 위해, 연구팀은 fMRI를 통해 뇌를 촬영하여 낭독과 묵독 시 뇌의 활성화를 비교 분석했다. 그 결과, 묵독할 때보다 낭독할 때 뇌의 여러 영역이 더욱 활성화된 것으로 나타났다. 특히 운동 기능을 조율하는 소뇌가 활성화되는 것이 확인되었으며, 말하기 중추인 브로카 영역과 청각을 담당하는 영역 역시 활발하게 작동했다.

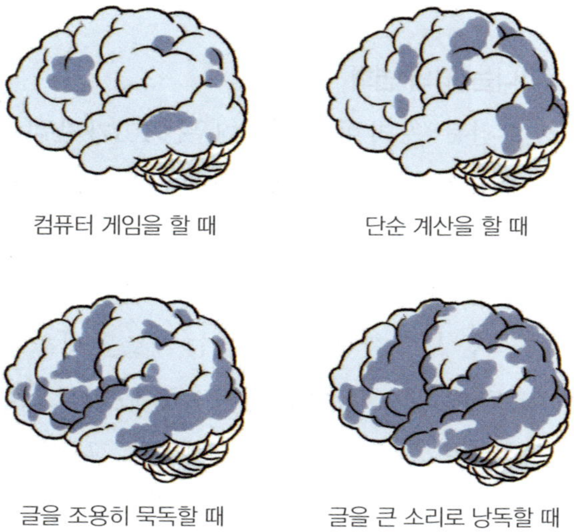

[그림 4-3] 뇌력 일기장

출처: Kawashima (2004).

또한 낭독은 신경 회로의 구조적 변화에도 영향을 미칠 수 있다. 책을 읽는 과정에서 발생하는 소리는 뇌를 자극하여 미엘린화를 촉진하며, 이는 뇌 발달에 긍정적인 영향을 미친다. 미엘린화는 지질지방과 단백질로 구성된 미엘린이 신경세포를 감싸는 과정으로, 이 과정은 신경 신호가 손실되거나 흩어지지 않도록 보호하며, 정보 전달의 효율성을 높이는 역할을 한다. 이는 마치 전선에 절연 테이프를 감아 전기가 손실되지 않고 잘 흐르도록 하는 것과 비슷하다. 뇌 역시 뉴런을 미엘린으로 감싸 정보 전달 속도를 높인다.

즉, 미엘린화가 잘 이루어진 뇌는 신경세포 간 정보 전달이 더욱 빠르고 정확해지며, 이를 통해 독서 능력과 정보처리 능력이 향상된다. 책을 읽는 과정에서 해석하고 받아들이는 속도가 빨라지며, 뇌는 효율적으로 작동하게 된다. 이러한 과정은 정보 전달이 광케이블처럼 신속하게 이루어지도록 돕고, 전반적인 뇌 기능을 향상시키는 데 도움을 준다(김호진, 2020).

낭독은 눈으로 글자를 보고, 입으로 소리를 내는 행위를 통해 시각, 청각, 운동 영역을 고르게 자극한다. 이는 뇌의 다양한 영역을 활성화시켜, 기억력, 집중력, 언어 능력 등을 향상시키는 데 긍정적인 영향을 준다. 특히 성장기 아동의 경우 낭독을 통해 언어 및 인지 발달, 정서적 안정까지 얻을 수 있다는 점에서 그 중요성이 강조된다.

5. 심리치료에서의 그림책 활용법

그림책은 심리치료에 효과적인 도구로 활용될 수 있다. 그림책의 친숙함은 거부감 없이 접근할 수 있게 하며, 내담자의 감정 표현과 이해를 돕는다. 또한 상징성을 통해 나도 몰랐던 나의 내면과 저항감 없이 마주할 수 있으며, 내재되어 있던 감정을 끌어낼 수 있는 자료로서 매우 유익하다. 활동에 많은 시간이 소요되지 않기 때문에 단기적인 접근도 용이하다. 다음은 심리치료 현장에서 그림책을 효과적으로 활용하기 위한 방법을 살펴보고자 한다.

첫째, 그림책의 글과 그림은 함께 읽어야 한다. 최근에는 그림책을 읽는 방법으로 글과 그림을 함께 읽는 것이 강조되고 있다(Arizpe & Styles, 2004). 이것은 능동적 읽기 과정을 강조하는 것으로, 글을 읽으며 그림의 의미를 해석하고, 그림을 보며 글의 의미를 명확히 이해하는 것을 말한다. 이를 위해 그림의 시각적 요소들을 찾아 의미를 해석하고 그 의미를 언어화하는 읽기 과정이 필요하다. 그림이 이야기의 의미를 전달하기 위해 어떤 요소들을 사용했는지, 어떻게 구성하고 배치했는지 등을 살피는 과정과 노력이 필요하며 이렇게 파악한 그림의 의미를 글과 함께 유기적으로 연결해야 한다. 그래야 더 완벽한 그림책의 이해로 이어지며, 문학적 이해와 경험이 가능하다(Arizpe & Styles, 2004; Nodelman & Hunt, 1996; Sipe, 2008).

둘째, 그림책 읽기 과정에서 스키마를 활성화할 수 있도록 도와야 한다(이삼형, 1998; 이차숙, 2013; Lewis, 2008). 스키마란 세상에 대해 가지고 있는 지식체계로, 새로운 정보를 이해할 수 있는 구조로 작용함과 동시에 그림책에 대한 이해에 큰 영향을 미친다(김중섭, 2002; 노명완, 2001). 스키마는 내용 스키마와 형식 스키마로 나뉘는데, 내용 스키마는 이미 지니고 있는 사전 경험이나 배경지식을 말하며, 형식 스키마는 담화나 이야기 구조에 대한 지식을 말한다. 스키마 이론에서는 잘 이해가 되지 않는 글은 스키마가 형성되어 있지 않을 수 있다고 말한다(Smith, 1994).

하향식 읽기 모형은 스키마 이론의 대표적인 읽기 모형이다. 하향식 읽기 모형이란, 단어 하나하나에 집중하기보다는 전체적인 의미를 파악하는 데 초점을 두는 것을 말한다. 이를 적용하여 심리치료에서 활용하는 방법으로는 '제목, 그림, 사진 등을 보고 내용 예측하기' '텍스트를 읽으며 다음에 나올 내용이나 의미 추론하기' '예비 읽기' '질문 기법' 등을 사용할 수 있다. 따라서 심리상담사는 그림책을 선정할 때, 내담자의 관심과 흥미가 무엇인지 사전에 이해하는 것이 필요하다.

셋째, 그림책 읽기에서 상호텍스트성을 충분히 활용할 수 있어야 한다(김도남, 2002; 이차숙, 2012b). 상호텍스트성이란 인간 언어, 언어의 패턴, 이미지, 의미들의 상호연관성을 말한다. 자신이 의식하든, 하지 못하든 자신이 읽었던 것에서 영향을 받을 수밖에 없으며, 심지어는 읽지 않고 듣기만 했던 것에서도 영향을 받는다고 하였다(Nikolajeva, 2005). 현재 읽고 있는 그림책과 다른 그림책은 완전히 독립적일 수 없기 때문에, 각각의 그림책을 연결하여 읽는 것은 그림책을 이해하는 것에 도움이 된다.

대표적으로 패러디 그림책은 상호텍스트성을 활용하기에 좋은데, 이는 등장인물이나 사건이 원본 그림책과 밀접하게 연계되어 있기 때문이다. 패러디 그림책을 읽으면서 등장인물의 성격이나 사건을 원본과 비교해 가며 읽게 되고 그것은 또 새로운 이야기 방식을 경험하게 한다(Nodelman, 2011). 따라서 그림책 읽기를 할 때 이미 읽었던 다른 그림책들과 비교해 가며 읽는 활동은 그림책 이해에 매우 긍정적인 효과가 있을 것이다.

표 4-3 그림책 읽기 계획안

제목	『소피가 화나면, 정말 정말 화나면』(Bang, 2012)		
목표	• 이야기의 흐름을 이해할 수 있다. • 스키마를 활성화하여 주관적으로 해석할 기회를 제공한다. • 추론 및 상상을 통하여 의미를 확장한다.		
단계	전략	내용	활동
읽기 전	• 예측하기	• 표지와 제목을 보고 내용 예측하기 • 하향식 읽기 모형을 활용하여 스키마 활성화하기	• 제목을 알려 주기 전과 후의 내용 예측하기 • 표지의 그림을 보여 주기 전과 후의 내용 예측하기 • 전체적인 내용을 파악할 수 있도록 훑어보기
읽기 중	• 내용 이해하기 • 추론 및 상상하기	• 등장인물과 배경 알기 • 사건의 순서와 인과관계 연결하기	• 장면이 바뀔 때마다 드는 감정의 변화 이야기하기 • 다음 장면을 상상해 보기
읽기 후	• 떠올리며 마무리하기	• 상호텍스트성 활용하기 • 추론 및 상상을 통하여 의미를 재구성하기	• 기억나는 장면에 대한 이야기를 나누며 관점 비교하기 • 책에 어울리는, 꼭 필요한 단어 생각하기 • '내가 작가라면' 활동을 통해 제목 및 내용 재구성하기

출처: 안영길(2017).

넷째, 그림책을 읽는 과정이나 읽기를 마친 후에는 자유롭게 토의할 기회를 제공해야 한다. 토의를 통하여 다른 사람의 관점과 자신의 관점을 비교할 수 있으며 점검해 볼 수 있다. 이러한 경험을 통하여 다양한 시각으로 그림책에 대한 의미를 더 깊이 이해할 수 있으며 언어 표현 능력의 향상에 도움을 줄 수 있다.

다섯째, 그림책을 읽을 때는 추론 및 상상을 통한 의미의 재구성이 이루어지도록 해야 한다. 이는 그림책의 표면적이고 사실적인 내용을 파악하는 수준을 넘어 해석하고 내면화하는 과정을 거치는 것을 말한다. 또한 추론하고 상상하여 그림책에서 기술해 놓지 않은 것의 의미를 확장한다. 이것은 텍스트의 행간까지 읽어야 가능한 일이다(Lewis, 2008; Nodelman, 2011). 이러한 과정을 통해 논리적 · 비판적 사고 및 반성적 사고를 경험할 수 있다(이차숙, 2012a; Sipe, 2011).

따라서 그림책을 읽을 때는 그림책의 내용을 있는 그대로 받아들이는 활동이 아니라 내담자의 주관적 해석이 들어갈 수 있도록 도와야 하며, 추론하고, 상상하는 과정이 들어가도록 심리상담사의 역할이 중요하다. 〈표 4-3〉은 심리치료 현장에서 그림책을 활용할 수 있는 계획안의 예시이다.

6. 그림책을 활용한 비언어적 의사소통 기술의 실제

1) 나의 첫 그림책 찾기[5)]

첫째, 그림책을 떠올린다. 첫 그림책은 강렬한 몸의 감각과 느낌을 동반하며 정서적 무게감이 느껴지는 그림책이어야 한다. 이전에 봤던 그림책이 생각나거나 많은 그림책이 떠오른다면 그중 가장 강력한 느낌이 드는 책으로 선택해야 한다. 만약 생각이 나지 않는다면 도서관에 가서 찾아볼 수 있다.

5) 신혜은(2012). 그림책 치료의 새로운 접근: 그림책 몸으로 읽기와 첫그림책 찾기. **문화예술교육연구**, 7(1), 115-137.

둘째, 자신과의 연결 다리를 놓는다. 첫 그림책이 표면적으로는 자신의 경험과 유사한 경우도 있고, 아닌 경우도 있다. 하지만 내가 이 책을 선택하게 된 이유를 생각해 보며 자신과의 연결 다리를 놓아야 한다.

셋째, 내면과 직면한다. 첫 그림책에서 가장 중요한 것은 첫 그림책 경험을 통해 나 자신의 고유한 내러티브를 만들어 낸다는 것이다. 역동적으로 구성된 자신의 이야기에 직면하며 내면의 소중한 보물을 발견할 수 있다. 첫 그림책은 자신만의 점화효과 기제로 작동하게 된다.

넷째, 새롭게 창조한다. 그림책은 시간과 공간 사이에서 존재하는데, 이는 그림책이 개별 장면이 아닌 장면과 장면 사이에서 완성되기 때문이다. 그림책만의 고유한 특성인 페이지 넘김 효과는 시간과 공간을 만들어 내며 제3의 새로운 의미를 창출해 낸다(신혜은, 2011). 스스로 만들어진 새로운 장면은 마음의 변화에서 중요한 치유 지점이다.

다섯째, 새로운 정서를 느낀다. 첫 그림책의 반복된 경험은 선택하던 순간에 느꼈던 강렬한 정서와는 다르게 다가온다. 충격적 기억에서 벗어나려면 그 충격적 기억을 재현하고 반복해야 벗어날 수 있다(이창재, 2010). 반복해야 성장한다는 관점에서 보자면 그림책의 반복된 경험은 일종의 의식이며, 안전한 심리적 맥락을 제공한다.

첫 그림책을 통한 이러한 과정은 각자의 상황에 따라 다를 수 있다. 하지만 자신 안의 비언어적인 변화에 관심을 갖고 음미하며, 몸의 감각과 변화를 알아차리려는 노력이 필요하다.

2) 그림책 만들기[6)]

(1) 동그라미 그림책

• 목표: 복잡한 지시 없이 시작할 수 있어 치료적 저항이 높은 내담자도 안정감

속에서 활동에 참여할 수 있다.

- 대상: 저항감이 있는 내담자, 자존감이 낮아 위축되어 있는 내담자
- 준비물: 종이, 펜, 색연필, 풀
- 만드는 방법

① 종이를 반으로 접은 후 가운데 동그라미를 그린다.

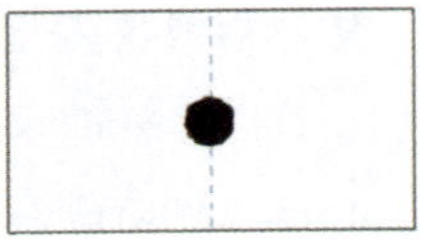

② 종이를 모두 반으로 접은 후 등을 맞대어 붙인다.

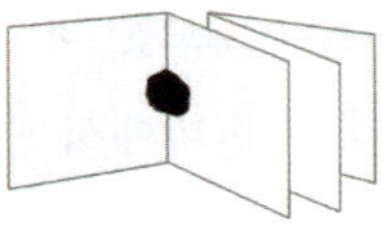

③ 다음 페이지를 넘길 때 동그라미에 어떤 변화를 줄 것인가를 생각하면서 그린다. 자신이 가장 이끌리는 그림으로 그린다.

④ 다 그려진 그림을 훑어보며 이야기를 만든다.

⑤ 표지에 제목을 쓴 후 원하는 대로 꾸민다.

TIP

- 동그라미의 크기는 크거나 작아도 상관없으며 삐져나가거나 많아져도 상관없다.
- 동그라미를 어떤 대상이나 실체라고 생각하면서 이야기를 만들면 좋다.
- 색이나 모양의 변화를 주며 시리즈 형태의 그림책을 만들 수 있다.

6) Hasegawa, S. (2023). 그림책 만들기 트레이닝. (유문조 역). 문학과지성사. (원전은 1988년에 출간).

- 그림을 먼저 그린 후 무작위로 붙이면 다음 장면의 그림을 예측할 수 없기 때문에 재미있으며 몰입감을 줄 수 있다.
- 그룹 활동 시 활용하기에 좋다. 완성한 후 서로 이야기를 나눌 수 있고, 각자가 그린 그림을 합쳐 하나의 그림책을 완성할 수도 있다.
- 종이를 모래 상자로 보았을 때 모래놀이 치료에서 사용하는 분석기법을 활용해도 좋다.

(2) 감정 그림책

- 목표: 편안한 환경에서 감각 자극을 활용해 이완을 유도하고, 감정을 탐색하며, 표현할 수 있다.
- 대상: 감정에 관련된 어려움이 있는 내담자
- 준비물: 조명, 음악, 종이, 모루, 풀, 펜
- 만드는 방법

  ① 적절한 조명과 음악을 준비하여 환경을 조성한다.
  ② 내담자에게 준비된 감정 단어 목록을 주며 천천히 생각하게 한다.
  ③ 최근 가장 많이 느꼈던 감정을 선택한다.
  ④ 부드러운 질감의 모루를 만지며 이완한다.
  ⑤ 준비된 모든 종이에 동그라미를 그린다. 이때 한 장에 그리는 동그라미 개수는 상관없다.
  ⑥ 선택한 감정 단어에 적합한 표정을 동그라미 안에 그린다.
  ⑦ 무작위로 섞은 후 반을 접어 면과 면을 풀로 붙인다.
  ⑧ 그림책을 넘겨 보며 이야기를 만든다.
  ⑨ 가장 마음에 드는 표정을 선택한 후 모루를 이용하여 특별한 표정을 만든다.
  ⑩ 제목과 이름을 쓴다.

TIP

- 그림 그리는 것에 부담이 없는 내담자라면, 그림의 형태를 좀 더 표현해 봐도 좋다.
- 모루가 아닌 다양한 도구를 사용할 수 있다.
- 부록에 첨부한 감정 목록을 참고할 수 있다.

(3) 선 그림책

- 목표: 선을 매개로 자기와 타인의 경계를 인식하고, 이를 시각적으로 표현하며 경계 설정의 필요성과 방식을 탐색할 수 있다.
- 대상: 경계 설정에 어려움을 겪는 내담자
- 준비물: 종이, 펜, 풀
- 만드는 방법

① 종이의 좌우 또는 위아래에 점을 하나씩 찍는다.

② 직선, 곡선 등 자유롭게 선을 표현하여 끝과 끝의 점을 연결한다.

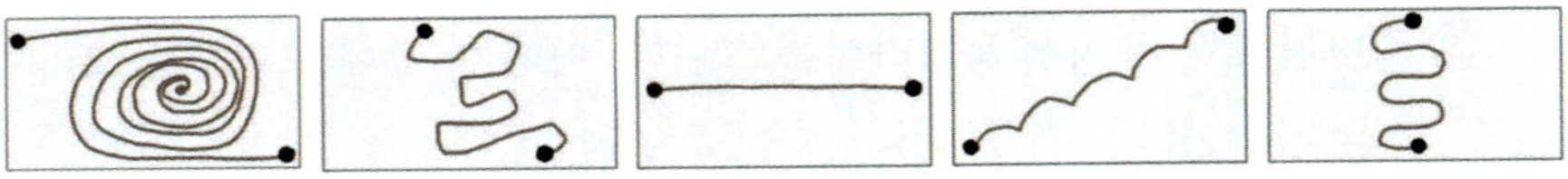

③ 순서를 생각한 후 반을 접어 면과 면에 풀을 붙인다.

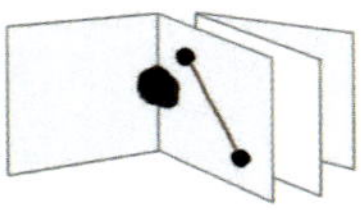

④ 이야기를 만들고 제목과 이름을 쓴다.

정리 해 봅시다

- 이 장에서는 비언어적 의사소통으로서의 그림책에 대해 알아보았다. 무엇보다 그림책은 글과 그림이 조화롭게 결합된 예술 작품으로, 비언어적 의사소통의 도구로서 높은 가치를 지닌다. 특히 글을 읽고 그림을 보는 것에 그치지 않고, 독자가 이야기를 통해 감정을 이해하고 내면적으로 체득할 수 있다는 점에서 그 의미가 크다.
- 그림책의 비언어적 요소는 독자를 이야기 속 인물에게 자연스럽게 감정 이입하게 하며, 억눌린 감정을 표출하고 스스로 깨달음을 얻는 경험을 제공한다. 이러한 과정은 치유와 성장을 자연스럽게 촉진한다는 점에서 주목할 만하다.
- 그림책은 시각적 · 청각적 신경 자극을 통해 뇌의 복잡한 연결망을 활성화하며, 뇌 발달에도 긍정적인 영향을 미친다. 따라서 그림책은 이야기 전달 매체 이상의 역할을 하며 치유적인 힘을 지닌 도구로서 삶 속에서 자신을 이해하고 감정을 탐구하는 중요한 기회를 제공하며, 정서적 안정과 내적 성장을 도모하는 데 기여한다.

활동 해 봅시다

- 나의 첫 그림책은 무엇인가요? 첫 그림책 활동을 해 보며 다음 내용을 작성해 봅시다.

첫 그림책 찾기

첫 번째, 그림책 떠올리기	**두 번째,** 연결 다리 놓기	**세 번째,** 직면하기	**네 번째,** 창조하기	**다섯 번째,** 새로운 정서 느끼기

- 동료 심리상담사들과 함께 그림책을 직접 만들고, 치유적 관점에서의 경험을 나눠 봅시다.

그림책에서 나를 만나다

- 그림책을 만들면서 가장 중요하게 생각한 메시지나 주제는 무엇이었나요?
- 그림책 속 이야기를 구성할 때 어떤 감정이나 경험을 담고자 했나요?
- 그림책을 만드는 과정에서 자신의 내면을 새롭게 발견하거나 표현만 부분이 있었나요?
- 그림책을 창작하는 과정이 본인에게 어떤 치유적 경험을 제공했나요?
- 그림책 속에 담긴 이야기가 내담자에게 어떤 치유적 효과를 줄 수 있을 것 같나요?
- 그림책 제작 과정에서 떠올랐던 자신의 감정이나 과거 경험은 무엇이었나요?

- 그림책을 읽으며 떠오른 감정과 생각을 정리해 보고, 다음 질문에 답하며 나 자신을 더 깊이 이해하는 시간을 가져 봅시다.

그림책에서 나를 만나다

1. 그림책을 읽기 전(예측 및 배경지식 활성화)
   - 표지를 보고 어떤 이야기가 펼쳐질 것 같나요?
   - 제목을 보면 어떤 내용일 것 같은가요?
   - 이 책의 등장인물(또는 동물, 사물)이 어떤 역할을 할 것 같나요?
   - 그림을 보고 이야기의 분위기를 어떻게 예상할 수 있을까요?
   - 책을 읽기 전에 이 주제와 관련된 경험이 있나요?
   - 책 속의 장소(배경)를 본 적이 있나요?
   - 이 책의 주제가 무엇일지 추측해 볼까요?

2. 그림책을 읽는 중(이해 및 감정 탐색)
   - 지금까지 읽은 내용을 정리해 볼까요?
   - 주인공은 어떤 기분일까요? 왜 그렇게 느낄까요?
   - 등장인물 중 가장 마음에 드는 캐릭터는 누구인가요? 그 이유는?
   - 만약 내가 주인공이라면 같은 선택을 했을까요, 다르게 행동했을까요?

- 이야기 속에서 예상하지 못했던 장면이 있었나요?
- 이 장면이 다음에 어떻게 이어질지 예상해 볼까요?
- 등장인물들이 서로 어떻게 관계를 맺고 있나요?
- 이야기 속에서 내가 경험해 본 상황과 비슷한 장면이 있나요?
- 이야기가 앞으로 어떻게 전개될 것 같나요?

3. 그림책을 다 읽은 후(성찰 및 확장 사고)

- 이 책에서 가장 인상 깊었던 장면은 무엇인가요?
- 책을 읽고 난 후, 기분이 어떻게 변했나요?
- 이 이야기에서 배울 수 있는 교훈이나 메시지는 무엇일까요?
- 책 속 등장인물에게 편지를 써 본다면 어떤 내용을 적고 싶나요?
- 책 속 등장인물 중 한 명이 되어 이야기 속 세계를 설명해 볼까요?
- 주인공의 행동을 바꿔 본다면, 어떤 선택을 하면 좋았을까요?
- 이 책이 나에게 어떤 의미가 있을까요?
- 이야기의 결말이 마음에 드나요? 다르게 끝을 맺는다면 어떻게 바꿀 수 있을까요?
- 이 책과 비슷한 경험을 한 적이 있나요?

4. 창의적 확장 활동(상상 및 표현력 키우기)

- 이 이야기를 바탕으로 새로운 이야기를 만들어 볼까요?
- 주인공을 다른 시대나 장소로 옮긴다면 어떤 이야기가 될까요?
- 등장인물에게 새로운 친구를 만들어 준다면, 어떤 캐릭터일까요?
- 책 속 장면을 그림으로 다시 표현해 볼까요?
- 내가 직접 이 이야기의 주인공이 된다면, 어떤 모험을 하고 싶나요?
- 이야기 속 문제를 해결할 다른 방법을 찾아볼까요?
- 이 책을 연극이나 인형극으로 표현해 볼까요?
- 이야기 속에서 마음에 드는 문장을 골라 글씨나 그림으로 표현해 볼까요?

부록

1. 감정 목록

긍정 느낌 말
• 감동받은: 크게 느끼어 마음이 움직이다. • 뭉클한: 슬픔이나 노여움 등의 감정이 북받치어 가슴이 갑자기 꽉 차는 듯하다. • 감격스런: 마음에 깊이 느끼어 크게 감동하다. 고마움을 깊이 느끼다. • 벅찬: 감당하기가 어렵다. 감격, 기쁨, 희망 등이 넘칠 듯이 가득하다. • 환희에 찬: 매우 기뻐하다. 또는 큰 기쁨이 있다. • 황홀한: 눈이 부시어 어릿어릿할 정도로 찬란하거나 화려하다. • 충만한: 한껏 차서 가득하다. • 고마운: 남이 베풀어 준 호의나 도움에 대하여 마음이 흐뭇하고 즐겁다. • 감사한: 고마운 마음이 있다. • 즐거운: 마음에 거슬림이 없이 흐뭇하고 기쁘다. • 유쾌한: 즐겁고 상쾌하다. • 통쾌한: 아주 즐겁고 시원하여 유쾌하다. • 흔쾌한: 기쁘고 유쾌하다. • 경이로운: 놀랍고 신기한 데가 있다. • 기쁜: 욕구가 충족되어 마음이 흐뭇하고 흡족하다. • 반가운: 그리워하던 사람을 만나거나 원하는 일이 이루어져서 마음이 즐겁고 기쁘다. • 행복한: 생활에서 충분한 만족과 기쁨을 느끼어 흐뭇하다. • 따뜻한: 감정, 태도, 분위기가 정답고 포근하다. • 감미로운: 정서적으로 아름답고 달콤한 느낌이 있다. • 포근한: 감정이나 분위기가 보드랍고 따뜻하여 편안한 느낌이 있다. • 푸근한: 감정이나 분위기가 부드럽고 따뜻하여 편안한 느낌이 있다. • 사랑하는: 어떤 사람이나 존재를 몹시 아끼고 귀중히 여기다. • 훈훈한: 마음을 부드럽게 녹여 주는 따스함이 있다. • 정겨운: 정이 넘칠 정도로 매우 다정하다. • 친근한: 사귀어 지내는 사이가 아주 가깝다.

- 뿌듯한: 기쁨이나 감격이 마음에 가득 차서 벅차다.
- 산뜻한: 기분이나 느낌이 깨끗하고 시원하다.
- 만족스런: 모자람이 없이 충분하고 넉넉하다.
- 상쾌한: 느낌이 시원하고 산뜻하다.
- 흡족한: 조금도 모자람이 없을 정도로 넉넉하여 만족하다.
- 개운한: 기분이나 몸이 상쾌하고 가뜬하다.
- 후련한: 답답하거나 갑갑하여 언짢던 것이 풀려 마음이 시원하다.
- 든든한: 어떤 것에 대한 믿음으로 마음이 허전하거나 두렵지 않고 굳세다.
- 흐뭇한: 마음에 흡족하여 매우 만족스럽다.
- 홀가분한: 거추장스럽지 아니하고 가볍고 편안하다.
- 편안한: 편하고 걱정 없이 좋다.
- 느긋한: 마음에 흡족하여 여유가 있고 넉넉하다.
- 담담한: 차분하고 평온하다.
- 친밀한: 지내는 사이가 매우 친하고 가깝다.
- 친근한: 사귀어 지내는 사이가 아주 가깝다.
- 긴장이 풀리는: 조이던 마음이 풀리다.
- 차분한: 마음이 가라앉아 조용하다.
- 안심이 되는: 모든 걱정을 떨쳐 버리고 마음을 편히 가지다.
- 가벼운: 비중이나 가치, 책임 등이 낮거나 적다.
- 평화로운: 평온하고 화목한 듯하다.
- 누그러지는: 마음이 부드러워지거나 약하여지다.
- 고요한: 조용하고 잠잠하다.
- 여유로운: 느긋하고 차분하게 생각하거나 행동하는 마음의 상태이다.
- 진정되는: 몹시 소란스럽고 어지러운 일이 가라앉다.
- 잠잠해진: 흥분이나 아픔, 괴로움 등이 수그러들거나 사라지다.
- 평온한: 조용하고 평안하다.
- 흥미로운: 흥을 느끼는 재미가 있다.
- 재미있는: 아기자기하게 즐겁고 유쾌한 기분이나 느낌이 있다.
- 끌리는: 남의 관심을 쏠리게 하다.
- 활기찬: 힘이 넘치고 생기가 가득하다.
- 짜릿한: 심리적 자극을 받아 마음이 순간적으로 조금 흥분되고 떨리는 듯하다.
- 신나는: 어떤 일에 흥미나 열성이 생겨 기분이 매우 좋아지다.

- 용기 나는: 씩씩하고 굳센 기운이 일어나다.
- 기력이 넘치는: 사람의 몸으로 활동할 수 있는 정신과 육체의 힘이 넘치다.
- 기운이 나는: 살아 움직이는 힘이 나다.
- 당당한: 남 앞에 내세울 만큼 모습이나 태도가 떳떳하다.
- 생기가 도는: 싱싱하고 힘찬 기운이 일어나다.
- 원기가 왕성한: 마음과 몸의 활동력이 왕성하다.
- 자신감 있는: 자신이 있다는 느낌이 있다.
- 힘이 솟는: 힘이 생기다.
- 흥분된: 어떤 자극을 받아 감정이 북받쳐 일어나게 되다.
- 두근거리는: 몹시 놀라거나 불안하여 가슴이 자꾸 뛰다.
- 기대에 부푼: 어떤 일이 이루어지기를 바라는 마음이 커지다.
- 들뜬: 마음이나 분위기가 가라앉지 아니하고 조금 흥분되다.
- 희망에 찬: 앞일에 대한 기대가 가득하다.

부정 느낌 말

- 걱정되는: 안심이 되지 않아 속이 타다.
- 까마득한: 거리가 매우 멀어 보이는 것이나 들리는 것이 희미하다.
- 암담한: 희망이 없고 절망적이다.
- 염려되는: 앞일에 대하여 여러 가지로 마음이 쓰여 걱정되다.
- 근심하는: 해결되지 않은 일 때문에 속을 태우거나 우울해하다.
- 신경 쓰이는: 사소한 일에까지 세심하게 주의를 기울이다.
- 뒤숭숭한: 느낌이나 마음이 어수선하고 불안하다.
- 무서운: 두려움이나 놀라움을 느낄 만큼 성질이나 기세 등이 몹시 사납다.
- 섬뜩한: 갑자기 소름이 끼치도록 무섭고 끔찍하다.
- 오싹한: 몹시 무섭거나 추워서 갑자기 몸이 움츠러들거나 소름이 끼치다.
- 겁나는: 무섭거나 두려운 마음이 생기다.
- 두려운: 마음에 꺼리거나 염려스럽다.
- 진땀이 나는: 몹시 애쓰거나 힘들다.
- 막막한: 아득하고 막연하다.
- 주눅 든: 기운을 제대로 펴지 못하고 움츠러들다.
- 불안한: 마음이 편하지 아니하고 조마조마하다.
- 조바심 나는: 조마조마하여 마음을 졸이다.

- 긴장한: 마음을 조이고 정신을 바짝 차리다.
- 떨리는: 마음속으로 몹시 겁이 나다.
- 조마조마한: 닥쳐올 일에 대하여 염려가 되어 마음이 초조하고 불안하다.
- 초조한: 애가 타서 마음이 조마조마하다.
- 불편한: 몸이나 마음이 편하지 아니하고 괴롭다.
- 거북한: 마음이 어색하고 겸연쩍어 편하지 않다.
- 곤혹스러운: 곤란한 일을 당하여 어찌할 바를 모르다.
- 멋쩍은: 어색하고 쑥스럽다.
- 쑥스러운: 하는 짓이나 모양이 자연스럽지 못하여 우습고 싱거운 데가 있다.
- 괴로운: 몸이나 마음이 편하지 않고 고통스럽다.
- 난처한: 이럴 수도 없고 저럴 수도 없어 처신하기 곤란하다.
- 답답한: 숨이 막힐 듯이 갑갑하다.
- 서먹한: 낯이 설거나 친하지 아니하여 어색하다.
- 어색한: 자연스럽지 못하다.
- 찜찜한: 마음에 꺼림칙한 느낌이 있다.
- 슬픈: 원통한 일을 겪거나 불쌍한 일을 보고 마음이 아프고 괴롭다.
- 그리운: 보고 싶거나 만나고 싶은 마음이 간절하다.
- 먹먹한: 체한 것같이 가슴이 답답하다.
- 서글픈: 쓸쓸하고 외로워 슬프다.
- 서러운: 원통하고 슬프다.
- 쓰라린: 마음이 몹시 괴롭다.
- 울적한: 마음이 답답하고 쓸쓸하다.
- 참담한: 몹시 슬프고 괴롭다.
- 비참한: 더할 수 없이 슬프고 끔찍하다.
- 속상한: 화가 나거나 걱정으로 인하여 마음이 불편하고 우울하다.
- 안타까운: 뜻대로 되지 아니하거나 보기에 딱하여 가슴 아프고 답답하다.
- 서운한: 마음에 모자라 아쉽거나 섭섭한 느낌이 있다.
- 섭섭한: 서운하고 아쉽다.
- 외로운: 홀로 되거나 의지할 곳이 없어 쓸쓸하다.
- 고독한: 세상에 홀로 떨어져 있는 듯이 매우 외롭고 쓸쓸하다.
- 공허한: 아무것도 없이 텅 비다.
- 허전한: 무엇을 잃거나 의지할 곳이 없어진 것같이 서운한 느낌이 있다.

- 허탈한: 몸에 기운이 빠지고 정신이 멍하다.
- 막막한: 아득하고 막연하다.
- 쓸쓸한: 외롭고 적적하다.
- 허한: 옹골차지 못하고 약하다.
- 피곤한: 몸이나 마음이 지치어 고달프다.
- 노곤한: 나른하고 피로하다.
- 따분한: 재미가 없어 지루하고 답답하다.
- 맥 빠진: 허탈하다.
- 귀찮은: 마음에 들지 아니하고 괴롭거나 성가시다.
- 지겨운: 넌더리가 날 정도로 지루하고 싫다.
- 절망스러운: 바라볼 것이 없게 되어 모든 희망을 끊어 버리다.
- 실망스러운: 마음이 몹시 상하다.
- 좌절한: 마음이나 기운이 꺾이다.
- 힘든: 마음이 쓰이거나 수고가 되는 면이 있다.
- 무료한: 흥미 있는 일이 없어 심심하고 지루하다.
- 지친: 힘든 일을 하거나 어떤 일에 시달려서 기운이 빠지다.
- 심심한: 하는 일이 없어 지루하고 재미가 없다.
- 질린: 놀라거나 두려워서 기가 막히거나 풀이 꺾이거나 하다.
- 지루한: 시간이 오래 걸리거나 같은 상태가 오래 계속되어 따분하고 싫증이 나다.
- 멍한: 몹시 놀라거나 갑작스러운 일을 당하여 정신을 차리지 못하게 얼떨떨하다.
- 혼란스러운: 보기에 뒤죽박죽이 되어 어지럽고 질서가 없는 데가 있다.
- 놀란: 어처구니가 없거나 기가 막히다.
- 민망한: 낯을 들고 대하기가 부끄럽다.
- 당혹스런: 정신이 헷갈리거나 생각이 막혀 어찌할 바를 모르다.
- 부끄러운: 스스러움을 느끼어 매우 수줍다.
- 화나는: 성이 나서 화기(火氣)가 생기다.
- 약이 오르는: 비위가 상하여 언짢거나 은근히 화가 나다.
- 분한: 분하고 한스럽다.
- 울화가 치미는: 마음속이 답답하여 일어나는 화가 솟아오르다.
- 억울한: 아무 잘못 없이 꾸중을 듣거나 벌을 받거나 하여 분하고 답답하다.
- 열 받는: 몹시 화가 나다.
- 짜증 나는: 마음에 꼭 맞지 아니하여 발칵 역정을 내다.

2. 그림책 정보 가이드

- 그림책 박물관
  https://picturebook-museum.com/main
- 국가도서관통계시스템
  https://www.libsta.go.kr/
- 국립어린이청소년도서관
  https://www.nlcy.go.kr/NLCY/main/index.do
- 그림책 협회
  http://picturebook.or.kr/
- 그림책 BASIC
  https://www.picturebook-basic.com/
- 국제아동청소년도서협의회
  https://kbby.org/
- 가온빛
  http://gaonbit.kr/
- 책씨앗
  https://www.bookseed.kr/
- 행복한 아침독서
  http://www.morningreading.org/

참고문헌

강봉균, 강웅구, 권준수, 김경진, 김은준(2016). 뇌. 휴머니스트.

고영경(2022). 그림책의 의미 구성 요소를 바탕으로 한 단계별 그림책 읽기 방법. 동아대학교 교육대학원 국내석사학위논문.

고영성, 김선(2017). **우리아이 낭독혁명.** 스마트북스.

구지연(2004). 스토리텔링 영어 교수법에 대한 뇌과학적 이해. 서울교육대학교 대학원 석사학위논문.

권경선(2021). 유아의 그림책 읽기에 대한 의미이해: 해석학적 순환과정을 중심으로. 가천대학교 대학원 박사학위논문.

권윤지, 이조은, 이연선(2016). 그림책 『파도야 놀자』의 파라텍스트 의미 연구. **어린이문학교육연구,** 17(4), 1-28.

김경용(1994). **기호학이란 무엇인가.** 민음사.

김광해(2019). VTS(Visual Thinking Strategies)를 활용한 감정치유를 위한 그림책 읽기 방법연구. 광주교육대학교 대학원 석사학위논문.

김도남(2002). 상호텍스트성을 바탕으로 한 읽기 지도 방법 연구. 한국교원대학교 교육대학원 박사학위 청구논문.

김윤배, 최길열(2005). **이미지 읽고 쓰기.** 미담북스.

김종성(2022). 그림책 관련 연구의 동향 분석: 국내 학술지 논문을 중심으로. **한국도서관정보학회지,** 53(2), 189-214.

김중섭(2002). 한국어 학습자의 연결 어미 오류 양상에 관한 연구: 언어권별 오류 양상을 중심으로. **한국어 교육,** 13(2), 87-109.

김지현, 강아영(2007). 유아 그림책에 나타난 표지디자인의 타이포그래피와 색채에 관한 연구. **한국색채디자인학연구,** 3(1), 74-83.

김현희, 서정숙, 강은주(2004). **독서치료.** 학지사.

김호진(2020). **똑똑해지는 뇌 과학 독서법.** 리텍콘텐츠.

나선희(2010). 그림책 면지와 서사의 관계-한국 그림책을 중심으로. **동화와 번역,** 19, 93-118.

나선희, 현은자(2010). 유아의 그림책에 대한 의미구성 과정: 자서전적 상호텍스트를 중심으로. **어린이문학교육연구,** 11(1), 131-158.

남아름, 김상림(2020). 그림책 파라텍스트 관련 연구동향 분석: 국내 학술지를 중심으로. **한국생활과학회지,** 29(1), 17-30.

노명완(2001). 중등교육과 교사의 수업 전문성-읽기 전략 활용 수업을 지향하며. **한국교원교육연구,** 18(1), 48-68.

마승혜(2024). 언어의 몸짓 살펴보기: 한요셉의 소설 『핵가족』 타이포그래피 분석을 중심으로. **한국콘텐츠학회논문지,** 24(6), 451-460.

문혜영(2021). 프랑스의 독서치료 방법 연구. 프랑스학연구, 96, 99-116.

박문호(2013). 그림으로 읽는 뇌 과학의 모든 것. 휴머니스트.

박유정(2020). 파라텍스트 탐색 중심의 그림책 읽기 실행연구. 중앙대학교 대학원 석사학위논문.

서유헌(2010). 엄마표 뇌 교육. 아이트리.

서정숙, 김정원, 김유정(2009). 그림책 중심 문학교육의 실시 과정에서 나타난 유아교사의 문학교육에 대한 인식의 변화. 어린이문학교육연구, 10(1), 1-22.

손영은(2014). 독서경험 확장을 위한 북 콘텐츠 시각화 방안에 대한 연구. 서울대학교 대학원 석사학위논문.

신명호(2009). 그림책의 세계. 김영사.

신세니(2011). 포스트모던 그림책 파라텍스트의 특성 및 기능 연구: 유아의 그림책 읽기 과정을 중심으로. 부산대학교 대학원 박사학위논문.

신세니, 조희숙(2011). 유아의 의미구성 과정으로 본 포스트모던 그림책 파라텍스트의 기능 연구. 인문학논총, 30, 379-413.

신혜은(2011). 그림책의 치료적 활용, 그림책 다시 읽기. 한국독서치료학회 학술대회지, 9, 9-25.

신혜은(2012). 그림책 치료의 새로운 접근: 그림책 몸으로 읽기와 첫그림책 찾기. 문화예술교육연구, 7(1), 115-137.

아라이 료지(2007). きょうは そらに まるい つき. 福音館書店.

아라이 료지(2011). あさになったのでまどをあけますよ. 福音館書店.

안영길(2017). 이해 전략을 활용한 유아 그림책 읽기 교수 모형 개발 연구. 가천대학교 대학원 박사학위논문.

이삼형(1998). 언어 사용 교육과 사고력-텍스트의 이해를 중심으로. 국어교육연구, 5(1), 223-251.

이수지(2007). 검은새. 비룡소.

이수형, 현은자(2022). Astrid Lindgren Memorial Award 수상 그림책의 세계관 분석. 어린이문학교육연구, 23(2), 201-227.

이차숙(2012a). 유아를 위한 멀티리터러시 교육 내용과 방법 탐색. 한국영유아보육학, 71(0), 143-173.

이차숙(2012b). 그림책 읽기의 의미 구성적 과정에 대한 이해. 한국영유아보육학, 73(0),

55-80.

이차숙(2013). 그림책 코드변화에 따른 그림책 읽기 지도방법 탐색. **미래유아교육학회지, 20**, 73-94.

이창재(2010). 정신분석입문. **한국독서치료학회 독서치료전문가과정 자료집.**

이혜수(2010). 2000년대 베스트셀러 표지디자인의 시각적 구성요소에 관한 연구. 중앙대학교 예술대학원 석사학위논문.

조정연(2008). 책 읽어주기의 뇌 과학적 이해와 교육적 시사점. 서울교육대학교 대학원 석사학위논문.

Arizpe, E., & Styles, M. (2003). *Children reading pictures: Interpreting visual texts.* Routledge Falmer.

Arizpe, E., & Styles, M. (2004). Picturebooks and metaliteracy: Children talking about how they read pictures. In *Children Reading Pictures* (pp. 204-216). Routledge.

Bang, M. (2012). **소피가 화나면, 정말 정말 화나면.** (박수현 역). 책 읽는 곰. (원전은 1999년에 출간).

Barthes, R. (1977). *Image, music, text.* (S. Health Trans.). Hill and Wang.

Blackmore, S. (2005). *A very short introduction.* Oxford University Press.

Browne, A. (1983). *Gorilla.* Doubleday.

Crowther, K. (2014). *Mère Méduse*. Éditions Thierry Magnier.

Daywalt, D. (2013). *The day the crayons quit*. Penguin.

Diesen, D. (2008). *The pout-pout fish.* Farrar, Straus and Giroux (BYR).

EBS 제작팀(2011). **학교란 무엇인가.** 중앙북스.

Eliot, L. (2004). **우리 아이 머리에선 무슨 일이 일어나고 있을까?** (안승철 역). 궁리. (원전은 1999년에 출간).

Evans, G. W., Lercher, P., Meis, M., Ising, H., & Kofler, W. W. (2001). Community noise exposure and stress in children. *The Journal of the Acoustical Society of America, 109*(3), 1023-1027.

Evans, J. (2009). *Talking beyond the page: Reading and responding to picturebooks.* Routledge.

Gadamer, H. G. (2012). **진리와 방법 2.** (임홍배 역). 문학동네. (원전은 1975년에 출간).

Genette, G. (1997). *Paratexts: Thresholds of interpretation* (J. E. Lewin, Trans.). Cambridge University Press. (Original work published 1987).

Guillet, L. (1946). *La Poético Thérapie*. Guérir par la poésie, Paris, Jouve et Cie.

Hasegawa, S. (2023). **그림책 만들기 트레이닝**. (유문조 역). 문학과지성사. (원전은 1988년에 출간).

Jean, G. (1999). *La lecture à haute voix*. L'Atelier.

Kandel, E. R. (2019). **어쩐지 미술에서 뇌과학이 보인다**. (이한음 역). 프시케의 숲. (원전은 2016년에 출간).

Kawashima, R. (2004). 大人から子どもまで毎日続ける「脳力」日記帳. 芦書房.

Keats, E. J. (1998). *Peter's chair*. Penguin.

Kloss, R. J. (1989). Fantasy and fear in the work of Maurice Sendak. *Psychoanalytic Review, 76*(4), 567-579.

Korte. (2012). **전두엽이 춤추면 성적이 오른다**. (유영미 역). RHK. (원전은 2011년에 출간).

Laborde, F. (1990). *Idées romaines sur l'écriture*. Presses Universitaires de Lille.

Lanes, S. (1980). *The art of Maurice Sendak*. New York: Abrams.

LeDoux, J. (1996). Emotional networks and motor control: A fearful view. *Progress in Brain Research, 107*, 437-446.

Lewis, D. (2008). **현대 그림책 읽기**. (이혜란 역). 작은씨앗. (원전은 2001년에 출간).

Lissitzkt-Kuppers, S. (1992). *El Lissitzky: Life, letters, texts*. Thames & Hudson.

Mills, D. L., & Neville, H. J. (1997). Electrophysiological studies of language and language impairment. In *Seminars in Pediatric Neurology* (Vol. 4, No. 2, pp. 125-134). WB Saunders.

Nikolajeva, M. (2005). *Aesthetic approaches to children's literature: An introduction*. Scarecrow Press.

Nikolajeva, M. (2013). Picturebooks and emotional literacy. *Reading Teacher, 67*(4).

Nikolajeva, M., & Scott, C. (2001). *How picturebooks work*. Garland Publishing.

Nodelman, P. (2011). **그림책론: 어린이 그림책의 서사방법**. (김상욱 역). 보림출판사. (원전은 1988년에 출간).

Nodelman, P., & Hunt, P. (1996). Illustration and picture books. *International Companion Encyclopedia of Children's Literature*, 116-118.

O'Shea, M. (2005). *The brain: A very short introduction* (Vol. 144). Oxford University Press.

Paivio, A., & Clark, J. M. (1991). Dual coding theory and education. *Educational Psychology Review, 3*(3), 149-170.

Perlmutter, D. (2010). 아이 뇌는 자란다: 머리 좋은 아이로 키우는 뇌과학 육아 코칭. (노혜숙 역). 프리미엄북스. (원전은 2006년에 출간).

Sagan, C. (2006). 에덴의 용. (임지원 역). 사이언스북스. (원전은 1979년에 출간).

Sendak, M. (1970). *In the night kitchen*. Random House.

Sendak, M. (1981). *Outside over there*. Harper & Row.

Sendak, M., & Schickele, P. (1963). *Where the wild things are*. Harper & Row.

Sipe, L. (2011). 유아교사의 그림책 읽어주기. (서정숙 역). 창지사. (원전은 2008년에 출간).

Sipe, L. R. (2008). *Storytime: Young children's literary understanding in the classroom*. Teachers College Press.

Sipe, L., & Pantaleo, S. (2008). *Postmodern picturebooks: Play, parody, and self-referentiality*. Routledge.

Smith, F. (1994). *Understanding reading: A psycholinguistic analysis of reading and learning to read*. Holt, Rinehartand Winston.

Stern, D. N., Bruschweiler-Stern, N., Harrison, A. M., Lyons-Ruth, K., Morgan, A. C., Nahum, J. P., …… & Tronick, E. Z. (1998). The process of therapeutic change involving implicit knowledge: Some implications of developmental observations for adult psychotherapy. *Infant Mental Health Journal: Official Publication of The World Association for Infant Mental Health, 19*(3), 300-308.

Tan, S. (2000). *The lost thing*. Lothian.

Torr, J. (2007). The pleasure of recognition: Intertextuality in the talk of preschoolers during shared reading with mothers and teachers. *Early Years, 27*(1), 7-91.

Weisleder, A., & Fernald, A. (2018). Reading aloud and child development: A cluster-randomized trial in Brazil. *Journal of Pediatrics, 202*, 120-127.

Wolf, M. (2009). 책 읽는 뇌. (이희수 역). 살림. (원전은 2007년에 출간).

제 5 장

인형 치료

박희연

현장에서 상담을 하다 보면 '상담사에게 무슨 말을 어떻게 전달해야 좋을까?'라며 고민하는 내담자들이 생각보다 많다는 것을 알 수 있다. 내담자들이 분명한 의사소통 방법인 언어를 통하여 상담사에게 전달하고 싶은 자신의 상황에 대해 정확한 정보를 제공하고 상담사를 이해시키는 과정은 매우 어려운 경험일지도 모른다. 이러한 문제를 해결하기 위해 다양한 매체를 활용하여 심리치료를 시도한 학자들이 있다.

미술치료 분야의 선구자인 Shaun McNiff(2014), 음악 치료의 원리와 실천에 대한 이해를 만들어 낸 Kenneth Bruscia(1999), 글쓰기를 활용한 Ellen Levine(2017), 모래놀이치료 활용에 대한 연구를 진행한 Dora Kalff(2012)까지 심리치료에서 창의적인 매체의 치료적 이점에 대해 상당히 많은 연구와 진전을 만들어 내었다.

이 장에서는 이러한 여러 연구 중에서도 특별히 인형이라는 매체를 활용하여 심리치료를 진행하는 인형 치료(figure therapy)에 대하여 소개하고자 한다. 인형 치료는 인형을 활용한 심리치료로서 다양한 인형들을 활용하여 은유적이면서도 창의적인 접근 방식을 적용하고 있다. 앞서 살펴본 미술, 음악, 글쓰기, 모래 등 다양한 매체를 활용한 심리치료와 마찬가지로, 인형 치료는 인형이라는 매체를 활용해 내담자에게 내담자의 사고, 감정, 갈등, 상처 등의 다양한 경험과 내면을 마주하고 극복해 나갈 수 있는 상징적 표현의 장을 제공한다.

인형 치료의 개념에 대한 소개를 시작으로 발달 과정과 인형 치료가 가진 치유 과정에서의 실제적인 적용 가능성에 관해 설명하고자 한다. 상담사가 적용하여 연습할 수 있도록 활용되고 있는 동물들의 상징에 대하여 참고할 수 있도록 쉽게 정리하였으며, 적용된 주요 이론에 관해서도 소개하였다. 이 책의 제목과 같이 비언어적 의사소통으로서 인형 치료의 동물 활용에 대해 중점적으로 고찰한 후, 다양한 평가 방식에 관해서도 소개하고자 한다. 또한 상담사가 현장에서 적용하기 이전에 직접 연습해 볼 수 있도록 워크시트를 제공하였다.

이 장으로 인형 치료가 다양한 분야의 임상 장면으로 확대되어 적용될 수 있는 계기가 되기를 바라며 이를 통하여 현장에서의 치료적 개입이 더욱 풍부하고 유익해질 수 있기를 바란다.

1. 인형 치료

1) 인형 치료란

인형이란 '사람이나 동물 모양으로 만든 장난감'(표준국어대사전)으로 우리가 친밀하게 접할 수 있는 놀잇감 중 하나이다. 사람에 따라 저마다 자라 온 환경은 다르지만, 어린 시절 자신의 놀잇감 중 하나로서 인형을 경험한 적이 있을 것이다. 생애 첫 인형을 접촉하게 된 순간을 명확하게 상기하기 어려울 수는 있겠으나 인형이 편안함을 준 놀이도구였다는 긍정적인 감각의 기억은 남아 있을 것이다.

이 장에서는 많은 사람에게 내적 친밀감을 형성하고 있는 인형을 활용하는 심리적 치료기법으로서의 인형 치료를 소개하고자 한다. 인형 치료는 치료 환경에서 나이를 불문하여 아동, 성인, 노인 등을 위한 표현과 의사소통의 매개체로서 인형을 활용하고 있다. 이를 활용하여 자유로운 공간에서 자신과 타인, 주변의 다양한 관계에 대하여 표현할 수 있게 된다. 또한 자유롭게 은유적인 표현의 장을 창조해 내기도 한다. 인형을 통하여 내담자의 무의식 연상을 불러일으킬 수 있도록 하며 이러한 무의식을 해석하는 과정을 통해 치료적 방향을 제시해 줄 수 있다.

인형 치료에서는 상담사와 내담자가 상호작용을 하는 매개체로서 인형을 활용한다. 인형은 상담을 원활하게 이끌기 위하여 언어적인 표현뿐만 아니라, 비언어적 표현을 활용하여 내담자를 이해하고 공감을 일으킬 수 있도록 돕는다. 언어적 표현에 어려움이 있는 내담자일 경우, 인형은 자기 생각이나 감정, 경험을 표현하는 과정에서 더 효과적인 소임을 수행한다. 이러한 방식은 내담자에게 상담 과정에서 오는 심리적 부담감으로 인한 위협감을 제거하고 더욱 편안한 방식으로 내담자 자신, 갈등, 관계 등을 표현할 수 있도록 하는 안전한 도구로써 활용 가능성이 크다.

인형 치료에서 다루는 주요 이론으로는 가족의 문제에 대하여 개인적 문제로 보기보다는 가족관계 내의 문제로 보고 있는 가족체계이론(김미라, 하영윤, 2020)과 가족을 치료 과정에서 고려해야 할 주요한 요소로 강조하는 트라우마 가족치료(최광현, 2011)가 있다. 또한 의식은 표피에 불과한 것으로 보고 인간 심혼의 세계를 움직이는 심층적인 심리적 구동 장치로서 본능이나 무의식을 강조한 심층심리학(김정현, 2013)과 일정한 삶의 모습을 가지는 인간의 실존을 인식하려 하는 현상학(Merleau-ponty, 2006) 이론 등이 있다.

인형 치료에서 인형은 시각적 이미지를 통해 표출되는 일정한 상징 체계로 간주한다. 내담자는 이러한 인형의 상징 체계를 통하여 수많은 감정, 욕구, 생각, 신념 등의 잠재적 무의식을 표현할 수 있으므로 인형을 통하여 다양한 치료적 은유를 발견해 낸다면 자연스럽게 치료적 해석으로 연결 지어 볼 수 있다. 이처럼 치료적 장면에서 상징 체계를 활용한다는 것은 놀라운 치료 효과를 만들어 낸다(최광현, 2013). 일정한 상징적 의미를 내포하고 있는 인형을 활용하는 인형 치료에서는 동물과 사람 인형을 치료적 장면에서 활용하고 상징 체계를 사용하여 해석 및 분석하고 있다.

2) 인형 치료의 발달

인형은 인간의 내면을 의식화하는 상징물로서 일정한 상징 체계가 존재한다. 심층심리학의 발전을 토대로 상징 체계의 이론을 인형에 적용하여 상징성에 대한 심리학적 요소를 부여하게 되었으며 이를 통하여 심리학적 모델로써 인형을 활용한 인형 치료가 만들어지게 되었다.

인간은 상징을 통하여 새로운 개념, 심리적인 요소, 사고 등의 다양한 의미를 부여할 수 있으며 문자 그대로의 해석을 넘어서 더 깊은 의미를 전달하고 그에 따른 연상들을 불러일으킬 수 있다. 상징을 통해서 표현하기 어려운 개인의 감정이나 생각을 우회적이고 추상적으로 표현할 수 있는데 이러한 상징은 문화에 따라, 각 개인의 경험과 생각에 따라 서로 다른 의미와 해석을 불러일으킬 수 있다. 일정한 상징에 따라 해석되기도 하며, 각 개인의 경험과 신념에 따라 특정한 맥락 안에서 표현되고 해석될 수 있다. 똑같은 인형을 선택하더라도 개인에 따라서 각자의 서로 다른 감각에 자극으로 다양한 감정적 반응을 불러일으킬 수도 있다. 인형 치료에서는 내담자로부터 감정적인 반응을 불러일으킬 수 있도록 하고 생동감 있는 다양한 경험과 장면을 연상해 낼 수 있도록 인형을 통하여 몰입감을 부여한다.

이러한 상징 체계를 적극적으로 활용한 심층심리학의 맥락에서는 무의식적 상징과 관련이 있다고 보고 무의식의 영역에 숨겨진 다양한 심리적 반응들에 상징적 요소가 포함되어 있다고 본다(최광현, 2016). 원형과 집단 무의식의 개념을 연구한 Carl Jung(1964)은 상징 체계의 주된 기능을 '보여 주는 것'이라고 주장하였다. Carl Jung(1964)에 따르면 인간의 정신과 무의식의 깊이를 이해하기 위해서는 상징의 역할이 매우 중요하며 상징은 의식의 영역과 무의식의 영역을 연결하는 중요한 다리 역할을 하여 심층적으로 접근하도록 돕는다고 하였다.

인형 치료에서 활용되는 동물 인형은 상담 현장에서 무의식의 심리적 반응들과 다양한 내용을 분석하고 해석할 수 있게 돕는 도구로써 활용될 수 있다(최광현, 2016). 동물의 상징을 연구한 다양한 학자 가운데 Claude(1962)는 동물을 통하여 자연과 문화, 야생동물과 가축 동물, 포식자와 피식자, 삶과 죽음 등 우리의 문화 내에서 볼 수 있는 근본적인 대립을 나타내고 있다고 하였고 Campbell(1949)은 동물이 다양한 신화와 문화의 전반에 걸쳐서 깊고 다양한 상징적 의미를 지니고 있다고 하였다. 이처럼 우리는 동물 인형을 통하여 인간 무의식의 원시적인 본능을 안전하게 표현할 수 있도록 하였으며 심리적 변화를 통한 치유와 자아실현을 이루어 나갈 수 있도록 하였다.

인형 치료에서 동물 인형의 상징은 내담자가 자신의 무의식에 접근하여 의식적으로 드러낼 수 있도록 돕고, 동시에 개인적인 독특함을 포함한 상징 체계의 의미를 분석함(이영하, 최광현, 2016)으로써 내적 갈등과 삶의 불균형을 통합할 수 있도록 돕는다. 또한 문제의 실체를 인식하고 파악함으로써 개인에게 자신에 대한 인식 및 통찰과 다양한 심리적 변화를 향한 열쇠를 제공해 준다.

3) 인형 치료의 치료적 힘

인형이라는 매개체를 활용한 인형 치료는 다양한 치료 환경에서 활용되고 있다. 인형 치료를 연구한 다양한 학자로는 최광현, Lloyd, Mackenzie, Sell, James 등이 있으며 이들은 다양한 연구를 통하여 인형 치료가 내담자들에게 도움을 주는 효과적인 치료 방법이라는 사실을 보여 주고 있다(백지연, 2011).

다양한 연구 결과를 토대로 정리해 본 인형 치료의 이점에 대해 하나씩 나열해 보면 다음과 같다.

첫째, 인형 치료는 치료 환경에서 정서적 안정감을 제공한다. 상담 현장에서 내담자들은 인형을 배치하고 움직이는 등의 직접적인 작업을 통하여 자신의 다양한 부분을 투사시킬 수 있으며 인형이라는 친근한 매체를 활용함으로써 좀 더 편안하고 효과적으로 상담에 참여하고 몰입할 수 있도록 유도할 수 있다. 또한 위축되어 있고 매사에 수동적인 내담자에게는 인형 치료에서 활용하는 인형을 통하여 자연스럽게 내담자의 심리적 혼란을 다루어 주기도 한다. 이는 내담자에게 관점의 변화를 제공하고 치료 장면에서 스스로 심리의 변화를 경험하도록 하는 기회를 만들어 준다. 예시로, 우울감을 지닌 대학생을 대상으로 인형 치료를 적용한 결과, 인형을 활용하여 심리치료적 접근을 시도하였을 때 심리적 혼란과 불안에서 벗어나 정서 안정과 마음의 여유를 되찾고 성장한 면모를 보이는 변화를 도출해 낼 수 있었다(박미경, 2021).

둘째, 인형 치료는 치료 환경에서 자존감을 향상하게 한다. 인형 치료를 통해 내담자는 자기 자신을 인식하고 타인을 인식하며 집단 내에서의 자신의 모습도 인식할 수 있다. 이러한 과정을 통하여 내담자 자신을 인식하며 통찰함으로써 타인을 이해하는 수준을 높일 수 있다. 자신의 긍정적인 측면을 인식하고 재발견하는 여러 치료 과정을 통하여 내담자는 집단 내에서 타인을 볼 수 있는 눈을 기르게 되고 자신을 인식하며 더욱 높은 자존감으로 스스로 존재감을 드러낼 수 있다(김효진, 2020). 또한 소극적이고 낮은 자존감으로 인하여 소통의 어려움을 겪는 부적응 문제행동을 보이는 내담자는 인형 치료를 통하여 경험하게 된 심리적 안정감을 토대로 자존감을 향상하게 하는 것과 더불어 학교생활에서의 적응력 또한 향상하게 할 수 있다(박미경, 최광현, 2016).

셋째, 인형 치료는 치료 환경에서 카타르시스를 경험한다. 자기표현에 어려움을 겪는 내담자는 인형이라는 상징을 통하여 자신을 자유롭게 표현할 수 있게 되며 무의식 속에 억압되었던 자신의 정서를 자연스럽게 표출하고 이를 인식할 기회를 제공받는다(김효진, 2020). 이러한 과정은 내담자에게 카타르시스를 경험할 수 있게 한다.

넷째, 인형 치료는 치료 환경에서 과거를 자연스럽게 연상시킨다. 인형 치료에서 투사의 핵심은 무의식적인 것을 스스로 억압하거나 혹은 그대로 투사한다는 것이고 이러한 투사의 과정은 자연적으로 이루어진다. 내담자는 인형을 통해 무의식에 있던 자신의 과거를 인형에 투사하여 이를 객관적으로 표현하고 인식할 수 있게 된다(최광현, 2016). 부부관계를 연구한 최광현(2016)은 인형 치료를 통해 부부의 과거 어린 시절을 연상시킬 수 있게 되었고 이를 통해 관계적 어려움의 원인을 찾아냈다. 이처럼 내담자의 과거를 자연스럽게 연상시키는 인형 치료를 통하여 좀 더 근원적인 문제를 발견하고 관점의 변화를 제공할 수 있다.

다섯째, 인형 치료는 치료 환경에서 수용과 지지를 경험한다. 내담자의 심리적 치료를 위해서는 몸과 마음을 함께 다룰 수 있는 온정적인 치료 과정이 필요하다. 인형이라는 매개체를 통하여 인간의 몸을 대신하여 움직이고 배치함으로써 내담자는 투사할 기회를 제공받고 이러한 과정을 통해 상담사로부터 공감과 수용, 지지를 받으며 수용적 관계를 형성해 나갈 수 있다(최광현, 2016). 또한 내담자는 자기 자신을 인식하고 수용하는 계기를 제공받게 된다. 인형 치료의 다양한 치료 과정을 통하여 이전의 고정관념에서 벗어나, 자신을 향한 다양한 관점과 시각을 수용하게 되고 스스로 소중함을 깨닫고 지지하게 되는 경험을 할 수 있다(배우열, 선우현, 2020).

여섯째, 인형 치료는 치료 환경에서 인형이라는 매체를 은유적 도구로써 활용한다. 은유적 도구로서 인형은 언어와 이미지를 통해 상반되는 의미를 일정한 이미지로 그 의미를 표현할 수 있도록 한다. 이처럼 인형이라는 매개체는 은유를 창조해 낼 수 있는 장치로서 내담자의 문제를 가장 효과적으로 전달할 수 있게 돕는다. 또한 상담사가 내담자에게 효과적으로 해석을 전달할 수 있게 만든다(최광현, 2016). 인형을 은유적 도구로써 활용하여 내담자의 무의식을 은유적으로 표현할 수 있는 창조적 장을 제공할 수 있다.

일곱째, 인형 치료는 치료 환경에서 비언어적 의사소통을 가능하게 한다. 내담자들은 언어적 표현을 표출 방식의 하나로서 쉽게 선택할 수 있다. 그러나 현재 직면하고 있는 갈등 상황을 언어로 직접 표현하는 것의 어려움을 겪는 내담자들이 상당수이기 때문에 언어적 표현을 활용하는 심리치료에서는 내담자 표현의 한계를 경험하기도 한다. 인형 치료는 내담자에게 안전하고 편안한 치료적 장을 제공해 줌으로써 표현의 한계를 보완하는 데 도움을 줄 수 있다(최광현, 2016). 인형을 배치하고 이동시키는 등의 다양한 작업을 토대로 내담자가 시도하는 비언어적 의사소통을 포함한 인형 치료는 효과적이고 심층적인 치료 과정을 경험할 수 있도록 한다.

이상의 내용을 바탕으로 인형 치료가 가지는 치료적 방향에 관해 정리해 보고자 한다. 다음의 내용을 기반으로 내담자에게 인형 치료를 적용해 볼 수 있겠다.

첫째, 치료적 관계 형성하기
둘째, 자기표현의 기회 제공하기
셋째, 문제점을 인식하고 해결책을 탐색하기
넷째, 자기를 인식하며 더 나아가 타인을 인식하기
다섯째, 집단 내에서 자기 이해와 타인을 이해하기

4) 인형 치료에서 사용되는 인형

인형 치료에서 활용되고 있는 동물 인형은 내담자 자기 자신뿐만 아니라 그 주변의 관계 특성, 깊은 무의식, 정서적 표현 등의 다양한 상징적 의미를 지닌다. 이러한 동물 인형을 치료 장면에서 자연스럽게 표현할 수 있도록 돕는 매개체로써 활용할 수 있다.

먼저, 공격성을 기준으로 초식동물과 육식동물로 구분하여 가장 공격적인 존재로 사자, 호랑이, 공룡을 선택할 수 있다. 이와 더불어서 하이에나, 늑대, 치타, 뱀 등을 공격적이고 강한 힘을 지닌 존재로 표현할 수 있다. 원시적인 특징을 지닌 동물을 선택함으로써 깊은 무의식 내의 자기를 표현할 수 있는데 이러한 동물로는 뱀, 공룡, 맹수류 등을 선택할 수 있다.

이 외에도 다양한 동물이 지닌 다양한 상징성을 통하여 자연적인 성품과 특징 등의 여러 모습에 기반을 둘 수 있다. 공격적인 특징, 원시적인 특징 외에 강함, 약함, 독립, 의존, 방어/생존, 공격, 긍정적 소망, 부정적 소망의 동물 종류로 나누어 다양하게 의미를 탐색하고 해석해 나갈 수 있게 된다.

인형 치료에서 사용되는 동물은 총 51마리(강아지, 개구리, 거북이, 고릴라, 고래, 고양이, 고슴도치, 공룡, 기린, 나비, 낙타, 늑대, 다람쥐, 수탉, 독사, 독수리, 돌고래, 돼지, 말, 멧돼지, 물개, 미어캣, 버펄로, 부엉이, 북극곰, 불곰, 병아리, 백조, 뱀, 상어, 수사슴, 수사자, 양, 악어, 알에서 나오는 병아리, 암사자, 어린 양, 여우, 앵무새, 원숭이, 젖소, 조개, 코알라, 코뿔소, 코끼리, 캥거루, 토끼, 판다, 학, 호랑이, 흑표범)이며, 자연물 한 가지(나무)를 포함한다.

표 5-1 인형 치료에 사용되는 동물의 상징 의미(강함)

	동물	상징의 의미	
강함	코끼리	• 사회성 • 지혜 • 위협적인 인물	• 힘과 연대감 • 우둔함, 거대함
	불곰	• 싸움꾼 • 원시적 힘	• 거친 공격성 • 투쟁과 전쟁
	북극곰	• 강한 힘 • 생존력	• 뛰어난 인내
	흑표범	• 야생의 거친 힘 • 충동적	• 원시적 • 공격적
	수사자	• 우두머리 • 통제자	• 힘 • 두려운 존재

	호랑이	• 강력한 아니마 • 수동적 • 독립	• 여성적 • 생존력 • 사회성 부족
	돼지	• 지혜 • 통솔자 • 게으름	• 대장 • 통제자 • 지저분함
	멧돼지	• 거친 힘 • 공격적	• 두려운 존재
	상어	• 무자비함 • 절박한 상황의 자신	• 공포의 존재
	뱀	• 공포 • 지혜 • 생존의 위협을 느끼는 자신	• 신비로운 힘 • 생존력
	독사	• 인내심 • 공포	• 내재한 힘
	악어	• 공포 • 통제 불가의 존재	• 끈기
	독수리	• 영적인 힘 • 강함	• 군대의 상징물 • 초월적 위치
	공룡	• 최강자 • 관계 형성의 어려움	• 절망감을 주는 권력자
	버펄로	• 강한 힘 • 순응하지 않는 원시적 힘	• 생존력
	여우	• 생존력 • 순발력 • 믿을 수 없는 존재	• 적응력 • 이기심
	수탉	• 영역 • 경계	• 방어
	암사자	• 모계사회 • 연대감 • 집단 중시	• 충성심 • 책임감

	늑대	• 무리 생활 • 연대감 • 희생	• 충성심 • 책임감
	부엉이	• 관찰자 • 지혜로운 사람	• 통찰
	코뿔소	• 추진력 • 방어	• 강한 힘 • 뿔: 남근 상징, 리비도적 힘
	고릴라	• 강력한 아니무스적 동물 • 강한 힘	• 대장 • 가부장적 존재

출처: 최광현(2020), p. 35.

표 5-2 인형 치료에 사용되는 동물의 상징 의미(약함)

	동물	상징의 의미	
약함	병아리	• 보호 • 위험	• 약함 • 열등감
	조개	• 보호	• 여성의 성기
	개구리	• 약함 • 열등감 • 무기력	• 불안 • 두려움
	강아지	• 사랑스러움 • 애정 욕구	• 돌봄
	고슴도치	• 위축 • 수동적	• 비밀 • 폐쇄적
	양	• 온순함 • 수동적 • 무기력	• 착함 • 무능력
	토끼	• 약함 • 불안 • 성적 대상	• 낮은 자존감 • 두려움
	알에서 나오는 병아리	• 위험으로부터 노출	• 불안

	다람쥐	• 육식동물의 먹이 • 긴장감 • 경계심 • 연약한 존재	• 위협 • 낮은 자신감 • 탐욕
	미어캣	• 경계 • 강함	• 위축
	어린 양	• 무능력 • 수동적	• 무기력 • 약함

출처: 최광현(2020), p. 35.

표 5-3 인형 치료에 사용되는 동물의 상징 의미(독립)

	동물	상징의 의미	
독립	돌고래	• 자유 • 사랑스러움 • 벗어나고자 하는 욕구	• 힘 • 영리함
	거북이	• 건강 • 느리고 미련한 존재	• 방어 • 개별적 분리
	독수리	• 영적인 힘 • 강함	• 군대의 상징물 • 초월적 위치
	고양이	• 독립 • 선과 악 공존	• 자유 • 대립적 이미지
	말	• 온순함 • 자유 • 모성적 돌봄 • 이상적인 존재	• 힘 • 주도권 • 아름다움
	북극곰	• 강한 힘 • 생존력	• 뛰어난 인내
	수사슴	• 존엄성 • 신비로움	• 순결 • 독립

	물개	• 자유 • 친사회적 • 관계 중심적 • 중재자 • 희생양
	학	• 현실도피의 욕구 • 사라지길 원하는 부모
	나비	• 새로운 시작 • 재생 • 출발
	고래	• 고독 • 거리감 • 독립
	부엉이	• 관찰자 • 통찰 • 지혜로운 사람

출처: 최광현(2020), p. 35.

표 5-4 인형 치료에 사용되는 동물의 상징 의미(의존)

	동물	상징의 의미
의존	알에서 나오는 병아리	• 위험으로부터 노출 • 불안
	토끼	• 약함 • 낮은 자존감 • 불안 • 두려움 • 성적 대상
	병아리	• 보호 • 약함 • 위험 • 열등감
	어린 양	• 무능력 • 무기력 • 수동적 • 약함
	강아지	• 사랑스러움 • 돌봄 • 애정 욕구
	다람쥐	• 육식동물의 먹이 • 위협 • 긴장감 • 낮은 자신감 • 경계심 • 탐욕 • 연약한 존재
	개구리	• 약함 • 불안 • 열등감 • 두려움 • 무기력

	판다	• 사랑스러움 • 존중의 욕구	• 애정의 욕구 • 인정의 욕구
	코알라	• 모성적 본능 • 귀여운 존재	• 사랑스러움

출처: 최광현(2020), p. 35.

표 5-5 인형 치료에 사용되는 동물의 상징 의미(방어/생존)

	동물	상징의 의미	
방어/생존	고슴도치	• 위축 • 수동적	• 비밀 • 폐쇄적
	거북이	• 건강 • 느리고 미련한 존재	• 방어 • 개별적 분리
	기린	• 적응력 • 보호자	• 민첩함 • 융통성
	낙타	• 생존 기제 • 인내력	• 힘
	미어캣	• 경계 • 강함	• 위축
	북극곰	• 강한 힘 • 생존력	• 뛰어난 인내
	버펄로	• 강한 힘 • 순응하지 않는 원시적 힘	• 생존력
	여우	• 생존력 • 순발력 • 믿을 수 없는 존재	• 적응력 • 이기심
	코끼리	• 사회성 • 지혜 • 위협적인 인물	• 힘과 연대감 • 우둔함, 거대함
	뱀	• 공포 • 지혜 • 생존의 위협을 느끼는 자신	• 신비로운 힘 • 생존력

	나무	• 근본적 존재 • 남근의 상징	• 생명력 • 인내력
	조개	• 보호	• 여성의 성기
	암사자	• 모계사회 • 연대감 • 집단 중시	• 충성심 • 책임감
	수탉	• 영역 • 경계	• 방어
	코뿔소	• 추진력 • 방어	• 강한 힘 • 뿔: 남근 상징, 리비도적 힘
	늑대	• 무리 생활 • 연대감 • 희생	• 충성심 • 책임감
	부엉이	• 관찰자 • 지혜로운 사람	• 통찰

출처: 최광현(2020), p. 35.

표 5-6 인형 치료에 사용되는 동물의 상징 의미(공격)

	동물	상징의 의미	
공격	상어	• 무자비함 • 절박한 상황의 자신	• 공포의 존재
	독사	• 인내심 • 공포	• 내재한 힘
	독수리	• 영적인 힘 • 강함	• 군대의 상징물 • 초월적 위치
	멧돼지	• 거친 힘 • 공격적	• 두려운 존재
	뱀	• 공포 • 지혜 • 생존의 위협을 느끼는 자신	• 신비로운 힘 • 생존력

	불곰	• 싸움꾼 • 원시적 힘	• 거친 공격성 • 투쟁과 전쟁
	악어	• 공포 • 통제 불가의 존재	• 끈기
	공룡	• 최강자 • 관계 형성의 어려움	• 절망감을 주는 권력자
	수사자	• 우두머리 • 통제자	• 힘 • 두려운 존재
	흑표범	• 야생의 거친 힘 • 충동적	• 원시적 • 공격적
	코끼리	• 사회성 • 지혜 • 위협적인 인물	• 힘과 연대감 • 우둔함, 거대함
	호랑이	• 강력한 아니마 • 수동적 • 독립	• 여성적 • 생존력 • 사회성 부족
	늑대	• 무리 생활 • 연대감 • 희생	• 충성심 • 책임감
	코뿔소	• 추진력 • 방어	• 강한 힘 • 뿔: 남근 상징, 리비도적 힘
	암사자	• 모계사회 • 연대감 • 집단 중시	• 충성심 • 책임감

출처: 최광현(2020), p. 35.

표 5-7 인형 치료에 사용되는 동물의 상징 의미(긍정적 소망)

	동물	상징의 의미	
긍정적 소망	학	• 현실도피의 욕구	• 사라지길 원하는 부모
	돌고래	• 자유 • 사랑스러움 • 벗어나고자 하는 욕구	• 힘 • 영리함
	나비	• 새로운 시작 • 출발	• 재생
	판다	• 사랑스러움 • 존중의 욕구	• 애정의 욕구 • 인정의 욕구
	말	• 온순함 • 자유 • 모성적 돌봄 • 이상적인 존재	• 힘 • 주도권 • 아름다움
	강아지	• 사랑스러움 • 애정 욕구	• 돌봄
	거북이	• 건강 • 느리고 미련한 존재	• 방어 • 개별적 분리
	캥거루	• 모성성 • 보호하는 힘	• 돌봄
	수사슴	• 존엄성 • 신비로움	• 순결 • 독립
	젖소	• 온순함 • 돌봄 • 책임감	• 적응력 • 양육하는 존재 • 모성성
	백조	• 아름다움 • 관심	• 빛 • 지지
	물개	• 자유 • 관계 중심적 • 희생양	• 친사회적 • 중재자
	부엉이	• 관찰자 • 지혜로운 사람	• 통찰

	고래	• 고독 • 독립	• 거리감
	코알라	• 모성적 본능 • 귀여운 존재	• 사랑스러움
	앵무새	• 자기애 • 이국적	• 수다쟁이 • 화려함
	원숭이	• 충동적 • 자유	• 들뜸 • 유아적 자세
	암사자	• 모계사회 • 연대감 • 집단 중시	• 충성심 • 책임감

출처: 최광현(2020), p. 35.

표 5-8 인형 치료에 사용되는 동물의 상징 의미(부정적 소망)

	동물	상징의 의미	
부정적 소망	악어	• 공포 • 통제 불가의 존재	• 끈기
	불곰	• 싸움꾼 • 원시적 힘	• 거친 공격성 • 투쟁과 전쟁
	흑표범	• 야생의 거친 힘 • 충동적	• 원시적 • 공격적
	수사자	• 우두머리 • 통제자	• 힘 • 두려운 존재
	호랑이	• 강력한 아니마 • 수동적 • 독립	• 여성적 • 생존력 • 사회성 부족
	돼지	• 지혜 • 통솔자 • 게으름	• 대장 • 통제자 • 지저분함
	상어	• 무자비함 • 절박한 상황의 자신	• 공포의 존재

뱀	• 공포 • 지혜 • 생존의 위협을 느끼는 자신	• 신비로운 힘 • 생존력
독사	• 인내심 • 공포	• 내재한 힘
독수리	• 영적인 힘 • 강함	• 군대의 상징물 • 초월적 위치
공룡	• 최강자 • 관계 형성의 어려움	• 절망감을 주는 권력자
여우	• 생존력 • 순발력 • 믿을 수 없는 존재	• 적응력 • 이기심
버펄로	• 강한 힘 • 순응하지 않는 원시적 힘	• 생존력
코끼리	• 사회성 • 지혜 • 위협적인 인물	• 힘과 연대감 • 우둔함, 거대함
코뿔소	• 추진력 • 방어	• 강한 힘 • 뿔: 남근 상징, 리비도적 힘
고릴라	• 강력한 아니무스적 동물 • 강한 힘	• 대장 • 가부장적 존재
고슴도치	• 위축 • 수동적	• 비밀 • 폐쇄적
멧돼지	• 거친 힘 • 공격적	• 두려운 존재
늑대	• 몰락 • 패배자 • 폭력적	• 외로움 • 이기심
암사자	• 강력한 힘	• 주도권에 대한 열망

출처: 최광현(2020), p. 35.

2. 인형 치료의 이론적 배경

1) 가족체계이론

가족체계이론은 가족치료 모델 가운데 폭넓은 견해를 가진 이론으로서 한 개인이 지닌 문제를 개인에 국한된 심리적 문제로 보기보다는 사회구조에 적응하는 가장 작은 단위인 가족의 문제로 본다(김미라, 하영윤, 2020). 가족관계 내에서 발생하는 상호성이 개인적 경험보다 더 큰 영향을 준다는 가정하에 이루어지는 접근 방법이며, 이 관점에 의하면 현재 가족관계 내에서 상호작용을 하는 방식은 원가족 경험으로부터 비롯되어 다세대 간에 전수됐다고 본다(유진희, 박태영, 2015).

가족의 체계는 전체성, 조직적 복합성, 상호의존성의 속성을 가지고 있다. 문제를 개인이 아닌 가족 전체를 통해서 바라보는 시각으로 볼 때 가족체계가 더 큰 가족체계를 구성하는 하위체계로 이루어진다는 것을 말한다. 또한 가족을 구성하는 전체 체계는 한 개인과 하위체계가 서로 의존하며 많은 영향을 주고받는다는 것을 말한다(정문자 외, 2016). 이와 같은 가족체계 속성은 한 개인을 가족이라는 전체 체계의 한 부분으로 보고 가족의 특성과 기능으로부터 불가피하게 영향을 받게 된다고 본다.

가족은 복잡한 구조로 이루어져 있다. 가족체계이론에서는 이를 바탕으로 개인을 고립된 존재가 아닌 사회의 한 구성요소로서 다른 사람과 끊임없이 상호작용을 하는 존재로 본다(최광현, 2016). 이를 토대로 한 Bowen의 가족체계이론은 전수되고 있는 다세대 간 정서 과정을 파악하여 자아 분화 수준을 높이고 이러한 과정을 통하여 가족체계를 변화시키는 것이 치료의 핵심이 된다(유진희, 박태영, 2015).

이와 같은 가족체계이론을 바탕으로 인형 치료에서는 한 개인의 갈등과 문제를 각 개인의 내면에서만 발생하는 결과가 아니라, 가족체계적 상호작용을 통하여 발생한다고 보고 가족이라는 대상을 체계적 관점에 따라 볼 수 있도록 하였다.

2) 트라우마 가족치료

부정적 경험으로 인한 일시적인 고통은 얼마 지나지 않아 본래의 감정으로 돌아오게 된다. 이러한 감정의 순환은 자연스러운 것이지만, 어떤 종류의 특정한 사건은 한 개인의 마음에 극심한 고통을 유발하며 고통의 기간을 짐작할 수 없을 만큼 장기적으로 유지하게 만들기도 한다(고유식, 2017). 이를 우리는 고대 그리스어로 '상처'라는 뜻의 '트라우마'라고 지칭하며 이를 외상 후 스트레스 장애(Post-Traumatic Stress Disorder: PTSD)로 다루고 있다.

이처럼 트라우마는 정신적 상처가 일어났던 그 순간뿐만 아니라 지속적으로 삶 속에서 다양한 장면 외 대인관계에도 영향을 미치게 된다. 이러한 개인의 트라우마 경험은 높은 확률로 자신도 모르는 사이에 가족 내에서 이루어질 수 있으며 이는 세대 간에 무의식적으로 전수되기도 한다(최광현, 2016). 트라우마 가족치료는 가족 안에서 발생하는 다양한 트라우마에 중점을 둔 치료로서 내용 자체에 집중하기보단 일어난 과정에 초점을 맞추는 치료적 접근으로 보아야 한다(이영하, 2017). 또한 한 개인의 트라우마를 치료하기 위해서는 이러한 가족적 접근이 중요한 요소가 되어야 한다(최광현, 2016).

가족에게 전수된 트라우마는 가족의 비밀로서 다음 세대까지도 트라우마가 유지되도록 할 수 있으며 이는 투사의 메커니즘을 통해 현재의 가족관계 내에서 다른 갈등 또한 유발할 수 있다. 가족의 갈등과 문제는 가족 내에 존재하는 트라우마의 메커니즘인 얽힘에서 발생할 수 있으며 이는 가족 중 누군가의 불행한 운명을 무의식적으로 따르려고 하는 것, 가족에 대한 충성심, 죄책감과 수치심에 대한 보상 등을 통해서 드러날 수 있다(최광현, 2016).

트라우마 가족치료의 핵심은 가족 내에 존재하는 트라우마의 얽힘을 해결해 나가는 것이며 이러한 얽힘이 풀리는 시점으로부터 내담자는 스스로 자신의 변화를 이끌어 갈 수 있게 된다.

3) 심층심리학

심층심리학은 무의식에 잠재된 인간의 행동, 사고, 감정, 느낌 등의 의미를 해석하고 다루는 심리학의 여러 이론이 발전하는 과정에서 파생되었다. 심층심리학 이론에 의하면 인간의 내면에는 전의식보다 더 깊은 무의식이 존재하고 있으며 이러한 무의식은 인간의 일상에 큰 영향을 미치고 있다.

심층심리학을 대표하는 학자로서 Sigmund Freud, Carl Jung, Alfred Adler 등이 있는데 이 중 Freud가 인간의 정신을 의식 · 전의식 · 무의식으로 구분하고 무의식에 숨어 있는 것들을 중요하게 다루는 것을 시작으로 심층심리학이 발전하게 되었다. 그는 내면의 무의식이 행동과 정서를 규정한다고 정의하였다. 이는 인간이 인지하기 어렵지만 무의식이 다양한 상호작용을 통하여 인간의 현실에 반영된다는 것을 뜻한다(김현진 외, 2021). Freud는 내담자의 무의식을 표출시키고 이를 새롭게 경험하고 해석할 수 있도록 하는 과정을 통하여 문제를 해결하고 다루어 낼 수 있다고 하였다.

Freud에 의해 초기 무의식을 연구하게 된 Jung은 의식과 무의식이 상호 보완적으로 통합되어 전체성을 이루어 낸다고 주장하고 있다. 또한 의식과 무의식의 관계를 집단 무의식과 관련하여 인간을 이해하고자 하였다(김현진 외, 2021). Jung은 무의식 연구를 진행하며 심적인 갈등의 연관을 찾아내고 다양한 콤플렉스의 개념을 발전시켰으며 원형이라는 개념을 발견하여 전 인류가 소유하고 있는 인간 정신의 기본 특질로 보고 이를 유전된 정신의 기질이라 하였다(최광현, 2016). 즉, 각 개인이 무의식의 내용을 의식화해 나가면서 자기 원형의 자리로 들어가는 것을 인간이 되어 가는 것이라 보고 이를 개인을 이해하는 최종적인 목적으로 보았다(박세훈, 2023).

또한 Jung은 모든 인간이 언젠가 행해야 할 과제로 개성화를 주장하였다. Jung은 이러한 개성화를 자기 자신과 세상을 조화롭게 살아갈 수 있는 방식으로 보았으며 치료의 형태를 내담자의 개성화 과정이 잘 이루어질 수 있도록 돕는 것에 중점을 두었다. 이와 같은 심층심리학은 인형 치료의 상징 체계에 대한 접근과 만다라의 이론적 기초를 제공한다(최광현, 2016).

4) 현상학

현상학은 인간의 경험에 대한 본질적 의미를 탐구하는 것에 중점을 둔 연구이다. Husserl은 학문 연구에 있어서 연구자의 선입견이나 이론적 개념의 틀 없이 '사태 그 자체로' 돌아가는 것을 강조하였다. 이러한 Husserl의 세계관은 Heidegger와 Merleau-Ponty 등의 현상학자들에 의하여 현상학적 심리학으로서 발전되었다(이남인, 2005).

현상학에서 말하고 있는 '현상'이란 현상의 본질을 추구하는 것으로서 어떠한 객관적인 것을 가리키는 것이 아닌 의식에 의한 경험의 대상이 의식 앞에 나타나는 구체적인 모습을 가리킨다(장정인, 2020). 현상학은 사태에 대하여 정해진 의미에 따라, 틀에 따라서 해석하고 진단하는 것이 아닌 경험의 의미와 본질을 깊이 이해할 수 있게 한다.

상담사가 내담자를 분명하게 이해하기 위해서는 내담자의 관점에서 상담사 또한 비슷한 위치에 서서 '사실 그대로 보는 것'이 중요하다. 상담사가 겪어 온 경험과 현상을 내담자의 위치에서 새로운 시각으로 볼 수 있어야 하며 판단하지 않는 태도로 내담자에게 영향을 주지 않아야 한다(이남인, 2005). 이처럼 상담사는 내담자의 문제와 위기에 대한 실체를 파악하기 위해서 어떠한 선입견이나 편견을 갖지 않기 위하여 판단 중지를 사용한다(최광현, 2016). 치료 과정을 진행하는 동안 상담사는 판단 중지의 태도를 유지하고 내담자의 감정을 나누면서 문제에 따른 해결책을 내담자 스스로가 찾을 수 있도록 돕는다.

현상학적 기초를 전제하고 있는 인형 치료에서는 내담자가 가진 문제, 어려움 등을 현상 자체에 초점을 두고 그 의미 체계를 파악하는 것에 대해 강조하고 있다. 인형을 통해 내담자의 문제와 갈등을 '지금-여기'의 공간에 나타낼 수 있도록 하며(최광현, 선우현, 2016) 이 과정에서 상담사가 일방적으로 해결책을 제시하고 치료 과정을 주도해 나가는 것이 아니라, 내담자가 자신의 문제를 인식하고 해결해 나갈 가능성을 스스로 찾아갈 수 있도록 돕는 것이 중요하다(최광현, 2016). 내담자와 상담사는 상호주관적 관계이며 이때 내담자는 자신의 개별성을 인정받는 경험을 하게 된다.

3. 비언어적 의사소통으로서의 인형

1) 무의식 탐색

무의식의 발견자로 알려진 Freud는 인간의 정신에는 의식에서 억압되는 기억과 표상들을 기반으로 하는 무의식의 영역이 존재한다고 주장했다. 또한 인간 정신의 다양한 현상과 근원을 무의식에서 찾고자 했다. 특히 그는 히스테리를 연구하면서 무의식이 억압에서 기인하고 억압된 기억은 사라지는 것이 아니라 인간의 정신 과정에 광범위한 영향을 미친다고 보았다. Freud는 무의식을 '다른 장면'이라 부르면서 자아가 관객의 위치에서 자신도 모르게 나타내는 표현으로 자신을 놀라게 만드는 정신 작용이라는 의미로 보았다(김석, 2010).

Jung은 '의식적으로 지각되지 않은 심리적 사건들의 총체'로 무의식을 정의할 수 있다고 하였다. 이처럼 무의식은 의식, 전의식과 더불어 인간의 정신 구조를 구성하고 있으며, 의식적으로 자각되지 않는 상태를 말한다. 인간의 내면을 탐색하기 위해 심리학 발달의 초기에 무의식에 대한 다양한 시도가 이루어졌는데 Freud는 무의식에 접근할 수 있는 '자유 연상 기법'을 발견하였고 Jung은 Freud의 '자유 연상 기법'을 응용한 '단어 연상 기법'을 만들었다(최광현, 2016 재인용).

'자유 연상 기법'과 '단어 연상 기법'을 통해 인간의 무의식을 탐색하며 내면의 상징 체계를 활용할 수 있게 된다. 무의식을 의식화하려 노력하거나 이를 해석하려 하는 대신에 무의식의 기제를 활용한 상징을 통하여 치료 과정에서 해결책을 찾아간다면 상징 체계를 통해 표현함으로써 내담자의 경험을 긍정적으로 바꾸는 결과를 얻을 수 있다(한현주, 김성봉, 2019 재인용).

인형 치료는 인형의 상징 체계를 전제로 하여 상담 현장에서 활용되고 있다. 다양한 상징 체계를 통하여 내담자의 내면을 탐색하고 분석할 수 있게 되는데, 대표적인 상징물로 동물이 있다. 동물의 상징은 아주 오래전부터 사용되어 왔으며 이는 인간의 원시적이고 본능적인 성질과 사회성을 가진 인간의 잠재된 자율적 정서를 표현하는 본능의 욕구를 보여 준다(최광현, 2016). 이를 적용하여 인형 치료에서는 내담자가 자신의 무의식을 동물의 상징 체계로 더욱 안전하고 쉽게 표현할 수 있도록 한다.

치료 상황에서 내담자의 개인사를 주의 깊게 탐색하다 보면 오랫동안 개인마다 독특한 상황과 상태에서 거리를 둔 채로 살아왔다는 것이 보일 때가 있다. 내담자를 탐색하는 과정을 통해 상담사는 개인의 내적인 어려움과 생의 초기 모습을 드러내는 특이성으로까지 추적하여 내다볼 수 있다. 이렇듯 내담자에게서 드러나는 의식적 태도들은 무의식의 반작용에 영향을 받고 있다는 것을 우리는 예상해 볼 수 있다. 인간의 의식으로 침투하는 충동, 반응, 보상 등의 다양한 기능을 통하여 내담자는 표출하고 자기 자신을 표현함으로써 상담사는 치료 과정을 시도해 볼 수 있게 된다(Jung, 2016).

인형 치료에서 인형이라는 매개체는 의식과 무의식을 연결해 주는 소통적 도구로써 활용된다. 인형을 통해 표현된 다양한 이미지들은 의식적인 작업과 더불어 무의식적인 수많은 내용을 내포할 수 있으며 상담사는 이를 해석하고 분석하는 과정을 통해 내담자를 이해할 수 있게 된다. 인간은 누구나 다양한 갈등, 사고, 감정 등에서 마주하는 어려움을 경험하며 살아간다. 인형 치료는 내담자의 무의식을 탐색하는 과정을 다루며 내담자가 자기 삶의 주체자로서 자신만의 해결책을 찾아 나갈 수 있도록 돕는다.

2) 인형을 통한 상징 체계의 활용

팔만대장경 중에는 '소는 많은 비유에서 인간을 상징한다. 소 치는 사람의 채찍에 맞으면서 여기저기 끌려가는 소, 그는 그렇게 죽음을 두려워하며 우둔하게 맹

목적으로 걸어간다'라는 내용이 담겨 있다. 농경 생활에 기반을 둔 우리의 전통사회에서 소는 농사를 짓는 노동력이자 운송수단으로써 사용되기도 하였고, 하늘에 제사를 지낼 때는 신성한 제물로 바쳐지기도 하였다. 또 명절 때 마을의 사람들끼리 소를 자랑하기도 하고 풍요를 기원하는 농경 의례적 차원에서는 소와 소를 겨루게 하는 '소싸움'을 주최하기도 하였다. 씨름 대회에서 우승을 거머쥔 천하장사에게는 승리의 징표로 소 한 마리를 주기도 하였다. 소는 충성, 근면, 끈기, 인내, 재산, 은혜, 평화, 고집 등의 다양한 상징을 담아내고 있다(유경환, 1989). 이처럼 소는 단순한 가축 차원을 넘어서서 일상의 곳곳에서 다양한 상징성을 가지며 자리하고 있다는 것을 알 수 있다.

상징이란 '추상적인 사실이나 생각과 느낌 등을 대표성을 지닌 기호나 구체적인 사물로 나타내는 일 또는 이를 나타내는 기호나 사물'을 말한다(고려대학교 민족문화연구원, 2009). 상징의 어원으로 동양에서는 '주역(周易)의 괘상(卦象)을 통해서 표현된 하늘의 징조'라 하였고 서양에서는 그리스어로 '표시(表示)와 표징(表徵)을 함께 던진다'라고 하였다. 사랑하는 연인들이 헤어질 때 사랑의 정표를 나눠 가지고 있다가 재회할 때 이를 맞대어 봄으로써 서로의 연인이라는 것을 확인할 수 있는 징표로써 사용되었다. 이는 정표가 된 물건과 그에 따른 상징적인 의미가 더해졌을 때 비로소 그 상징이 온전히 가치를 지니게 된다는 의미가 된다(유경환, 1989).

상징은 초월적인 것을 암시하기도 하고, 우리의 실제적인 삶 속의 종교, 사고방식, 문화 등에서 밀접하게 연관되어 활용되기도 한다. 이러한 상징의 특징을 바탕으로 하여 인형 치료에서는 시각적 이미지를 형상화한 인형을 활용해 상징 체계를 기반으로 의식과 무의식의 메시지를 탐색하며 치료적 의미를 찾아낸다. 특히 동물은 다른 자연물에 비하여 인간과 심리적 유사성을 띠고 있기에 신화와 상징의 영역을 보다 더 잘 표현할 수 있게 해 주며 인간과 사회적 맥락의 연계성 또한 다양하게 표현할 수 있게 해 준다(최광현, 선우현, 2016). 치료 장면에서 이러한 상징은 내담자로부터 자유롭게 표현할 수 있는 계기를 제공하고 다양한 연상을 불러일으킬 수 있다. 또한 자기 자신과 주변을 더불어 관계 등의 다양한 모습을 자각하고 재발견하는 경험으로 이끌어 준다. 인형 치료에서 인형을 통해 내담자는 다양한 감각, 기억, 감정, 인지 등을 더욱 편안하게 표현하고 이를 통해 드러나는 다양한 상징적 의미를 활용할 수 있게 된다.

직접적으로 표현하기 어려운 복잡한 생각과 감정을 다양한 상징 체계를 활용하여 표현할 수 있으며 표현된 다양한 상징을 통해 내담자의 깊은 내면 세계를 탐색하고 이해할 수 있는 계기를 마련하게 된다. 내담자 스스로 각 개인이 가진 무의식적 과정과 패턴에 대한 통찰력을 얻으며 자신과 외부와의 관계에 대해서 자각하기도 한다. 또한 고유한 패턴과 그 의미를 연결하여 파악하는 과정을 통해 자신의 문제를 스스로 이해할 수 있게 되기도 한다. 이처럼 인형 치료에서 상담사는 함부로 명명하지 않고 내담자의 다양한 표현 방식을 그대로 인정하고 수용하기 때문에 보다 편안한 상태에서 제 생각과 감정을 자각하고 통찰할 수 있게 된다.

언어적 표현이 서툴거나 어려운 내담자는 이러한 상징 체계를 활용해 자신만의 독특하고 창의적인 표현을 시도해 볼 수 있다. 인형 치료에서 사용되는 상징 체계는 우회적인 표현을 그 자체로 허용하기 때문에 치료 장면에 더욱 몰입할 수 있도록 도움을 줄 수 있으며, 내담자의 감정을 더욱 촉진할 수 있다. 상징 체계를 기반으로 한 인형 치료는 비언어적 표현을 통한 효과적인 의사소통의 매개체로서 역할을 가능케 한다. 언어적 표현이 서툰 아동에게는 인형을 활용하여 자신의 다양한 경험을 은유적으로 표현할 기회를 제공하고(배우열, 선우현, 2017) 인형을 선택하고 배치하는 다양한 비언어적 소통의 과정을 통해 드러내지 않았던 내담자의 관계 패턴을 파악하고 호소 문제를 이해할 수 있도록 돕는다(박미경, 최광현, 2016). 또한 잠재되어 있던 관계 속의 갈등을 찾아내고 맥락을 이해할 수 있도록 돕고 내담자가 지닌 관계에서 경험한 많은 내용을 인형의 상징 체계를 통하여 표현해 내기도 한다. 이뿐만 아니라 내면에 억압되었던 트라우마 또한 인형을 통해 표현하고 그대로 직면하기도 한다. 인형 치료는 상징적 표현을 통하여 억눌려 왔던 내담자의 감정을 안전하게 표현할 수 있도록 함으로써 그동안 자신을 고통스럽게 했던 트라우마를 보는 관점의 변화까지도 이끌어 낼 수 있다.

이처럼 인형 치료에서는 인형을 활용한 상징 체계를 통해 다양한 측면을 파악할 수 있다. 내담자의 무의식을 더욱 쉽게 탐색함으로써 그 의미를 자각할 수 있도록 돕고 이를 해석으로써 활용해 볼 수도 있다.

3) 인형을 활용한 비언어적 의사소통

일상 속 의사소통은 언어적 · 비언어적 표현을 통하여 동시다발적으로 이루어지는데, 이때 의식적이거나 무의식적으로 비언어적 표현을 사용하여 많은 메시지를 주고받게 된다. 언어적 표현과 병행되어 사용되기도 하는데 때로는 비언어적 표현이 언어적 표현보다 더 중요한 결정적 요소를 제공하는 경우가 있다. 비언어적 표현을 통하여 내담자는 자신의 의도를 감추지 못하고 자신도 모르게 의식하지 못하는 무의식의 세계까지 드러내기도 한다.

여러 학자가 비언어적 의사소통에 대하여 다양하게 정의하였는데, 먼저 Samovar와 Porter, Jain(1981)은 의사소통하는 상황에서 송신자와 수신자에게 잠재적 메시지의 가치를 갖는 인간이나 환경에 의하여 야기된, 언어를 제외한 자극들을 포함하는 개념이라 보았다. Dodd(1995)는 몸짓, 시간, 공간을 상징으로 하여 의사를 표현하는 소통이라 하였으며, Goldhaber(1986)와 강진령(2016)은 언어적 표현을 제외한 모든 메시지를 비언어적 의사소통이라 하였다. 이와 같이 학자들이 정의한 개념을 종합하였을 때 비언어적 의사소통은 언어를 제외한 모든 의사소통의 형태로 볼 수 있겠다.

비언어적 의사소통은 언어와 병행되어 표현에 있어서 중요한 역할을 하게 되는데, 특히 언어에 비하여 자신의 정서를 전달하고 표현하는 데 좀 더 적합하고 쉽게 활용될 수 있다. 비언어적 의사소통은 의식하기 이전의 무의식적인 요소들도 포함하여 나타날 수 있으므로 자신을 방어하거나 의도를 왜곡하기 쉬운 언어적 의사소통에 비해서 내담자의 느낌을 더욱 정확하게 반영할 수 있다.

비언어적 의사소통에 대하여 정의한 다양한 학자들 가운데 김우룡과 장소원(2004), 한승주(2012)가 정의한 비언어적 의사소통에 대하여 다섯 가지로 정리해 보았다. 첫째, 비언어적 의사소통은 언어적 의사소통을 보완해 주며 강화해 주는 역할을 한다. 둘째, 비언어적 의사소통은 동작언어에 의한 시각적 메시지의 형태를 취하며 종합적 형태로 나타난다. 셋째, 비언어적 의사소통은 무의식적 표현으로 본능적이며 더욱 신뢰하기 쉽다. 넷째, 비언어적 의사소통은 상호작용을 하는 상황에서 더 구체적이고 직접적으로 의미의 전달을 가능하게 한다. 다섯째, 비언어적 의사소통은 문화, 상황 등에 따라 다르게 해석될 수 있으며 제약을 받을 수도 있다.

이처럼 인간의 상호작용에서의 비언어적 의사소통은 자신의 감정, 태도, 반응 등의 표현에 있어 중요한 역할을 한다. 이는 단독으로 분리해서 의미를 파악하기보다는 언어적 표현과 상황에 따라 종합하여 기능적으로 활용하는 경우가 많다. 또한 비언어적 의사소통은 인간의 무의식적인 요소를 내포하고 있는 경우가 많기에 내담자의 비언어적 의사소통은 신뢰성이 높은 유의미한 표현이라고 할 수 있다.

비언어적 의사소통에 대하여 학자마다 다양하게 정의하고 분류하고 있다. 학자별 비언어적 의사소통의 분류는 〈표 5-9〉와 같다.

표 5-9 학자별 비언어적 의사소통의 분류

학자	분류
Ruesch & Kees (1972)	기호언어/행위 언어/사물 언어
강진령(2016)	동작성/접근성/준 언어/환경/시간
Harrison (1974)	행위적 코드/인공적 코드/상황적 코드/매개적 코드
Knapp (1980)	신체적 행위/신체적 특성/신체 접촉 행위/의사언어/공간적 행위/인공물/환경적 요인
한승주(2012)	눈 맞춤/몸동작/팔과 다리의 동작/옷차림/신체 접촉
Dodd (1995)	신체언어/공간언어/시간언어/의사언어/색상언어/기타

비언어적 의사소통에 대한 학자들의 다양한 학문적 분류를 기반으로 인형을 소통의 도구로써 활용하고 있는 인형 치료에서 나타날 수 있는 비언어적 요소의 의사소통에 관하여 분류하였다. 분류는 〈표 5-10〉과 같다.

표 5-10 비언어적 요소의 의사소통 분류

인형을 소통의 도구로써 활용한 비언어적 의사소통	선택	인형의 선택
		크기와 종류
		배치
		순서
	행위	수정
		자발적
		비자발적
	메시지	패턴
		강조

인형 치료에서 나타날 수 있는 비언어적 의사소통은 세 부분(선택, 행위, 메시지)으로 나누어 볼 수 있다.

첫째, '선택'은 인형의 크기, 종류, 배치, 순서 등을 나타내는 작업을 통하여 탐색해 볼 수 있다. 인형 치료에서는 내담자에게 여러 번 선택의 기회가 주어진다. 다양한 의미체계를 가진 인형을 선택하게 되는데 이때 인형의 크기에 따라, 종류에 따라, 위치와 거리 등을 고려한 배치에 따라, 또 선택의 순서에 따라 내담자의 심리적 상태와 상황에 대해 파악해 볼 수 있다. 내담자는 인형을 통하여 나를 포함한 많은 인물을 선택한다. 선택한 인형은 인형 치료에서의 치료적 맥락에 따라 해석하고 의미를 파악해 볼 수 있다. 크기에 따른 선택을 통해 내담자가 생각하는 자아상에 대해 접근해 볼 수 있으며 이를 통해 내담자의 행동, 감정, 사고 등을 예측하고 해석할 수 있다. 큰 크기의 인형은 자기표현에 서툴거나 지나친 행동화의 가능성을 나타내며 보통 크기의 인형은 대개 건강한 자아상을 가지고 있다는 것을 의미할 수 있으며 작은 크기의 인형은 위축과 억압 등 부정적인 자아상을 나타낼 수 있다. 종류에 따른 선택에는 인형에 대한 인식의 차원으로 강함/약함, 독립/의존, 방어/공격, 긍정적 소망/부정적 소망과 같이 나누어 해석할 수 있으며 인형이 가진 의미에 따라 가축/야생, 초식/야생, 무리/단독으로 나누어 해석해 볼 수도 있다. 배치와 순서에 따른 선택에는 관계적 차원에서 내담자의 비언어적 의미 해석을 시도할 수 있는데, 이는 대개 내담자의 심리적 거리감을 표현하고 내담자가 가진 인물에 대한 중요도를 표현하기도 한다. 먼저 선택되는 인형의 경우는 내담자에게 중요한 인물일 수 있으며 자기 자신을 가장 먼저 선택할 경우는 강한 자의식을 가지고 있을 수 있다.

둘째, '행위'는 인형을 다루는 다양한 태도를 통하여 탐색해 볼 수 있다. 인형 치료에서는 인형을 다루는 행위를 통해서도 내담자의 비언어적 의사소통의 의미를 파악할 수가 있다. 어떤 경우에는 인형을 선택한 후 머뭇거리거나 이전의 선택을 수정하는 모습을 보일 때가 있다. 이는 내담자 내면의 다양한 고민과 자신의 선택에 대한 불확실함, 내적 갈등 등의 심리적 불안감을 의미할 수 있다. 또한 인형을 선택하는 과정에서 자발적이거나 비자발적인 태도를 드러낼 수가 있는데 이때 내담자가 치료에 임하는 자세, 상담사에 대한 경계와 방어의 정도, 타인을 대하는 사회적 상호작용 모습 등의 다양한 태도를 파악하고 그 의미를 해석하게 된다.

셋째, '메시지'는 인형을 다루는 모습에서 나타나는 개인적 특징을 통하여 탐색해 볼 수 있다. 인형 치료에서는 인형들 사이에 나타나는 특정한 패턴과 중복을 통해 내담자의 비언어적 의사소통의 의미를 파악해 볼 수 있다. 인형을 선택하는 과정에서 특정한 패턴을 보이거나 반복하는 경우에 의미 있는 해석이 이루어질 수 있는데, 이는 내담자의 호소나 자신의 관계적 차원의 문제를 파악하는 계기를 마련한다. 내담자의 패턴이 드러나는 개인적 특징을 통하여 내담자의 문제 체계를 객관화할 기회를 제공하고 해결하기 위한 실마리를 제공하게 된다. 또한 한 인물에 대하여 다수의 이미지를 표현하기 위해 여러 인형을 사용할 경우는 중복으로 분류하였는데 이는 내담자 내면의 긴장과 갈등을 나타낸다고 볼 수 있다. 대립적인 인형을 동시에 선택한 경우, 더욱 강한 갈등을 나타내지만 유사한 의미체계를 지닌 동물을 선택했을 때는 편안한 정서를 나타내게 된다.

이러한 다양한 표현의 메시지를 통한 비언어적 의사소통의 해석에는 고정된 정답이 정해져 있지 않다는 점을 유의해야 한다. 해석에 대해서는 개인차와 문화적 배경, 상담 과정상 맥락 등을 모두 고려하여 맥락에 따라 잠정적 방식으로 이루어지는 것이 중요하다.

이 절에서는 인형을 소통의 도구로써 활용한 비언어적 의사소통에 대하여 살펴보았다. 인형 치료에서는 비언어적 요소를 포함하여 인형이라는 매체를 활용하고 있다. 내담자는 인형을 활용하는 다양한 치료 과정을 통해 자신의 무의식적인 의도나 감정을 드러내며 상호작용할 수 있게 되고 상담사는 인형 치료에서 나타날 수 있는 비언어적 의사소통을 통하여 내담자의 숨겨진 의도나 다양한 치료적 요소를 분석하는 데 중요한 단서를 찾아낼 수 있게 된다. 인형이라는 매체의 일정하고 고유한 의미체계를 바탕으로 하여 내담자가 표현하는 비언어적인 의사소통인 선택, 행위, 메시지에 대하여 복합적으로 해석해 볼 수 있다.

4. 인형을 활용한 평가

현재 임상 현장에서 인형을 매체로 한 심리평가는 여러 측면에서 다양하게 적용되고 있다. 이 장에서는 ① 인형심리평가, ② 가족 인형 세우기, ③ '양 떼를 지켜라' 문제 해결 인형 치료 모델, ④ 동물상징 성격유형검사(ASPT)에 대하여 소개해 보도록 하겠다. 나열된 인형 활용 평가들은 다른 심리평가와 달리 인형을 평가에 적용한다는 점이 큰 특징이라 할 수 있겠다. 이는 순차적 절차를 통하여 상담을 의뢰한 내담자의 심리적 특성을 체계적으로 수집하고 분석할 수 있도록 도와준다. 또한 다양한 문제 해결을 이루어 나가기 위한 개입 방식을 제공하고 치료 방향을 설정하는 데 도움을 주기도 한다(최광현, 2020).

여러 종류의 인형을 활용한 평가로써, 상담 과정에서 내담자가 더욱 편안하고 친근하게 자기표현을 시도할 수 있도록 유도하며 자신이 지닌 심리적 특성을 다양한 방식으로 표현할 수 있도록 돕는다. 인형을 활용한 평가에 대한 더욱 자세한 내용은 『인형심리평가』 『'양 떼를 지켜라' 문제 해결 인형 치료』 『인형 치료』 책을 참고하길 바란다.

1) 인형심리평가

인형심리평가는 동물 인형을 활용하여 내담자에 관한 정보 및 특성을 체계적으로 수집하고 분석하는 과정을 거친다. 이를 통하여 내담자가 가진 주 호소 및 갈등에 대한 해결 방안을 모색해 나가며 치료의 개입 방향을 설정하도록 돕는다. 동물 인형을 활용하고 있는 인형심리평가는 내담자의 심리적 특성을 여러 과정을 거쳐서 체계적으로 파악하고 각 개인에 적합하고 효율적인 치료적 개입의 방향성과 치료적 목표를 설정하는 데 목적을 두고 있다.

인형심리평가는 주 호소에 따라 혹은 내담자의 소속 환경과 각자 중점을 두어야 하는 방향성에 따라 개인에게 가장 적절한 치료적 개입을 제공하기 이전, 사전에 진행하는 단계로서 매우 중요한 절차가 된다. 세부 절차는 순차적으로 인식 차원에서부터 자기 인식과 타인 인식이 이루어지며, 관계 차원에서 가족관계, 대인관계 및 또래 관계에 대한 탐색까지 이루어진다.

자기 인식은 인식 차원을 평가하는 과정으로서 자기 자신을 표현하고 인식하는 단계이다. 내담자에게 주어진 동물 인형 중 현재 '나'라고 생각되는 동물 인형 4개를 선택하도록 한다. 이후 '나'가 되고 싶은 소망의 동물 인형을 4개 선택하도록 한다. 각각 선택된 결과에 따라 평가자는 선택의 이유에 대해 질문하고 그에 따른 다양한 진술 내용을 기록한다.

타인 인식은 인식 차원을 평가하는 과정으로서 내담자가 인식하는 타인을 파악하는 단계이다. 내담자에게 주어진 동물 인형 중 자신이 원하는 동물을 선택하여 동물 세계를 만들도록 한다. 내담자가 자신이 완성한 동물 세계에 대하여 설명하도록 한 후, 평가자는 동물 세계와 관련된 적절한 질문을 하고 그에 따른 다양한 진술 내용을 기록한다. 내담자가 만든 동물 세계에 이름 짓고(평화로운 세계, 바쁜 세계, 평등 세계 등) 마무리한다.

가족관계는 관계 차원을 평가하는 과정으로 나를 포함한 가족 내의 관계를 파악하는 단계이다. 내담자에게 주어진 동물 인형으로 자신의 '현재 가족'을 선택하여 완성하도록 한다. 자신을 포함한 '현재 가족'을 원하는 위치에 세우도록 하며 각각 선택된 결과에 따라 평가자는 선택의 이유에 대해 질문하고 그에 따른 다양한 진술 내용을 기록한다. 내담자가 완성한 '현재 가족'에서 정서적 거리감이 표현되도록 친밀감에 따라 배치하고 배치된 결과에 따라 평가자는 적절히 질문하고 진술 내용을 기록한다. 이후 '현재 가족'을 '소망 가족'으로 다시 고르도록 한다. 내담자 자신을 포함하여 선택한 동물 인형을 원하는 위치에 배치하도록 하고 그에 따라 평가자는 적절히 질문하고 진술 내용을 기록한다.

대인관계 및 또래 관계는 관계 차원을 평가하는 과정으로 현재 생각나는 또래나 동료, 주변인들을 동물 인형으로 선택하도록 한다. 내담자 자신을 포함하여 원하는 위치에 세우도록 하고 각각 선택된 결과에 따라 평가자는 선택의 이유에 대해 질문하고 그에 따른 다양한 진술 내용을 기록한다. 내담자가 세운 동물 인형을 정서적 거리감이 표현되도록 친밀감에 따라 배치하고 배치된 결과에 따라 평가자는 적절히 질문하고 진술 내용을 기록한다. 이후 소망하는 동물 인형으로 다시 고르도록 한다. 내담자 자신을 포함하여 선택한 동물 인형을 원하는 위치에 배치하도록 하고 그에 따라 평가자는 선택의 이유에 대해 질문하고 그에 따른 다양한 진술 내용을 기록한다.

이와 같은 과정을 거치며 평가자는 동물 인형이라는 매개체를 통해 내담자에게 더욱 편안하고 친근하게 소통을 시도할 수 있게 된다. 내담자가 호소하는 문제에 대하여 안전하게 표현할 기회를 제공하고 체계적인 절차를 통하여 내담자 스스로 자기와 타인에 대한 인식을 자각함으로써 타인과의 상호작용과 관련하여 스스로 이해할 수 있도록 돕는다. 인형심리평가의 여러 절차는 심리적 평가로써 활용할 수 있을 뿐만 아니라 평가를 포함한 치료적 기능으로까지도 적용될 수 있다.

2) 가족 인형 세우기

가족 인형 세우기는 가족 인형을 평가 및 치료적 개입을 위한 도구로써 활용하며 내담자의 의식적인 차원을 끌어낼 수 있다. 내담자가 직접 세운 가족 인형을 통하여 가족 내 나타나고 있는 역동과 갈등의 패턴을 탐색하고 해석할 수 있게 되는

데 이를 통하여 내담자는 자신의 가족 내 다양한 모습을 인식하고 탐색할 수 있다.

평가자는 선택된 가족 인형을 통하여 내담자가 인식하고 있는 가족의 다양한 모습에 대해 이해하고 필요한 정보를 제공받게 된다. 이러한 가족 세우기에서는 부부의 모습, 핵가족의 모습, 자녀들의 모습, 조부모의 모습, 3대가 있는 가족의 모습, 어머니 삼각관계의 모습, 아버지 삼각관계의 모습, 희생양을 표현한 가족의 모습 등 다양한 모습이 표현될 수 있다.

내담자가 작업한 인형의 위치, 자세, 방향, 움직임 등을 통하여 의미가 있는 해석을 시도할 수 있으며 기본적 치료 전제에 따라서 치료적 개입을 시도할 수도 있다. 가족 인형 세우기의 기본적 치료적 전제는 다음과 같다.

- 가족이 현 상태를 지속하고자 하는가? 혹은 변화를 원하는가?
- 원가족과 현 가족체계의 유형은 무엇인가?
- 트라우마가 가족 내에서 발생하였는가?
- 트라우마의 1+1은 어떻게 작용하였는가?
- 경계선의 형태는 어떠한가?
- 의사소통의 유형은 어떠한가?
- 위계질서가 적합한가?
- 주도권의 형태는 어떠한가?
- 가족 내에 비밀과 신화가 존재하는가?
- 어떤 형태의 부모 역할이 수행되고 있는가?

우선, 가족 인형 세우기를 통하여 원가족체계를 파악한 후에 원가족 내에서 발생하게 된 문제를 인식하고 해결하도록 한다. 이를 기점으로 현 가족의 변화까지 끌어낼 수 있도록 하며 내담자에게 가족의 문제를 하나의 공간 안에서 바라볼 기회를 제공한다. 또한 가족 내에서 발생한 위기와 갈등이 유발된 결과로서 자신의 감정을 억압하거나, 오히려 과장해서 표현할 때는 가족 세우기를 통하여 자신의 문제를 오롯이 바라보게 하며 통찰의 기회를 제공할 수도 있다.

이러한 가족 세우기 과정은 내담자의 심리적 상태, 욕구 등을 더욱 쉽게 파악하고 가족체계에 대한 인식을 도모할 수 있도록 돕는다. 더불어 새로운 관점을 제공함으로써 내담자는 자기 위기와 갈등의 문제를 올바르게 바라보며 변화를 시도할 수 있게 되고, 새로운 해결 방안을 찾아낼 기회를 제공받게 된다.

3) '양 떼를 지켜라' 문제 해결 인형 치료 모델

'양 떼를 지켜라'라는 사회적 특성을 포함한 문제 해결 인형 치료 모델이다. 원형적 이야기를 담아내고 있는 이 치료 모델은 은유적 치료 과정을 통하여 내담자가 처한 상황에 따른 협력, 타협, 갈등, 위기 등을 표현하고 해소하며 사회적 과정을 경험할 수 있도록 한다. 구조화된 전략적 방식을 통하여 내담자는 자신의 문제 해결 전략을 표현하고 이에 따라 평가자는 내담자가 가진 다양한 측면의 특성을 파악하고 진단하게 된다.

이야기 구조에 따른 평가 과정을 경험하게 되는데, 이때 내담자는 자기 자신과 타인과의 관계성, 위기에 대한 대처 능력, 사회적 기술, 회복 탄력성 등 다양한 측면을 드러낼 수 있다. 이러한 과정을 통하여 평가자는 내담자의 심리적 상태와 가지고 있는 문제점을 파악하고 이해할 수 있게 된다. '양 떼를 지켜라' 치료 모델은 내담자의 심리적 어려움에 대하여 진단하고 행동을 관찰하는 주요한 평가 영역으로서 활용될 수 있다.

'양 떼를 지켜라'에서 사용되는 동물로 양, 개, 늑대가 있으며 등장인물로는 양치기 한 명을 활용하고 이 외에 여우, 염소, 사슴, 자칼, 호랑이가 추가로 함께 사용되기도 한다. '경쟁–도전–문제 해결–보상'이라는 이야기 구조에 따라 진행되며 평가자는 내담자에게 여러 문제 상황을 제시한다. 내담자는 주어진 문제와 자신을 동일시하며 유사한 상황에서 해결책을 생각해 내려는 호기심을 자극받으며 다양한 동물들이 등장하는 원형적 이야기를 통하여 치료적 은유를 형성해 나간다. 또한 다양한 위기를 직면하고 이를 해결해 나가는 과정을 통해서 내담자는 자신의 자원을 개발시켜 나간다.

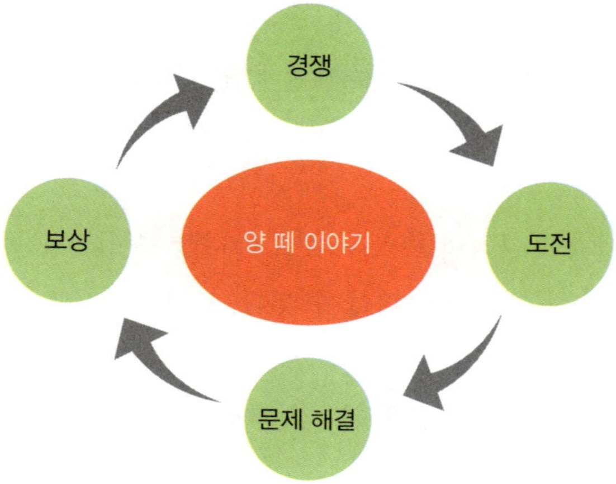

[그림 5-1] 이야기의 구조

출처: 최광현(2021), p. 90.

이야기 구조 안에서 나타나는 '경쟁–도전–문제 해결–보상'은 내담자 자신의 현실에서의 상황과 경험을 연결하여 표출할 수 있는 계기를 마련하고, 이는 투사적 진단 도구로서 내담자를 진단할 가능성을 제공해 준다. 이때 내담자가 여러 문제 상황에 대하여 대처하는 방식과 자신만의 회복력을 경험하고 새로운 관점 안에서 문제를 바라볼 수 있도록 이끌 수 있다.

4) 동물상징 성격유형검사(ASPT)

동물상징 성격유형검사(Animal Symbols Personality Type: ASPT)는 온라인 성격검사로서 아동부터 성인까지 나이에 제한을 두지 않고 동물상징을 활용할 수 있도록 만든 성격유형검사이다. 내담자가 선호하는 양식에 따라서 성격유형이 설정되는데, 이는 일반적으로 10개의 유형으로 나누어진다. 내담자가 해당하는 범주를 결정짓기 위하여 10개의 유형 중 내담자에게 상대적으로 좀 더 우세한 양식을 나타낼 수 있는 결과로 분류하여 측정한다. 또한 개인의 성격 특성에 따른 다섯 가지 진로 성격유형으로 분류하여 측정한다.

성격유형과 진로 성격유형을 나타내고 있는 ASPT는 상담 전 내담자를 탐색하고 이해하는 데 필요한 객관적 자료를 제공해 줄 수 있는 사전평가로 활용할 수 있으며, 개인 상담뿐만 아니라 진로 상담에서도 부가적인 검사로서 유용하게 활용될 수 있다.

동물은 생존 방식에 따라서 초식, 육식으로 나눌 수 있고 단독, 무리 생활로써 자신의 안전을 지키는 방식으로 나눌 수 있다. 또한 가축, 야생의 동물로서 어떻게 살아내는가에 따라 성격유형을 구분할 수도 있다. 이러한 동물의 특성에 따라 10가지 성격으로 분류되는데, 선호하는 양식에 따라서 개인의 성격유형을 나누어 볼 수 있다.

동물상징 성격유형검사에서는 사슴, 코끼리, 기린, 버펄로, 캥거루, 돌고래, 물개, 북극곰, 뱀, 흑표범, 악어, 호랑이, 토끼, 젖소, 양, 말, 낙타, 개, 수탉, 돼지, 고양이, 원숭이, 부엉이, 독수리, 늑대, 암사자, 미어캣, 달팽이, 고슴도치, 여우 총 30가지의 동물을 활용한다. 30가지의 동물들의 상징을 바탕으로 성격 특성에 따라 개인의 기질적 성격 특성을 여섯 가지로 분류한다(〈표 5-11〉 참조). 이러한 기질적 특성을 토대로 개인의 성격유형을 10가지 유형으로 나누어 나타낼 수 있다(〈표 5-12〉 참조). 마지막으로, 성격유형을 토대로 다섯 가지의 진로 성격유형으로 나누어 나타낸다(〈표 5-13〉 참조).

표 5-11 여섯 가지 기질적 성격 특성

야생동물	자유, 독립, 주도권 추구
가축동물	길들임, 사회성, 관계, 의존
초식동물	순응, 온순, 약함, 수동성 추구
육식동물	공격, 힘, 지배, 능동성
무리생활	소속감, 법과 질서, 집단의식, 안정, 외향성 추구
단독생활	주체성, 경계, 외로움, 스스로 책임지는 삶, 내향성

표 5-12 10가지 성격유형

성격유형	목표/성취
	이상/비현실
	주도/통제
	적응/수동
	지킴/수호
	자유/산만
	관찰/분석
	충성/협동
	경계/방어
	수용/화목

표 5-13 다섯 가지의 진로 성격유형

진로 성격유형	성취형
	이상형
	사회형
	탐구형
	관습형

출처: 최광현(2020), p. 80.

5. 인형을 통한 '마주하기'

다음은 본 상담사가 직접 진행하였던 사례를 각색한 내용이다.

상담사가 만난 내담 아동은 어머니의 권유로 상담실에 찾아오게 된 만 12세의 외동 남아였다. 아동은 현재 학교와 학원에서 또래 친구들과의 관계에 어려움을 겪고 있었는데, 주 양육자인 어머니는 아동이 가정에서조차 에너지가 늘 부족하고 부정적인 이야기를 늘어놓아서 큰 걱정이라 했다. 그런 자녀가 어머니의 시선

[그림 5-2] 여우 → 고릴라 → 낙타 → 개

에선 우울해 보이고 무기력한 모습이라 상담실을 찾아오게 되었다고 한다.

상담사와 처음 만났을 때, 내담 아동은 내가 건넨 인사와 몇 가지 물음에 낯선 듯 조심스럽게 답했다. 상담실이란 공간이 주는 어색함이 있어 보였기에 아동에게 인형을 활용하여 상담에 필요한 평가를 시도하게 되었다.

상담사는 물었다. "현재 나는 어떤 동물에 가까울까요? 우리 순서대로 표시해 볼까요?" 아동은 지금 자신의 모습을 [그림 5-2]와 같은 순서로 선택하였다. 여우를 선택한 것은 위험한 상황을 피할 수 있는 빠른 속도를 지녔기 때문이라고 했다. 고릴라는 맹수와 싸울 때 싸움을 피하기 위해서 선택했는데, 무엇보다 도망칠 수 있는 동물이라 선택하게 되었다고 설명한다. 고릴라의 살결은 사람처럼 연하기 때문에 피해야만 한다고 자신만의 논리를 들어 부가 설명을 해 준다. "그럼 낙타는?" 낙타는 순한 성격이기는 하나 먼 곳까지 멈추지 않고 이동하고, 끝까지 살아남을 수 있으며 개는 머리가 좋고 판단력이 뛰어나서 계획을 잘 세우는 동물이라고 야무진 설명을 이어 갔다. 그런데 여기서 내담 아동의 내면이 들여다보인다. 내담 아동은 현재 자신의 모습을 무언가에 쫓기고 있는 존재로 나타내고 있었다. 아동이 선택한 현재 나의 모습에는 생존 기제에 대한 의미가 크게 나타나 있고, 이외에는 자신의 삶에 대한 책임감을 가진 모습이었다. 상담사는 아동의 이러한 선

[그림 5-3] 호랑이 → 낙타 → 다람쥐 → 공룡

택에 대한 존중과 반영을 보이며 아동이 가진 현재의 심리적 어려움에 공감해 준다. 이번에는 소망하는 자기를 선택할 수 있다고 하자 즐거워하며 다시 고민하는 모습을 보인다.

아동은 이내 소망하는 나를 [그림 5-3]과 같은 순서로 선택하였다. 호랑이는 힘을 갖고 싶은 소망을 표현하는데, '나를 지킬 수 있을 만한 힘'을 가지고 싶다고 아동은 말한다. 지금은 자기 자신을 지켜낼 힘이 너무나도 부족하다며 말이다. 그렇게 원하던 힘을 갖게 되면 어떨 것 같냐는 물음에 아동은 신이 나서 이리저리 뛰어다닐 것 같다고 얘기한다. 아무도 자신을 건들지 못하게 되면 힘이 넘쳐날 것만 같은 느낌이라며 마치 이미 그렇게 된 듯한 표정을 보였다. 낙타는 현재의 자기 인식에서 선택한 이유와 같이, 먼 곳까지 멈추지 않고 이동하고, 끝까지 살아남을 수 있어서 선택하였고 다람쥐는 몸집이 작고 빨라 공격에 재빠르게 피할 수 있다고 아동은 말한다. 공룡은 동물과는 또 다른 힘을 가진 존재로 어려운 상황이 생기면 쉽게 방어할 수 있고 공격 또한 할 수 있다고 설명하였다. 내담 아동은 소망하는 나의 모습에서 힘이라는 주제에 초점을 두고 동물들을 선택하였다. 소망하는 동물에서 나타나고 있는 힘이 실제로 생긴다면 무엇을 하고 싶냐는 물음에 자신을 힘들게 만든 사람들을 모두 없애 버리고 싶고 그렇게 된다면 통쾌하고 시원할 것 같

[그림 5-4] 사자 → 양 세 마리 → 캥거루 세 마리 → 사자와 호랑이 → 코끼리 두 마리

다고 대답한다. 내담 아동이 선택한 소망하는 나의 모습에서는 강한 힘과 권력에 대한 욕구가 크게 나타나고 있는 것이다. 현재의 힘이 없고 나약한 자신에 대한 답답함, 그리고 세상과 타인에 대한 억울함이 고스란히 드러나고 있다.

아동에게 동물의 왕국을 표현할 피규어들을 주고, 순서대로 한번 세워 보자고 했다. 아동은 [그림 5-4]와 같은 순서로 동물의 왕국을 채워 넣었다. 아동이 직접 만든 동물의 왕국을 보면 사자는 말을 사냥하고 있으며 양 세 마리는 풀을 뜯어 먹고 있는 모습이 보인다. 캥거루 세 마리는 자유롭게 뛰어놀고 있고 사자와 호랑이는 서로 마주 보고 으르렁대며 싸우고 있는 모습이다. 남은 코끼리 두 마리는 각기 다른 크기로 선택했는데, 방향만은 서로 같은 쪽을 바라보며 함께 이동하는 모습을 표현하였다. 이처럼 각각의 동물들은 서로 다른 목적과 의도를 가지고 있었고, 하나의 이야기로 연결되지는 않았다. 이렇게 내담 아동이 완성한 동물의 왕국 주제는 '자연'이었다. 아동의 설명을 통해 서로 먹고 먹히는 자연이라는 생태계 속에서 쫓고 쫓기는 상황의 연속이 이어지고, 그런 점에서 자연은 생존 그 자체의 공간이라는 것을 알 수 있었다. 아동에게 주제에 대한 이유를 더 묻자, 동물의 왕국에서 표현되는 상황들은 어떻게 보면 자연에서는 너무도 평범하고 자연스러운 이치이기 때문에 동물의 왕국 또한 '자연'이라고 정해 보았다고 설명해 주었다. 결국에는 평화롭던 양들마저 자신보다 더 강한 동물들에게 자신들이 살던 영역을 침범당하고 먹힐 거라며, '자연'에서는 시간이 흐르면 나약한 존재들은 모두 죽게 된다고 말한다. 상담사가 아동의 말을 그대로 수용하자, 아동은 잠깐의 침묵을 유지한 후 자신이 방금 전 한 설명을 정정하듯, 지구가 멸망한다고 가정하면 결국에는 힘이 약해 보이는 가장 작은 곤충과 벌레들만이 살아남을 것이라고 하였다. 오히려 작은 몸집으로 얇고 길게 살아남을 수 있다는 이유였다. 그러곤 바퀴벌레 같은 곤충들이라며 예시를 첨언하였다. 동물의 왕국을 통해 내담 아동이 만들어 낸 수의 상징 체계는 수 2체계로서 분리된 부분들이 두드러지게 나타나고 있으며 이 안에는 혼란, 갈등, 전쟁, 긍정과 부정의 조화 등이 표현되고 있다. 내담 아동이 꾸며 낸 동물 왕국은 전쟁과 평화의 대립으로 존재 양식을 분류하고 있으며 각자 자신의 역할로써 다양한 양식을 지닌 채 존재하고 있다. 결국 내담 아동이 바라보는 타인과 세상은 둘로 나뉜 긴장과 갈등의 상태인 것으로 해석되는데, 이는 슬픔과 고뇌, 절망을 발생시키는 원인으로서 작용하게 된다.

현재의 가족을 동물 피규어로 표현해 보라는 말에 아동은 현재의 가족을 [그림 5-5]와 같은 순서로 선택하였다. 엄마는 호랑이인데, 늘 큰 목소리로 화를 내는 모습으로 표현하였고, 아빠는 수사자로 힘이 세지만 늘 멀리 떨어져 있는 모습으

[그림 5-5] 엄마: 호랑이 → 아빠: 수사자 → 나: 고릴라

로 나타냈다. 이후 다시 가까워지고 멀어지는 패턴을 반복한다고 아동은 덧붙인다. 그리고 자신에 대한 표현을 고릴라로 하며, 어딘가에 숨어 있는 모습을 나타내고 있었다. 일상에서 싸움을 견디기 힘들어하는 나의 모습, 그리고 싸움을 피하는 고릴라의 특성을 연결하여 설명한 것이다. 여기서 고릴라는 혼란스러운 마음에 놓여 있으며, 가족이 어느새 흩어져 버릴 것만 같은 걱정으로 호랑이와 수사자를 바라보는 형상을 나타냈다. 이로써 현재 내담 아동의 가정에서 부부 갈등이 일어나고 있음을 짐작할 수 있었다. 자신의 엄마와 아빠를 호랑이와 수사자로 선택해 나타낸 만큼, 이 두 동물은 쉽사리 싸움의 승패가 날 수 없는 비등한 상태이다. 그렇다. 엄마와 아빠는 모두 자신보다 더 강인한 힘을 지닌 존재로 아동은 인식하고 있는 것이다. 강인한 힘을 지닌 호랑이와 수사자를 무서움에 바라보는 고릴라는 내담 아동 자기 자신이다. 고릴라에 투사된 아동은 위축된 상황을 회피하고 싶으면서도 부모님의 갈등 상황으로 인해 어쩌면 자신이 사랑하는 가족과 헤어질지도 모른다는 걱정 속에 휩싸여 있는 불안한 정서가 서려 있다.

그럼 자신이 소망하는 가족의 모습은 어떤 것인지, 아동에게 선택해 보게 했다. 아동은 소망하는 가족을 [그림 5-6]과 같은 순서로 나타냈다. 아빠는 코끼리 중 가장 큰 코끼리로 선택했고, 코끼리 무리 중에서 가장 힘이 세다. 나머지 가족들

[그림 5-6] 아빠: 큰 코끼리 → 엄마: 중간 코끼리 → 나: 작은 코끼리

을 안전한 곳으로 이끄는 리더의 역할이다. 엄마는 중간 크기의 코끼리로 나와 가장 가까이서 큰 코끼리를 따르는 친근한 모습으로 표현하였다. 그리고 가장 작은 코끼리를 자기 자신이라 하였다. 작은 코끼리는 덩치 큰 다른 코끼리들 사이에서 열심히 발맞추어 가며 움직이는 모습이다. 작은 코끼리는 현재 엄마, 아빠 코끼리와 함께하는 이 순간을 행복으로 느끼고 있다고 설명한다. 이 행복 외의 다른 행복은 더 이상 필요치 않다고 덧붙인다. 가족의 화목한 모습을 소망하고 있는 내담 아동의 마음을 통해 실제 아동이 처한 가족 환경이 얼마나 서글픈 모습일지 가늠해 볼 수 있다. 아동이 소망하는 가족은 갈등 상황이 없고 부모에게 온전히 의지하며 보호받을 수 있는 '안락함' 그 자체인 것이다. 실제로 아동이 표현한 동물 피규어들을 보면, 아빠가 강인한 힘을 가지고 가족들을 안전하게 인도해 나가는 모습에 엄마와 아동이 그 곁을 편안하게 따르고 있다. 여기서 절로 행복감을 느낀다는 것이 내담 아동의 말이다. 동시에 아동이 간절히 소망하는 안정적이고 평화로운 가족의 모습이 무엇인지 실체적으로 드러나는 장면이다.

한편, 아동은 현재의 또래 관계를 [그림 5-7]과 같은 순서로 선택하였다. 힘이 가장 세고 몸집이 큰 친구로 코끼리를 선택하였는데, 이 코끼리는 친구들의 장난을 다 받아주는 편이었고 이 무리 중 내담 아동을 그나마 받아주는 친구라고 하였

[그림 5-7] 코끼리 → 고양이 → 코뿔소 세 마리 → 뱀

다. 고양이는 제멋대로 행동하는 친구라며, 기분의 변화가 순간순간 그대로 드러난다고 설명하였다. 코뿔소들은 자신과 잘 어울리지 못하는 또래 여자 친구들을 나타내고 있는데, 내담 아동 스스로가 느끼고 있는 이성 친구들에 관한 생각은 힘이 세고 성질이 나쁘다는 것이었다. 무리에서 가장 늦게 선택한 뱀은 내담 아동 자신을 표현한 것으로, 눈에 띄지 않게 빠르게 돌아다니는 모습을 나타냈다. 뱀은 동물 무리에 선뜻 다가가지 못하고 주변을 돌며 눈치를 보고 끼어들 틈을 엿본다고 하였다. 상담사가 이에 대한 내담 아동의 감정을 탐색하자, 비슷한 상황이 생길 때면 답답한 마음부터 들고 생각하면 할수록 자신은 외롭고 슬픈 사람이라고 말하였다. 다른 동물들과 달리, 유일하게 자신만 파충류인 뱀으로 인식하였다. 무리 안에서 자신의 존재에 대한 이질적인 모습을 드러낸 대목이다. 맥락상 뱀은 생존의 위협을 느끼는 존재로 해석될 수 있다. 내담 아동은 함께 어울리고 싶은 또래의 무리 안에서 쉽게 관계를 맺지 못하고 있으며 이에 대해 고립감을 느낀 채 힘들어하고 있었다. 또한 사회적 맥락에 따라 자연스럽게 대화에 참여하고 의사소통하는 데에 있어 어려움을 느끼고 있는 것으로 파악된다.

그럼 이번에는 소망하는 또래 관계를 표현해 보라 하였다. 아동은 [그림 5-8]과 같은 순서로 선택하였다. 고릴라와 낙타는 현재의 자신을 표현하는 동물로 선

[그림 5-8] 고릴라 → 낙타 → 쥐 세 마리 → 뱀

택이 중첩되고 있는 모습이다. 모두 화를 내지 않고 싸움을 원하지 않는 동물들로 설명되는데, 평화로운 분위기를 형성하고 싶은 아동의 마음이라 할 수 있다. 아동은 또 성질이 나쁘다고 표현되었던 코뿔소를 쥐로 바꿔 표현하며 비교적 힘을 줄여서 친구들을 차별하지 못하는 존재로 바꿔 놓았다.

한편, 내담 아동은 자신을 뱀으로 나타냈는데 현재의 또래 관계와 똑같이 선택되었으나, 눈에 띄지 않게 눈치를 보며 빠르게 돌아다니던 모습과 달리, 나만의 자리를 찾아 그 자리에서 함께 어울리고 싶다고 말한다. 이처럼 내담 아동이 표현한 소망하는 또래 관계의 모습은 만다라 형의 특징을 가졌는데, 내담 아동의 자리가 있는 상태에서 서로가 서로를 바라보고 있는 형상으로 표현되고 있다. 또래 관계 내에서 그 누구도 차별받지 않고 함께 어울려 관계를 맺는 것에 자신의 소망을 투영해 낸 것이다. 부정적으로 표현되었던 동물들과는 함께 어울리지 못한 과정에서 생긴 서운한 감정들을 표출하고 친사회적 관계에 대한 새로운 소망을 드러낸 내담 아동의 속마음인 셈이다.

이처럼 인형을 활용한 평가를 통해 내담 아동이 현재 직면하고 있는 문제들을 자연스럽게 탐색할 수 있었다. 이와 같은 탐색 과정을 거치며 자신이 가진 문제와 다양한 장면 속에서 자신의 감정들을 있는 그대로 표출할 기회를 제공하였으며 자기 인식을 비롯한 타인과 가족, 또래 관계를 인식할 수 있는 계기를 마련해 주었다. 또한 순차적인 평가 과정은 아동의 혼란스러운 감정에 대한 인식과 카타르시스를 유도하는 데 도움이 되었다. 인형을 활용해 다양한 표현을 시도할 때마다 내담 아동은 제 생각과 감정, 욕구 등을 더욱 세밀하게 표현하였으며, 자신의 현재를 인식하는 경험을 할 수 있었다. 이러한 평가 과정 자체는 자아 기능을 회복할 수 있는 계기를 제공한다.

정리해 봅시다

- 인형 치료는 인형을 활용한 심리적 치료기법으로 인형이라는 상징적인 매체를 활용한다. 인형을 통해 언어적 상담의 한계를 보완하면서 내담자의 다양한 표현을 촉진하고 다층적인 심리 분석을 가능하도록 돕는다.
- 인형 치료는 인형을 통하여 내담자의 잠재적인 무의식적인 욕구와 패턴을 드러내도록 도우며 일정한 상징 체계를 통하여 심층적으로 파악하고 이를 심리적 치료를 위한 해석에 연결 지어 볼 수 있다.
- 인형 치료는 가족체계이론, 트라우마 가족치료, 심층심리학, 현상학의 이론을 바탕으로 하여 발전되어 왔다.
- 인형 치료는 안정감 제공, 자존감 향상, 카타르시스 경험, 과거 연상, 수용과 지지, 비언어적 의사소통 등을 가능케 한다.
- 인형 치료는 인형을 활용한 치료적 과정을 통하여 내담자와 상담사의 신뢰 관계를 형성할 수 있도록 한다. 편안하게 자신을 표현하면서 자신을 이해하고 문제점을 인식할 수 있게 되며 더 나아가서 이를 해결해 나가는 경험을 하게 된다.
- 인형 치료는 비언어적 의사소통을 가능하게 한다. 인형을 활용하는 여러 치료적 과정을 거치며 자신의 무의식적인 욕구, 선택, 행위, 메시지 등을 자연스럽게 드러내고 보다 편안하게 상담사와의 상호작용을 시도하게 된다. 이는 상담사가 내담자에 대한 치료적 요소를 찾아내고 분석해 내는 데 중요한 단서를 제공해 준다.
- 인형 치료는 인형을 활용한 다양한 심리평가를 활용하고 있다. ① 인형심리평가, ② 가족 인형 세우기, ③ '양 떼를 지켜라' 문제 해결 인형 치료 모델, ④ 동물상징 성격유형검사(ASPT) 등을 활용하여 더욱 체계적이고 안전하게 내담자에 대한 심리적 특성을 파악함으로써 상담사는 상담의 치료적 방향을 적절히 설정해 나갈 수 있게 된다.

활동 해 봅시다

1. 실제 프로그램에서 활용할 수 있는 워크시트(최광현, 2020, p. 62)

step 1. 자기 인식

영역	질문 내용
현재의 나	• 여기 있는 동물 중에서 나라고 생각하는 동물을 골라 보세요. • 나와 닮은 동물이 있다면 골라 보세요. • 총 네 가지를 골라 선택해 보세요. • 나라고 생각한 이유는 무엇인가요? • 어떤 부분이 나와 비슷하다고 생각되나요?
소망하는 나	• 소망하는 동물을 찾아볼게요. 되고 싶은 동물을 골라 보세요. • 총 네 가지를 골라 선택해 보세요. • 소망하는 이유는 무엇인가요?

step 2. 타인 인식

영역	질문 내용
동물의 왕국	• 동물을 사용해서 자유롭게 동물의 왕국을 만들어 보세요. __________ __________ __________ __________ __________ • 어떤 동물이 살고 있나요? __________ __________ __________ __________ __________ • 동물의 왕국에 대해서 소개해 주세요. __________ __________ __________ __________ __________
왕국 이름 설정	• 동물의 왕국에 이름을 붙여 주세요. __________ __________ • 이름을 ( )라고, 붙인 이유는 무엇인가요? __________ __________ __________ __________ __________

step 3. 가족관계 파악

영역	질문 내용
현재의 가족	• 여기 있는 동물로 가족들을 골라 보세요. • 가족 구성원 각각의 동물을 고른 이유는 무엇인가요? • 동물 중에서 친한 동물끼리 나눠 세워 보세요. • 서로 친한 동물이 있다면, 그 이유는 무엇인가요?
소망하는 가족	• 소망하는 가족의 동물을 골라 보세요. • 가족 구성원 각각의 동물로 바꾼 이유는 무엇인가요?

step 4. 대인관계 및 또래 관계 파악

영역	질문 내용
현재의 또래 친구들/ 사람들	• 현재 관계를 맺고 있는 또래 친구들/사람들을 골라 보세요. ________________ ________________ • 각각의 동물을 고른 이유는 무엇인가요? ________________ ________________ ________________ ________________ ________________ • 동물 중에서 친한 동물끼리 나눠 세워 보세요. ________________ ________________ • 서로 친한 동물이 있다면, 그 이유는 무엇인가요? ________________ ________________ ________________ ________________ ________________
소망하는 또래 친구들/ 사람들	• 소망하는 또래 친구들/사람들의 동물을 골라 보세요. ________________ ________________ • 또래 친구들/사람들의 동물로 바꾼 이유는 무엇인가요? ________________ ________________ ________________ ________________ ________________

step 5. 가족 인형 세우기

세우기	질문 내용
원가족	• 내담자가 생각하는 원가족의 인형을 세워 보세요. ______ ______ ______ ______ ______ ______ • 각각의 인형들에 대해 어떤 느낌이 떠오르나요? ______ ______ ______ ______ ______ ______
현 가족	• 내담자가 생각하는 현 가족의 인형을 세워 보세요. ______ ______ ______ ______ ______ ______ • 각각의 인형들에 대해 어떤 느낌이 떠오르나요? ______ ______ ______ ______ ______ ______

2. 양 떼를 지켜라

어느 산 밑에 살던 한 양치기는 들판이 넓게 있는 산 중턱으로 양을 데리고 올라왔다. 산 중턱에는 세 종류의 개들이 자유롭게 살고 있었다. 양치기에게는 산 위에 늑대가 살기 때문에 양치기 개가 필요했고, 세 종류의 개 무리 중에서 양치기 개를 선택하게 되었다. 양치기는 선택된 개에게 사료를 제공하고 개는 양들을 안전하게 보호하게 하였다. 어느 날 양치기는 급한 일이 생겨 잠깐 산 밑 마을로 내려가게 되었고 양치기는 개들에게 양들을 잘 보호할 것을 당부하고 내려갔다. 하필 그때 먼 산에 살던 늑대 떼가 양 떼가 있는 산으로 몰려왔다. 양 떼를 보호해야 하는 개에게는 위기의 순간이 닥친 것이다.

어떻게 양들을 지킬 것인가? 양치기 개는 양 떼를 늑대로부터 안전하게 지켜내야 한다.

출처: 최광현(2021), p. 216.

• 성인용

1. 당신이 양치기라면, 양치기 개들을 어떻게 선택할 것인가?
2. 당신이 개라면, 양치기에게 선택받기 위해 어떤 모습을 (어떻게) 드러낼 것인가? (추가적 질문) 당신이 이처럼 선택받으려고 애를 써서 선택에 성공하거나 실패한 적이 있었는가?
3. 양치기에게 선택받지 못한 나머지 두 무리의 개들은 어떤 마음인가?
4. 양치기에게 선택받지 못한 개들에게 충고해 줄 수 있다면 어떤 말을 해 줄 것인가?
5. 양치기가 산 밑으로 내려가자마자 늑대들이 쳐들어왔을 때, 늑대들의 공격을 받은 개들은 어떻게 할 것인가? (추가적 질문) 추가적인 질문은 모두 할 필요는 없다. 상황에 따라 상담사는 질문을 선택적으로 사용할 수 있다.
   ① 늑대들이 쳐들어온다는 말을 듣고 어떤 마음이 들 것인가?
   ② 어떻게 위기를 극복할 것인가?
   ③ 이때 나의 구체적인 행동은 어떤 것인가?
   ④ 이때 내가 가장 두려운 것은 무엇인가?

⑤ 이때 내가 가장 지키고 싶은 것(소신, 원칙 등 중요한 자기의 우선적 사항)은 무엇인가?

⑥ 이때 내가 가장 원하는 소망은 무엇인가?

6. 구체적으로 어떻게 위기를 극복할 것인가? (내담자가 직접 인형이나 카드를 움직여서 설명하도록 한다.)
7. (만일 내담자 스스로 협력을 구상하였다면) 다른 개들과 협력하기 위해서 어떻게 할 것인가? 어떻게 그들을 설득할 것인가? (추가적 질문) 비슷한 상황에서 다른 동료들의 협력을 얻기 위해 애를 쓴 적이 있는가?
8. (다른 개들과의 협력을 구상하지 않았다면) 다른 개들과 협력하면 늑대들과의 싸움에서 이길 가능성이 있다. 협력하기 위해서 어떻게 할 것인가? 설득하겠다면 어떻게 그들을 설득할 것인가?
9. 다른 개들이 협력을 거부하면 어떻게 할 것인가? (추가적 질문) 다른 동료들의 협력을 얻기 위해 노력해 봤으나 실패해 본 적이 있는가?
10. 주변에 있던 선택 받지 못한 개들은 늑대들의 공격을 보고 어떤 마음이 들 것인가?
11. 늑대들이 주변 개들에게 전령을 보내어 함께 양 떼를 공격하자고 설득한다. "우리 늑대들만의 힘으로도 양치기 개들을 충분히 이기고 양 떼를 잡아먹을 수 있겠지만 함께 하면 더 좋을 것 같다. 참여하면 기꺼이 양들을 나눠 줄 것이다." "우리 함께 공격해서 같이 양들을 나눠 먹자."라는 늑대들의 제안에 개들은 설득당한다. 설득당한 나머지 개들과 늑대들이 한꺼번에 쳐들어온다. 어떻게 할 것인가?
12. 늑대들이 양치기 개들에게 양을 몇 마리만 넘기면 물러갈 것이라는 협상을 제안한다. 다른 무리의 개들과 협력이 이루어졌으나 선택되었던 양치기 개들은 최선을 다해서 양 떼를 지켜냈다. 얼마 후 양치기가 다시 돌아왔다. 양치기는 양치기 개들이 최선을 다해 양들을 무사히 지켜낸 것을 알게 되었다. 이때 양치기는 어떻게 행동하겠는가?
13. 양치기는 양들을 지킨 보상으로 무엇을 줄 것인가?

14. 양치기가 양치기 개들에게 보상을 안 주면 어떻게 하겠는가? (추가적 질문) 무언가를 위해 노력했으나 충분한 보상을 받지 못한 경우가 있었는가?
15. 양치기는 양치기 개들이 양 떼를 열심히 지키지 않았기 때문에 늑대들이 쳐들어왔다고 오해하고 오히려 최선을 다해서 양 떼를 지켜낸 개들을 혼낸다면 어떻게 하겠는가? (추가적 질문) 무언가를 위해 노력한 것이 충분한 보상을 받지 못할 뿐 아니라 배신이라는 결과로 돌아온 적이 있는가?
16. 양치기와 양치기 개가 다시 잘 지내기 위해서는 어떻게 해야 하는가?
17. 가장 마음이 가는 역할은 무엇인가?
18. 가장 마음에 들지 않는 역할은 무엇인가?
19. 등장하는 역할 중에 누가 가장 당신과 비슷한가?
20. 당신의 주변에 양 떼를 틈만 나면 공격하려는 늑대와 같은 사람이 있는가? 그렇다면 당신의 인생에 늑대는 누구(무엇)인가?

• 아동용

1. 당신이 양치기라면, 양치기 개들을 어떻게 선택할 것인가? (추가적 질문) 당신이 이처럼 선택받으려고 애를 써서 선택에 성공하거나 실패한 적이 있었는가? 양치기에게 선택받지 못한 나머지 두 무리의 개들은 어떤 마음인가?
2. 양치기가 산 밑으로 내려가자마자 늑대들이 쳐들어왔을 때, 늑대들의 공격을 받은 개들은 어떻게 할 것인가? (추가적 질문) 어떻게 위기를 극복할 것인가? 구체적인 행동은 어떤 것인가?
3. (만일 내담자 스스로 협력을 구상하였다면) 다른 개들과 협력하기 위해서 어떻게 할 것인가? 어떻게 그들을 설득할 것인가? (다른 개들과의 협력을 구상하지 않았다면) 다른 개들과 협력하면 늑대들과의 싸움에서 이길 가능성이 있다, 협력하기 위해서 어떻게 할 것인가? 설득하겠다면 어떻게 그들을 설득할 것인가?
4. 다른 개들이 협력을 거부하면 어떻게 할 것인가?
5. 늑대들이 양치기 개들에게 양을 몇 마리만 넘기면 물러갈 것이라는 협상을

제안한다. 양치기 개라면 어떻게 할 것인가?

6. 양치기가 다시 산으로 올라오자, 늑대 무리가 도망을 갔다. 양치기에게 어떤 보상을 받고 싶은가?
7. 양치기가 양들을 지킨 보상을 주지 않고 오히려 양을 잘 지키지 못했다고 야단을 맞았다. 늑대를 피해 도망 다닐 뿐 양 떼를 지키지 않았다고 이간질하는 나머지 개들의 말만 믿고 양치기가 화를 낸다면 어떻게 하겠는가? (추가적 질문) 양치기와 양치기 개가 다시 잘 지내기 위해서는 어떻게 해야 하는가?
8. 양치기, 양치기 개, 늑대, 선택받지 못한 나머지 개 중에서 되고 싶은 역할이 있다면 무엇인가?

3. 동물상징 성격유형검사

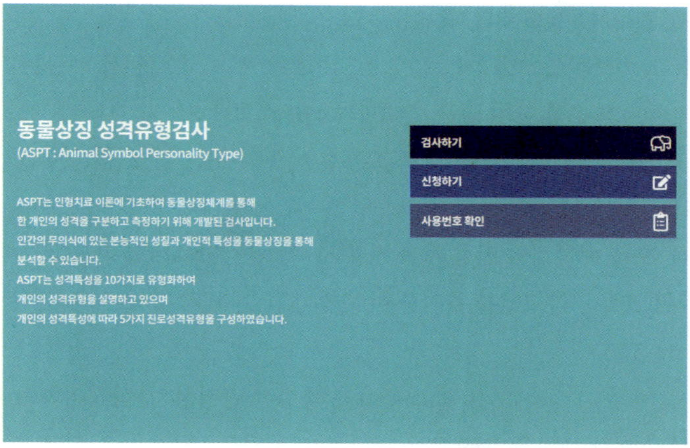

[그림 5-9] ASPT 온라인 사용 방법 → 주소 입력 후, 신청하기 버튼 클릭하기

출처: https://www.aspt20.com/bbs/enter.php

참고문헌

강진령(2016). 상담 연습-치료적 의사소통 기술. 학지사.

경혜자, 선우현(2022). Animal Symbol Personality Type(ASPT)에 나타난 트라우마를 경험한 부모 상실 아동의 성격유형 연구. 교정담론, 16(1), 253-280.

고려대학교 민족문화연구원(2009). 고려대 한국어 대사전.

고유식(2017). 사회적 트라우마의 돌봄을 위한 [트라우마 상징] 연구. 목회와 상담, 28, 7-39.

국립국어연구원(1999). 표준국어대사전(Vol. 3). 두산동아.

김미라, 하영윤(2020). 중년기 부부관계에 관한 국내 연구 동향 분석: Bowen의 가족체계 이론을 적용하여. 사단법인 한국 부부가족 상담협회 부부가족 상담연구, 1(2), 31-51.

김석(2010). 프로이트 & 라캉, 무의식에로의 초대. 김영사.

김성환(2016). 칼융, 무의식이란 무엇인가. 연암서가.

김우룡, 장소원(2004). 비언어적 커뮤니케이션론. 나남.

김정현(2013). 철학과 마음의 치유. 책세상.

김현진, 이준호, 최주현(2021). 지그문트 프로이트의 무의식 이론을 바탕으로 한 제인 맥아담 프로이트의 조형 표현 연구. 한국과학예술융합학회, 39(5), 71-82.

김효진(2020). 인형 치료 집단프로그램을 통한 아동의 또래 관계 증진에 관한 사례연구. 인형 치료연구, 6(1), 39-54.

박미경(2021). 우울 대학생의 인형 치료 적용 사례연구. 인형치료연구, 7(2), 21-41.

박미경, 최광현(2016). 학교생활 부적응 아동에 대한 인형 치료 적용 사례연구. 인형치료연구, 2(1), 39-57.

박세훈(2023). 융의 개성화(Individuation)와 영성적 진정성: 분석심리학의 영성 연구에 대한 공헌. 신학과 실천, 84, 199-222.

배우열, 선우현(2017). 또래 관계 문제로 의뢰된 비자발적인 청소년 내담자를 위한 인형 진단평가 사례연구. 청소년시설환경, 15(3), 17-29.

배우열, 선우현(2018). 학교폭력 피해로 또래 관계 어려움을 호소하는 청소년 내담자 인형 치료 사례연구. 청소년시설환경, 16(2), 15-27.

배우열, 선우현(2020). 내면 아이 인형 치료를 경험한 놀이치료자의 자기 성숙에 관한 자문화기술지. 인형치료연구, 6(2), 1-16.

백지연(2011). 성인을 위한 놀이치료. 북스힐.

연세대학교 언어정보연구원 HK 사업단(2015). 다면 자료와 비언어적 소통. 박이정.

유경환(1989). 원형적 상징을 찾아서: 꿈, 신화, 묵시, 역리순환, 효용, 민속, 창조적 상징 체계를 중심으로. 대한출판공사.

유진희, 박태영(2015). 원가족의 역기능적 의사소통 방식으로 인해 대인기피증이 있는 딸에 대한 가족치료 사례연구: MRI의 의사소통 모델과 Bowen의 가족체계이론 중심으로. 가족과 가족치료, 23(1), 217-238.

이남인(2005). 현상학과 질적 연구: 응용현상학의 한 지평. 한길사.

이남인(2005). 현상학과 질적연구방법. 현상학과 현대철학, 24, 91-122.

이영하(2017). 트라우마 가족치료와 투사적 동일시. 인형치료연구, 3(1), 43-59.

이영하, 최광현(2016). 인형 치료의 동물상징 체계 해석에 관한 연구-라캉의 상징 체계를 중심으로. 인형치료연구, 2(1), 21-37.

장정인(2020). 저널치료 프로그램에 참여한 중년기 여성들의 자기이해 경험에 대한 현상학적 연구. 영남대학교 대학원 박사학위논문.

정문자, 정현숙, 정혜정, 전영주, 정유진(2016). 다세대발달관점의 가족관계. 학지사.

최광현(2011). 가족 희생양 역할을 수행한 청소년 내담자에 대한 트라우마 가족치료 사례연구. 청소년시설환경, 9(4), 13-21.

최광현(2013). 인형 치료-트라우마 가족치료에 대한 적용. 학지사.

최광현(2016). 가족 트라우마와 상징 체계: 인형 치료 사례연구를 중심으로. 인형치료연구, 2(1), 1-19.

최광현(2018). 인형진단평가. 한국인형 치료학회.

최광현(2020). 인형심리평가. 한국인형 치료연구회.

최광현(2021). '양 떼를 지켜라' 문제 해결 인형 치료: 인형과 은유를 통한 상징체계의 통합 모델. 한국인형치료연구회.

최광현, 선우현(2016). 인형 치료: 상징 체계의 활용과 적용모델(2판). 학지사.

한승주(2012). 의사소통 기술: 그 이론과 실제. 청목.

한현주, 김성봉(2019). 내담자의 무의식 자원을 활용한 상담 사례연구. 문화와 융합, 41(6), 265-308.

Anderson, S. A., & Sabatelli, R. M. (2011). 다세대 발달관점의 가족관계. (정문자, 정현숙,

정혜정, 전영주, 정유진 역). 학지사. (원전은 2010년에 출간).

Bruscia, K. E. (1999). **음악치료 이야기**. (권혜경, 송진숙, 김미진 역). 권혜경음악치료센터. (원전은 1991년에 출간).

Campbell, J. (1949). *The hero with a thousand faces*. Princeton University Press.

Campbell, J. (2003). *The hero's journey: Joseph Campbell on his life and work* (Vol. 7). New World Library.

Dodd, C. H. (1995). *Dynamics of intercultural communication*. McGraw-Hill.

Goldhaber, G. M. (1986). *Organizational communication* (4th ed.). Wm.C. Brown.

Harrison, R. (1974). *Beyond words: An introduction to nonverbal communication*. Prentice Hall.

Jung, C. G. (1964). *Man and his symbols*. Aldus Books.

Jung, C. G. (2009). **인간과 상징**. (이윤기 역). 열린책들. (원전은 1964년에 출간).

Jung, C. G. (2016). *The collected works of C. G. Jung*. (Vols. 1-20, R. F. C. Hull, Trans.). Princeton University Press. (Original work published 1964)

Kalff, D. M. (2012). **도라 칼프의 모래놀이**. (이보섭 역). 학지사. (원전은 1966년에 출간).

Knapp, M. L. (1980). *Essentials of nonverbal communication*. Houghton Mifflin Harcourt School.

Levine, E. (2017). Write to health: Journaling can enhance psychotherapeutic process. Psychiatric News.

Levine, S. K., Levine, E. G., & Levine, E. G. (2013). **표현과 치료**. (최은정 역). 시그마프레스. (원전은 1998년에 출간).

Lévi-Strauss, C. (1962). *Le Totémisme aujourd'hui*. Librairie Plon.

Lévi-Strauss, C. (1996). **야생의 사고**. (안정남 역). 한길사. (원전은 1962년에 출간).

McNiff, S. (2014). **통합예술치료**. (윤혜선 역). 이담북스. (원전은 2009년에 출간).

Merleau-Ponty, M. (2006). **지각의 현상학**. (류의근 역). 문학과지성사. (원전은 1945년에 출간).

Ruesch, J., & Kees, W. (1972). *Nonverbal communication: Notes on the visual perception of human relations*. University of California Press.

Samovar, L. A., Porter, R. E., & Jain, N. C. (1981). *Understanding intercultural communication*. Wadsworth Pub.

제 6 장

퍼펫놀이치료

김미미

퍼펫을 통해 삶의 여정을 되돌아본다면 어떤 깊이의 감정과 통찰을 경험할 수 있을까? 퍼펫은 내면 세계의 닫힌 문을 여는 열쇠와 같다. '퍼펫'이라는 도구를 통해 단단한 감정을 부드럽고 자연스럽게 끌어낼 수 있다. 특히 아동이 쉽게 접근할 수 있는 도구로서 퍼펫은 놀이치료를 더욱 풍부하게 만든다.

1. 퍼펫놀이치료

1) 퍼펫놀이치료란

퍼펫놀이치료(puppet play therapy)는 '퍼펫'을 매개체로 한 놀이치료이며 치료 및 진단을 위해 활용된다. 아동은 퍼펫놀이로 자신의 감정, 정서, 생각을 재경험하게 된다. 때로는 차마 외부로 드러내지 못하는 이야기들, 언어로 구성해 내지 못한 말을 놀이로 표현하기도 하는데, 이러한 이야기를 꺼내 놓는 중간 다리가 되는 것이 퍼펫이다. 퍼펫은 어디서나 볼 수 있는 흔한 도구이며, 이야기 구성에 탁월하다는 특징을 가지고 있어 놀이치료에서 다양하게 활용되고 있으며 최근에는 그 분야가 광범위해지고 있다.

퍼펫을 사용한 치료는 1930년대에 이르러 Adolf Woltmann과 Loretta Bender에 의해 아동을 대상으로 사용되었다. 퍼펫은 조작하기가 쉽고 아동이 자발적으로 자기를 표현하는 데 유용한 도구이기 때문에 아동 상담을 할 때 효과적인 재료이다. 또한 퍼펫극은 놀이에서의 자유로운 분위기를 형성하고 호기심을 충족시키며(Drewes & Schaefer, 2017), 자신의 상황과 감정을 투사하도록 한다. 퍼펫으로 놀이할 때 아동은 자신이 느끼는 고통을 자기 경험이라고 이야기하지 않아도 되기에 괴로움을 직접 드러내지 않아도 된다. 심리상담사 역시 아동에게 직접적으로 고통을 묻는 대신, 퍼펫으로 아동의 문제와 어려움을 반영하고 위로해 줄 수 있다. 더불어 퍼펫놀이는 건강하게 문제를 해결해 나가는 모델링을 보여 줄 수도 있으며(김성화, 2020), 개념을 가르치는 교육의 도구로 사용되기도 한다(김경미, 1997; 김애옥, 1998). 스트레스나 외상을 경험하였던 아동에게는 그 경험을 재현하게 하여 아동이 억압하고 있는 불안이 외부로 나타나 외상을 극복해 내기도 한다.

2) 퍼펫놀이치료의 치료적인 힘

(1) 놀이로서의 퍼펫과 창조적 작업

① 놀이로서의 퍼펫

다양한 치료 매체 중 퍼펫은 어린 시절의 경험을 바탕으로 기억하기에 친근하고 친밀한 이미지를 갖는다(김지혜, 선우현, 2023). 퍼펫놀이치료는 '퍼펫'과 더불어 '놀이'라는 요소를 포함한다. '놀이'에는 즐거움과 자발성이라는 특성이 있다. 이는 강제적인 억압이나 위축 없이 자발적으로 선택한 즐거움이라는 점에서 '놀이'의 요소를 포함한다. 놀이치료실에서 만나는 많은 아동은 결과에 대한 압박, 불안, 위축으로 인한 스트레스가 있으며 도전, 용기, 자유를 억압받기도 하는데 퍼펫놀이를 통해 자유와 회복을 느끼고 치유를 경험하게 된다.

② 창조적 작업의 퍼펫

아동의 창조적 작업을 통해 퍼펫이 재탄생되기도 한다. 주변의 다양한 재료들이 퍼펫 창조의 영감이 되는데, 공, 솜, 플라스틱, 나무 막대기, 숟가락, 재활용 쓰레기까지 재료는 무궁무진하다. 아동은 퍼펫을 직접 만드는 과정을 통해 감각적 즐거움과 창조적 기쁨을 누릴 수 있다. 자신의 퍼펫이 창조되면 그 퍼펫에게 역할을 부여하고 상황을 통제하며 조종하게 된다. 이러한 역동적 과정에서 이야기를 만들어 내고 순발력 있는 대사를 소화하기도 한다. 퍼펫놀이치료에서 아동은 퍼펫에게 생명을 주는 창조자이며 스스로 문제를 해결해 나가는 생명력 있는 존재이다.

(2) 퍼펫놀이치료와 아동발달

① 퍼펫놀이치료와 사회 · 정서 발달

ⓐ 조망수용 능력

사회성은 사회에 적응하고 대처하는 능력에서 시작된다. 사회성이 뛰어난 사람들은 타인의 감정을 잘 이해하고, 즐거움을 나누며, 타인과 자신의 마음을 헤아릴 줄 안다. 퍼펫놀이는 타인의 입장에서 생각할 수 있는 조망수용 능력을 향상시킨다(이승희, 2021). 특히 유아기에는 자신과 타인의 마음을 이해하는 연습이 필수적인데, 유아기의 자기중심적 사고는 연령이 점차 증가함에 따라 탈중심화된다. 이 과정에서 퍼펫을 통해 감정을 이입하고 자기중심에서 타인의 감정을 이해할 수 있는 조망 능력이 향상된다(박향숙, 2002).

ⓑ 친사회성

퍼펫놀이는 친사회적 행동을 촉진하고(김용숙, 1995), 퍼펫과 친구처럼 친밀한 관계를 맺거나 갈등 상황을 연출하며 다양한 인간관계를 경험해 보게 한다. 이러한 친밀감은 퍼펫과 사람 간의 정서적 교감이 되도록 하며(이보라미, 2011), 친구인 퍼펫에게 아동의 생각과 감정을 자연스럽게 이야기할 수 있게 한다(이숙재 외, 2006). 또한 퍼펫을 통해 부정적인 행동에 대한 결과를 간접 경험하게 하여 친사회적 행동을 배우고(신관홍, 1997), 상호작용을 통해 바람직한 사회적 태도를 습득한다(배주현, 2007).

② 퍼펫놀이치료와 문제 해결력

ⓐ 갈등 해결

대인 문제 해결 사고는 일상에서 대인 간의 문제를 해결하기 위해 목표를 설정하고 행동을 선택하는 능력이다(Rubin & Krasnor, 1986). 퍼펫놀이는 대인 문제 해결 사고에 긍정적인 효과가 있으며(김현경, 1993), 상상적 사고를 통해 문제 해결을 돕는다. 퍼펫으로 갈등 상황을 상상하여 체험해 볼 수 있고 사소한 갈등을 해결하고 배울 수 있는 상호작용 경험을 제공한다(이은진, 선우현, 2024). 이때 아동은 퍼펫의 모델링을 모방할 수 있으며 스스로 답을 찾아내기도 한다.

ⓑ 토의

토의는 아동의 갈등 해결 능력을 향상시키며(손승진, 2011; 윤수인, 2010) 서로 의견을 나누는 과정에서 문제 해결 방안이 모색된다(이은화, 김영옥, 2014). 퍼펫놀이에서는 퍼펫과 아동의 열정적인 토의를 통해 문제 해결을 할 수 있는 실마리를 찾는다. 토의 활동으로 타인의 생각을 관찰하고 이해할 수 있으며(Bransford & Donovan, 2005), 타인의 의견을 존중하는 태도를 배울 수 있고, 왜곡하고 있던 인지를 재해석하기도 하며 새로운 정보를 입력할 수 있다. 퍼펫놀이에서의 토의는 상대의 관점을 고려하는 사회적 상호작용의 연습이며(Drewes & Schaefer, 2017), 긍정적인 방식으로 문제를 해결해 보는 경험이다.

③ 퍼펫놀이치료와 언어

퍼펫놀이치료는 다양한 단어와 어휘를 생각하고 표현할 수 있는 대화의 장을 마련하며 수용언어와 표현언어의 발달을 돕고(Lake & Evangelou, 2019), 의사소통을 향상시킨다(Halimah et al., 2020). 또한 몸의 움직임과 표정, 목소리 톤의 변화와 함께 전달하는 언어는 퍼펫놀이를 통해 효과적으로 전달된다. 국내 연구에서 살펴보면, 만 5세의 유아 40명에게 퍼펫극 놀이 활동을 한 결과, 퍼펫극 놀이를 하지 않은 유아들과 비교하여 언어표현력의 단문, 수식어가 유의미하게 높은 결과가 나타났다(이금숙, 김현, 홍혜경 2008). 또한 퍼펫놀이는 아동에게 자발적인 대화를 통해(Petty & Jensen, 1980) 말하며 주고받기 연습을 압력 없이 편안하게 경험할 수 있도록 한다. 자발적인 대화는 아동이 적극적으로 대화에 참여하게 하고(Naylor et al., 2007) 이 과정에서 언어 발달이 향상된다(Lake & Evangelou, 2019).

④ 퍼펫놀이치료와 감각

ⓐ 고유수용감각

고유수용감각은 근육의 수축과 신장으로부터 발생된 감각 정보를 말한다. 고유수용감각은 신체의 움직임에 도움을 주는데, 퍼펫을 다룰 때는 운동 기술과 퍼펫을 다루는 조정 능력이 필요하다. 퍼펫을 통해 신체의 움직임을 인식할 수 있으며 움직임의 방향과 계획을 세울 수도 있다(Ayres, 2005). 또한 손으로 퍼펫의 입 모양을 벌리고 오므리는 작업, 단추를 채우는 작업, 퍼펫을 데리고 움직이는 감각적 작업을 통해 고유수용감각이 향상된다.

ⓑ 전정감각

전정감각은 중력에 대한 정보를 다루는데 인간이 넘어지지 않게 균형을 잡아 주고 머리의 움직임, 위치, 어떤 방향으로 어떻게 빨리 움직이는가를 알게 한다. 아동은 퍼펫을 통해 퍼펫이 어디에 자리 잡고 있으며 어떻게 움직이는지를 관찰할 수 있다. 또한 퍼펫이 넘어지고 다시 일어서는 과정을 보여 주며 넘어지는 것에 대한 두려움을 극복할 수도 있다. 전정감각의 어려움으로 인해 중력과의 관계가 불안한 아동은 관계 안에서도 불안감을 경험할 수 있다. 이러한 불안을 퍼펫이 아동을 대신하여 보여 주고 도전하며 극복하는 모델링을 통해 공간과 균형에 대한 신체적 안정감을 경험할 수 있다(Schaaf & Mailloux, 2015).

ⓒ 촉각

촉각은 피부 표면의 감각이 뇌로 전달되는 것이기 때문에 촉각의 입력은 발달에 매우 중요한 역할을 한다. 촉각 감각이 지나치게 민감하고 방어적인 경우, 촉각에 대한 불편감이 일상생활의 불편으로 이어진다. 퍼펫놀이치료에서 다루는 퍼펫은 다양한 재료로 만들어져 있고 퍼펫을 손에 끼우며 놀이에 참여하는 과정에서 아동은 다양한 촉각 감각에 노출되어 촉각의 과민성이 완화될 수 있다(Ayres, 2005). 촉각 발달을 위해 반드시 퍼펫을 손에 끼워야 하는 것은 아니다. 아동이 좋아하는 촉각 자극을 가진 인형을 쓰다듬거나 옆에 두고 만지거나 보는 것만으로도 촉각에 대한 부정적 반응을 줄여 주고 촉각에 대한 불편감을 감소시킬 수 있다.

ⓓ 시지각

시각은 인간의 움직임을 더욱 정교하게 만들고 자율적인 움직임에 중요한 역할을 한다. 퍼펫놀이에서는 시각적인 요소가 큰 비중을 차지한다. 아동은 캐릭터를 선택하고 캐릭터에게 새로운 옷을 입히며, 움직임과 세부적인 부분을 관찰하며 시지각 능력을 키워 나간다. 또한 종이에 퍼펫 그림을 그리고 색칠하기, 천을 고르고 묶기, 리본을 다양하게 진열하기 등의 퍼펫 만들기 활동을 통해 자신의 움직임을 예상하며 만지고 느낀 것을 시각적으로 연결하는 작업을 할 수 있다. 이러한 활동은 아동의 시지각 능력을 자연스럽게 발달시키며, 정교한 움직임을 연습할 수 있게 도와준다(Schaaf & Mailloux, 2015).

ⓔ 청각

청각 처리는 정보처리에 중요한 요소이며 언어 발달에도 큰 영향을 미치기 때문에 잘 듣고 말하는 것은 뇌의 복잡한 처리 과정을 거치는 것이다. 퍼펫놀이에서는 퍼펫의 말을 듣고 말하고 때로는 노래를 부르기도 하며 청각 처리에서 정보 식별이 가능하게 훈련한다. 이는 청각 정보처리 및 언어 발달에 도움이된다(Schaefer, 2003).

3) 놀이치료실에서 사용되는 퍼펫의 종류

(1) 퍼펫 종류

① 손 퍼펫

퍼펫놀이치료에서 가장 많이 사용되는 퍼펫이다. 손과 손가락으로 조작할 수 있으며 입의 움직임을 통해 표현하고 상호작용한다. 손 퍼펫은 가벼우며 공격성을 표현하기에 효과적이고 머리와 팔의 움직임이 크다.

출처: OpenAI의 DALL-E를 사용하여 생성되었음.

② 손가락 퍼펫

손가락에 끼울 수 있는 작은 퍼펫이다. 손가락 퍼펫은 보관이 편리하고 손가락을 이용해 다양한 캐릭터로 스토리텔링을 할 수 있다. 또한 손가락에 퍼펫을 끼우고 빼기, 손가락을 접고 피기, 좌우로 움직이기 등의 활동을 통해 아동의 소근육 향상을 돕는다.

출처: OpenAI의 DALL-E를 사용하여 생성되었음.

③ 마리오네트

줄과 막대기를 이용하여 퍼펫의 다양한 신체 부위에서 관절을 움직일 수 있는 퍼펫이다. 치료실에서 사용하기에 조작이 복잡할 수 있으나 퍼펫 무대의 완성도를 높이고 싶거나 창의적 활동을 할 때 사용된다.

출처: OpenAI의 DALL−E를 사용하여 생성되었음.

④ 막대 퍼펫

퍼펫의 몸통이나 팔에 막대를 부착하여 움직임을 표현할 수 있다. 만들기가 쉽고 간단하여 퍼펫을 제작하는 데 성취감을 가질 수 있으며 몸 전체의 큰 움직임을 표현할 수 있다.

출처: OpenAI의 DALL-E를 사용하여 생성되었음.

⑤ 양말 퍼펫

양말로 손쉽게 만들 수 있어서 다양한 연령대에서 사용할 수 있다. 양말의 부드러운 촉감을 통해 다양한 감각적 활동을 할 수 있으며 치유 인형으로 사용할 수 있다.

출처: OpenAI의 DALL-E를 사용하여 생성되었음.

⑥ 그림자 퍼펫

그림자 퍼펫은 화면이나 밝은 판 뒤에서 그림자를 나타낼 수 있으며 색깔이 있거나 불투명하게 조작할 수 있다. 손을 통해 모양을 만들 수 있고 납작한 막대 인형을 사용할 수 있으며 미디어아트를 사용할 수도 있다. 음악적 배경을 더하여 아름다운 시각적 효과와 이야기를 만들어 낼 수 있으며 그림자 퍼펫의 움직임을 보는 것만으로도 상상력이 자극되고 치유적인 효과를 줄 수 있다.

출처: OpenAI의 DALL-E를 사용하여 생성되었음.

(2) 놀이치료실의 퍼펫 구성

놀이치료실의 퍼펫은 아동이 자신의 심리 상태를 잘 표현할 수 있을 만한 상징적인 퍼펫이 포함되어 있어야 하며, 일상생활을 재현할 수 있는 퍼펫도 포함되어야 한다. 퍼펫은 15~20개의 다양한 퍼펫을 전시하는 것이 좋다(Carter & Mason, 1998). 퍼펫의 수가 너무 적으면 아동의 심리를 표현하는 것에 한계를 느낄 수 있으며, 그 수가 너무 많으면 퍼펫에게 압도당할 수 있다.

① 동물 퍼펫

동물 퍼펫은 동물의 묘사를 통해 아동의 감정과 심리적 상태를 은유적으로 나타낼 수 있으며 다양한 역동을 이해할 수 있다. 동물은 아동에게 치료 환경의 친숙함과 편안함을 제공하며 아동에게 익숙한 존재이기에 아동이 자기 경험을 동물로 투사하여 표현할 수 있다.

출처: OpenAI의 DALL-E를 사용하여 생성되었음.

② 가족 퍼펫

놀이치료에서 가족을 다루는 것은 매우 기본적인 작업이다. 특히 아동의 경우는 가족이 아동에게 중요한 환경이기 때문에 가족 퍼펫을 통해 아동의 심리적 어려움을 다루게 된다. 심리상담사는 아동이 가족 퍼펫을 다루는 방식을 통해 가족 내에서 아동이 어떠한 역할을 하며 가족을 어떻게 인식하고 상호작용하는지를 관

출처: OpenAI의 DALL-E를 사용하여 생성되었음.

찰하고 이해할 수 있다.

③ 인간 캐릭터 퍼펫

인간 캐릭터 퍼펫은 다양한 연령과 성별, 직업으로 구성하는 것이 좋으며 성격을 나타내는 특징적인 요소가 가미되어 있는 것을 추천한다. 인간 캐릭터 퍼펫은 이야기를 구성하고 감정을 표현하며 역할놀이를 할 때 사용된다.

출처: OpenAI의 DALL−E를 사용하여 생성되었음.

④ 판타지 캐릭터 퍼펫

놀이상담에서 아동은 상상력을 통해 판타지를 구성하고 판타지를 이용하여 자신의 감정을 탐색하고 현실에서 이루지 못한 소망, 내면의 욕구 등을 표현하므로 문제를 해결할 수 있다. 이때 사용되는 퍼펫이 판타지 퍼펫이며, 대표적 판타지 퍼펫으로는 마법사, 괴물, 마녀, 용, 요정, 영웅, 악마와 같은 환상적인 존재가 있다.

출처: OpenAI의 DALL-E를 사용하여 생성되었음.

⑤ **추상적 퍼펫**

정형화되고 완성형의 퍼펫이 아닌 추상적인 모양인 미완성의 퍼펫은 아동의 상상력을 자극할 수 있다. 정의되지 않는 감정을 표현하고 싶을 때는 퍼펫을 활용할 수 있는데 이때 미완성의 퍼펫은 아동의 역동을 잘 드러낼 수 있도록 돕는다. 또한 추상적 퍼펫을 통해 퍼펫놀이에서 유머를 더할 수 있으며 퍼펫을 완성해 가면

출처: OpenAI의 DALL-E를 사용하여 생성되었음.

서 자신감을 회복하는 과정을 경험하기도 한다.

⑥ 문화적 캐릭터 퍼펫

문화적 캐릭터 퍼펫은 다양한 문화적 배경에 대한 이해를 돕고 그에 대한 공감을 촉진한다. 문화를 상징할 수 있는 전통의상을 입은 퍼펫, 문화를 대표하는 인종의 생김새 등을 통해 아동은 자신의 문화적 배경과 자신의 경험과 상상을 퍼펫놀이로 표현할 수 있다.

출처: OpenAI의 DALL-E를 사용하여 생성되었음.

(3) 놀이치료실에서의 퍼펫 제작

퍼펫은 구애받지 않고 어떠한 재료라도 사용될 수 있으며, 그 어떤 것도 퍼펫이 될 수 있다.

표 6-1 퍼펫 제작의 예시

<table>
<tr><th>종류</th><th colspan="2">설명</th><th>예시</th></tr>
<tr><td rowspan="2">장갑 퍼펫</td><td>재료</td><td>장갑, 마커, 단추, 천조각, 양면테이프</td><td rowspan="2"></td></tr>
<tr><td colspan="2">장갑에 눈을 그리거나 단추를 붙이고, 입, 코를 그리거나 만들어 붙인다.</td></tr>
<tr><td rowspan="2">양말 퍼펫</td><td>재료</td><td>양말, 실, 솜, 끈, 마커</td><td rowspan="2"></td></tr>
<tr><td colspan="2">양말에 솜을 넣고 몸통을 만든 뒤 양말 입구를 솜이 나오지 않도록 끈으로 묶는다. 마커로 얼굴을 그린다. 솜을 넣지 않은 경우 손에 양말을 넣어서 움직이는 퍼펫을 만든다.</td></tr>
<tr><td rowspan="2">종이 퍼펫</td><td>재료</td><td>종이, 가위, 풀, 마커, 스티커</td><td rowspan="2"></td></tr>
<tr><td colspan="2">종이나 종이봉투를 원하는 대로 잘라 얼굴과 몸을 만들고, 표정을 그린다. 스티커를 붙여서 종이 퍼펫을 꾸며 준다.</td></tr>
<tr><td rowspan="2">공 퍼펫</td><td>재료</td><td>공, 마커, 휴지심, 양면테이프, 막대</td><td rowspan="2"></td></tr>
<tr><td colspan="2">마커로 공에 얼굴을 그리고 휴지심이나 막대를 이용해 퍼펫의 몸을 만든다.</td></tr>
<tr><td rowspan="2">숟가락 퍼펫</td><td>재료</td><td>숟가락, 마커, 색종이, 부직포</td><td rowspan="2"></td></tr>
<tr><td colspan="2">숟가락에 얼굴을 그리고 천조각, 부직포, 색종이 등을 이용해 옷을 만들어 붙인다.</td></tr>
<tr><td rowspan="2">종이컵 퍼펫</td><td>재료</td><td>종이컵, 마커, 가위, 풀</td><td rowspan="2"></td></tr>
<tr><td colspan="2">종이컵에 얼굴을 그리고, 얼굴을 다양한 방식으로 꾸며 준다.</td></tr>
<tr><td rowspan="2">과일 퍼펫</td><td>재료</td><td>과일, 마커, 스티커</td><td rowspan="2"></td></tr>
<tr><td colspan="2">과일 표면에 눈, 코, 입을 그리거나 스티커를 붙인다.</td></tr>
<tr><td rowspan="2">사진 퍼펫</td><td>재료</td><td>인쇄한 사진, 막대, 가위, 풀, 테이프</td><td rowspan="2"></td></tr>
<tr><td colspan="2">아동이 좋아하는 사진을 인쇄하여 오리고 막대에 붙인다. 다양한 인물과 모양을 만들어 본다.</td></tr>
</table>

출처: 이미지는 OpenAI의 DALL-E를 사용하여 생성되었음.

(4) 퍼펫을 다루는 태도

심리상담사가 퍼펫을 다루는 태도를 통해 아동은 생명을 대하는 태도를 배우게 된다. 퍼펫을 다룰 때는 실제 인물처럼 다루어야 심리상담사뿐만 아니라 아동도 더 쉽게 감정을 이입할 수 있다. 퍼펫으로 놀이할 때는 풍부한 상상력을 발휘해야 한다. 동물과 사람 퍼펫은 물론이고 무생물인 사물도 퍼펫으로 연기할 수 있어야 하며, 눈에 보이는 모든 것이 놀잇감이 되고 퍼펫이 될 수 있어야 한다. 예를 들어, 영화 〈미녀와 야수〉를 생각해 보면 커피잔이 말하고 시계가 춤을 춘다. 아동의 판타지 세계에서는 어떠한 사물이든 사람처럼 이야기할 수 있으며 그 상상력은 무궁무진하다. 퍼펫을 다룰 때는 애니메이션에서 사물들이 이야기하고 노래하는 장면을 떠올리면서 말을 한다고 생각해 보자.

표 6-2 시계를 인형으로 활용하여 시계에 의미 부여하기 예시

	긍정적인 시계	부정적인 시계
대사 1	안녕! 나는 즐거운 시계야! 정말 설레! 시간이 갈수록 재미있는 일이 생길 것 같아!	하아…… 나는 지루한 시계야. 하루 종일 공부만 해야 하는 시간을 보내고 있거든. 시간이 참 느리게 가는 것 같아…….
대사 2	친구들과 함께 노는 것은 정말 즐거워. 놀이터를 갈 때마다 두근거려.	어쩌지! 벌써 숙제를 할 시간이 다가와! 엄마한테 혼날까 봐 너무 불안해. 너도 그런 적 있니?
대사 3	엄마, 아빠가 퇴근하면 나를 안아 줄 거야. 나는 그 순간을 얼마나 기다리는지 몰라. 정말 따뜻해.	나는 가끔은 외로워. 아무도 나를 돌봐 주지 않는 것 같아.
대사 4	모두가 행복해지는 시간이야. 나는 따뜻한 시간을 가지고 있어.	나는 걱정이 많아, 너도 이런 시간을 보낼 때가 있니?

[그림 6-1] 여러 가지 감정의 시계를 다루는 심리상담사
출처: OpenAI의 DALL-E를 사용하여 생성되었음.

2. 비언어적 의사소통으로서의 퍼펫

1) 퍼펫놀이치료를 통한 비언어적 의사소통의 이해

퍼펫도 사람처럼 표정, 움직임, 자세, 목소리 톤 등을 통해 자신의 상태에 대한 다양한 신호를 비언어적 의사소통으로 전달한다. 아동은 퍼펫의 비언어적 의사소통 신호를 관찰하면서 모방할 수 있고 비언어적 의사소통과 언어적 의사소통 간의 개연성과 불일치되는 부분을 알아차릴 수 있다. 이러한 알아차림이 일치되지 않는 아동에게는 심리상담사가 불일치되는 부분을 설명해 주기도 한다.

(1) 움직임 영역

① 머리의 움직임, 동작, 버릇, 목의 움직임

비언어적 의사소통에서 머리의 움직임, 신체 동작, 버릇은 큰 부분을 차지한다.

놀이치료 상황에서 퍼펫은 적절한 속도로 고개를 끄덕이는 반영적인 행동을 해야 하며 아동은 퍼펫이 자신의 이야기를 주의 깊게 경청하고 있다고 느껴야 한다. 아동이 퍼펫을 의인화되게 느끼려면 움직임에 세심한 주의를 기울여야 하는데 손에 퍼펫을 끼우는 것이 첫 단추이다. 퍼펫을 손에 끼울 때 손은 수평을 유지하며 엄지손가락과 나머지 네 손가락 사이에 공간을 마련한다. 말을 하는 것처럼 입을 벌릴 때는 손에 너무 힘을 주지 않는 것이 중요하다. 손에 힘을 너무 주게 되면 머리가 흔들리거나 시선이 아동의 아래로 떨어지기 때문에 집중이 분산되어 아동이 퍼펫에게 집중하기 어려워진다.

비언어적 의사소통에서 표정은 다양한 감정의 메시지를 나타내는데, 퍼펫은 얼굴에 근육이 없어서 자연스러운 표정을 만들기에 어려움이 있다. 이러한 단점을 보완할 수 있는 것이 목의 움직임이다. 목을 움직일 때는 손가락의 윗부분과 아랫부분을 모두 움직이지 않고 정확하게 말하는 속도에 맞춰서 움직인다. 목의 움직임에 집중하고 시선이 정확하면 퍼펫의 머리가 젖혀지지 않아서 생동감 있는 퍼펫으로 의인화할 수 있다. 퍼펫을 통해 세밀한 정서적 반영을 움직임으로 표현하는 방법은 몸을 흔들기, 퍼펫의 손을 흔들기, 엄지를 세우기, 박수를 치기, 빙글빙글 돌기 등 인간이 사용하는 다양한 움직임을 표현하는 것이다. 심리상담사는 퍼펫의 다양한 움직임과 적극적인 반응을 통해 아동과 퍼펫으로 풍부하게 교감할 수 있다.

② 자세

사람도 자세에 따라서 그 사람의 심리 상태를 알 수 있듯이 퍼펫도 심리를 반영하는 자세를 유지하는 것이 중요하다. 퍼펫의 자세에서 아동과 상담을 대하는 태도, 자신감, 참여하려는 심리적인 에너지를 알 수 있다. 퍼펫의 전신은 사람의 척추와 같으며 팔을 다른 자세로 세워야 한다. 퍼펫의 몸이 휘게 되면 시선과 자세가 비뚤어지기 때문에 아동이 퍼펫에게 집중하기가 어렵다. 심리상담사는 퍼펫에 손을 끼운 뒤 앞으로 쏠리거나 비뚤어지지 않도록 팔고 손목에 힘을 주어 수평과 수직을 유지한다.

퍼펫의 캐릭터에 따라 자세에 따른 메시지를 전달할 수도 있다. 퍼펫이 개방적인 자세를 취하려면 팔을 벌리고 앞으로 고개를 내밀 수 있다. 두 팔을 벌리고 안아 주는 것처럼 만들어서 개방적이고 사려 깊은 자세로 아동과 상담할 수 있다. 반대로, 폐쇄적인 자세일 때는 팔짱을 끼거나 인형의 전신을 구부리는 것처럼 모양을 만들 수 있다. 고개를 떨구고 구부린 자세를 만들어서 불안과 염려가 높고 지쳐 있는 상태를 보여 줄 수 있으며, 몸을 꼿꼿하게 세우고 자신감과 여유가 넘치는 자세를 만들 수도 있다. 또한 팔짱을 끼고 몸을 뒤로 젖혀서 거만하고 방어적인 태도를 보여 줄 수 있다.

③ 입의 움직임

아동이 퍼펫과 대화를 주고받는 것처럼 느끼게 하려면 입의 움직임이 자연스러워야 한다. 힘을 너무 주게 되면 입이 움직이는 것이 아니라 퍼펫의 머리가 움직이거나 얼굴 전체가 흔들리는 일이 발생하기도 하는데, 퍼펫의 머리가 지나치게 흔들리면 아동이 퍼펫을 편안하게 보기 어렵다. 치료실에 오는 아동들의 경우 집중력에 취약할 수 있어서 퍼펫의 지나친 움직임은 상호작용의 몰입을 방해하는 요소가 되기도 한다. 이러한 이유로 입을 움직일 때는 퍼펫의 턱을 안정적으로 움직이며 엄지손가락을 아래로 내리면서 말을 하는 것이 좋고, 대화의 속도에 맞춰서 엄지손가락을 움직이는 것이 좋다.

④ 감정에 따른 목소리 톤과 움직임

목소리 톤과 표정은 인간의 감정을 가장 직관적으로 나타내는 비언어적 신호이다. 퍼펫놀이치료에서도 목소리 톤과 감정에 따른 신체 동작을 통해 감정을 인식하고 전달하며 감정의 변화를 알아차릴 수 있다.

표 6-3 감정에 따른 목소리 톤과 움직임

감정	목소리 톤	감정에 따른 움직임
분노	• 높음, 강함, 거침 • 빠름, 갑작스러운 고조 • 날카로움	• 찌푸린 눈썹, 좁아진 눈, 꽉 다문 입 • 주먹 휘두름, 몸 앞으로 기울임 • 손발 안절부절못함
슬픔	• 부드러움, 음역 낮음 • 떨림, 생동감 상실	• 고개 숙임, 눈물 닦기 • 몸에 힘 빠짐 • 퍼펫을 밑으로 늘어뜨림
괴로움	• 긴장됨, 날카로움 • 높음, 단조로움, 유연성 부족	• 화가 나서 팔 흔들기 • 빠르게 뛰기, 흥분한 모습 • 답답한 듯 가슴 치기
두려움	• 높음, 음역 넓음 • 변화 많음, 말 빠름 • 힘 있는 고음	• 순간적 동결, 움찔함 • 뒤로 물러남 • 작게 구부리기, 움츠리기, 숨기
불안	• 음역 높음, 말 빠름 • 더듬거림 • 긴 한숨, 거친 숨결	• 안절부절못함, 떨림 • 손가락, 발 두드리기 • 자주 자리 옮기기 • 손톱 물어뜯기
수치심	• 조용하고 차분함 • 중얼거림, 주저함 • 제한된 음높이 • 느리고 신중한 속도 • 더듬거림, 망설임	• 시선 아래로 내림, 자기 자신 만지기 • 안절부절못함, 신체 작게 구부림 • 얼굴 만지기
흥분	• 넓은 음역, 역동적, 생동적 • 높고 빠르며 열정적	• 활기찬 제스처 • 손과 몸통의 많은 움직임 • 역동적인 동작
의기소침	• 낮은 음높이, 음역, 억양 • 약하고 차분함 • 느린 속도, 무거운 고음	• 낮은 음높이, 음역, 억양 • 약하고 차분함 • 느린 속도, 무거운 고음
즐거움	• 높음, 세기의 변화 많음 • 빠른 속도	• 살랑살랑 가볍게 좌우로 움직임 • 춤추는 듯한 기분 좋은 동작

기쁨, 행복	• 생생하고 활기참 • 높고 다양한 음높이, 음역 • 빠르고 또렷한 속도	• 에너지가 넘치는 것처럼 몸을 흔듦 • 팔을 펼쳐 행복감을 나타냄 • 퍼펫을 크게 세우며, 춤, 점프, 한 바퀴 돌기 등 열정적인 움직임
자신만만함	• 높고 넓은 음역 • 빠르고 명확하며 정확한 말투	• 직립자세, 턱을 세움 • 고개를 들고 어깨를 세움

출처: 강진령(2016), 조윤진(2016), 최광현(2014), 황길남(2006)의 내용을 수정하여 표로 정리함.

(2) 립싱크, 말의 속도, 말의 패턴, 말의 유창성

퍼펫을 다룰 때 흔히 하는 실수 중 하나는 퍼펫과 심리상담사의 말 속도가 일치되지 못하는 경우이다. 퍼펫의 입 모양이 맞지 않거나 지나치게 말이 많으면 아동이 퍼펫에게 집중하지 못하게 된다. 퍼펫의 역할에 따라서 말의 속도를 결정해야 하며 아동이 잘 쓰는 대화 패턴을 모방하는 것도 도움이 된다. 또한 아동의 나이에 맞는 언어를 선택해서 사용해야 하며 말의 속도는 호흡을 적당하게 섞어서 너무 빠르지 않게 한다. 아동과 대화할 때는 아동이 사용하는 말의 속도, 크기, 에너지 수준을 잘 관찰하여 아동과 비슷한 수준을 유지하는 것이 좋다. 아동이 나지막한 목소리로 이야기한다면 퍼펫도 나지막한 목소리로, 아동이 느리게 이야기하면 퍼펫도 느리게 말하는 것이 좋다.

(3) 눈물

눈물은 강한 정서적인 행동이다. 퍼펫이 실제로 눈물을 흘릴 수는 없지만, 몸과 머리의 움직임을 통해 눈물을 흘리는 연기를 할 수 있다. 엄지손가락과 새끼손가락을 이용해 퍼펫의 눈을 닦으면서 소리 없이 눈물을 흘리는 장면을 연출할 수 있고, 어깨를 흐느끼며 대성통곡하는 장면을 보여 줄 수도 있다. 퍼펫의 눈물을 통해 아동은 퍼펫에게 자신도 눈물의 이유를 말해 주거나 위로를 제공하기도 한다.

(4) 침묵

침묵이 이어질 때는 퍼펫도 상담의 기본지침에 맞게 아동의 침묵을 기다려 주어야 한다. 간혹 심리상담사가 퍼펫의 역할을 하며 아동의 말을 가로막거나 너무 빠르게 개입하여 해결 방법을 알려 주는 실수를 범하기도 하는데, 이는 아동이 스스로 생각하고 선택할 기회를 빼앗는 행동이다. 퍼펫도 아동과 같은 행동을 취하며 행동을 모방하는 방법으로 같은 공간에 함께 머무르고 집중하고 있음을 알려 줄 수도 있다.

(5) 퍼펫의 용모와 표정

퍼펫의 크기, 퍼펫이 착용한 액세서리, 문신, 청결, 붕대를 감고 있는 것 등 퍼펫의 용모를 꾸미는 것만으로도 아동이 해결할 수 없었던 욕구가 분출되며 정화가 된다. 표정은 얼굴의 근육을 이용하여 감정을 섬세하게 만들어 낸다. 예를 들어, 슬픈 감정은 처진 입과 눈꺼풀, 주름진 이마로 표현할 수 있으며 즐거움은 웃는 입과 올라간 눈썹, 반짝이는 눈망울로 표현할 수도 있다. 손 퍼펫으로 세심하게 표정을 만들기는 어렵지만, 아동과 심리상담사는 표정 퍼펫을 직접 제작하는 방법을 사용할 수 있다. 〈표 6-4〉는 상담 상황에서 가능한 표정 인형을 제안한 것이다.

표 6-4 감정에 따른 퍼펫의 표정

감정	감정에 따른 움직임
분노	• 눈이 좁아지고 눈썹이 아래로 모임 • 주름 생김 • 턱근육 긴장 • 이를 악물고 입술 다뭄 • 양 볼이 붉어지며 공격적인 표정

슬픔	• 아래로 내려간 입 • 처진 눈꺼풀 • 주름진 이마 • 눈물을 머금거나 흘림
괴로움	• 눈을 가늘게 뜨거나 꽉 감음 • 입술 오므림 • 찡그린 표정 • 붉은 피부 표현
두려움	• 눈이 커지고 눈썹이 올라감 • 입을 약간 벌려 도피하고 싶은 마음 표현
불안	• 눈을 크게 하고 눈썹을 올려 긴장되고 경계한 눈 표현 • 눈썹 사이 주름이나 수직선 추가 • 입을 벌리고 얼굴에 땀을 표현
수치심	• 시선을 낮추거나 곁눈질하는 눈 • 붉은 뺨 • 오므린 입술 • 한숨 쉬는 모습
흥분	• 크고 반짝이는 눈 • 올라간 눈썹 • 미소 짓는 입술
즐거움, 기쁨, 행복	• 웃는 눈 • 약간 벌린 입과 입꼬리가 올라간 미소 • 올라간 눈썹 • 사과 모양의 붉은 뺨
자신만만함	• 편안하고 망설임 없는 표정을 표현하기 위해 눈은 밝고 이마와 눈썹 부위를 편안한 위치 • 미소를 나타내는 입술로 표현
실망	• 축 처진 입 • 주름진 이마 • 시선을 아래로 향한 우울한 눈

출처: 강진령(2016), 조윤진(2016), 최광현(2014), 황길남(2006)의 내용을 수정하여 표로 정리함.

[그림 6-2] 감정 퍼펫의 예시
출처: OpenAI의 DALL-E를 사용하여 생성되었음.

(6) 퍼펫과 아동과의 거리

상호작용에서 사람과의 거리는 친밀감, 공감, 경계를 말한다. 퍼펫과 아동의 관계에서도 거리감은 소통의 중요한 부분이다. 퍼펫과 아동 사이에서 안전한 경계를 만들어 주고 편안한 감정을 느낄 수 있도록 하는 것은 그 공간에 대한 심리상담사의 깊은 이해를 요구한다. 퍼펫이 아동의 등을 토닥이거나 안아 주는 접촉을 통해 아동의 마음을 알아줄 수 있으며, 안정감과 편안함을 제공하여 타인과의 관계에서 신뢰를 배우도록 한다. 반대로, 아동이 부정적으로 생각하는 퍼펫은 일부러 거리를 두며 불안과 공포의 대상을 물리쳐 보는 경험을 할 수도 있다. 아동은 공포의 대상인 퍼펫을 감옥에 가두고 처벌하기도 하며 다시는 나올 수 없는 장소에 묻기도 한다. 이러한 퍼포먼스를 통해 아동이 느끼는 불안은 철수되고 아동을 압도했던 부정적 감정을 안전하게 다룰 수 있게 된다.

2) 퍼펫으로 연습해 보기

(1) 타인의 표정과 움직임을 관찰하기

표정과 움직임을 잘 연기하려면 다른 사람들이 그 감정을 어떻게 사용하는지, 표정이 어떻게 변하는지 눈, 코, 입, 눈썹, 근육의 움직임을 잘 살펴보아야 한다. 타인의 비언어적 의사소통 신호를 관찰하다 보면 감정과 표정을 연결 지을 수 있고 신호를 이해할 수 있을 것이다.

(2) 연기자가 된 것처럼 연기 연습하기

퍼펫을 다룰 때 목소리만 연기하면 된다고 생각하기 쉽지만 그렇지 않다. 치료실에서 아동이 심리상담사를 보는 모습은 심리상담사가 퍼펫을 손에 끼운 모습이다. 인형극을 하는 사람처럼 뒤에 있는 것이 아니라 심리상담사는 전신이 아동에게 노출되는 것이다. 심리상담사는 목소리와 손의 움직임뿐 아니라 전신 연기를 몸에 익히는 것이 좋다. 전신 거울을 보며 한 손에는 퍼펫을 끼우고 퍼펫과 함께 연기하는 것처럼 해 보면 자신의 움직임과 근육이 어떻게 바뀌는지 알 수 있을 것이다.

(3) 퍼펫을 끼우고 목소리 연습하기

퍼펫을 실제 인물처럼 보이게 하려면 퍼펫을 손에 끼우고 목소리를 연습하는 것이 좋다. 심리상담사가 정확한 발음과 호흡법으로 퍼펫을 움직이면 아동의 이목을 집중시킬 수 있으며 아동도 표현력을 모방할 수 있다. 퍼펫도 사람처럼 호흡하면서 말하기 때문에 적당하게 호흡을 넣으며 말하는 연습이 필요하다. 호흡 연습을 할 때는 복식호흡이 도움이 되며 불안하고 이완이 필요한 아동에게는 퍼펫과 함께 호흡법을 하는 시간을 가질 수도 있다.

(4) 퍼펫을 다루는 매체(미디어, 인형극, 공연 등)를 찾아보기

TV, 미디어, 공연 등 매체에서 인형극을 전문적으로 다루는 배우들의 움직임을 관찰하는 것이 도움 된다. 손 인형을 하는 인형극이어도 좋고 손 인형으로 인터뷰를 하는 것도 좋다. 또는 인형극을 관람해 보거나 탈인형을 쓴 사람들을 살펴보면서 움직임을 따라 해 보는 것도 좋다. 배우들이 퍼펫을 조작하는 움직임, 퍼펫의 특징, 퍼펫의 목소리, 연기, 역할에 따른 움직임을 관찰해 보면 퍼펫을 다루는 기술이 향상될 것이다.

(5) 자신을 모니터링하기

스스로 퍼펫놀이를 하는 모습을 카메라나 스마트폰으로 녹화하여 다시 보자. 그것을 보는 일은 힘든 과제가 될 수 있지만 모니터링을 통해 자신의 움직임을 알아차리는 것만큼 좋은 통찰은 없다.

(6) 나만의 퍼펫을 제작해 보기

퍼펫을 잘 다루기 위해서는 다양한 방법으로 퍼펫과 친해지는 것이 필요하다. 이때 도움이 되는 것은 퍼펫의 제작이다. 꼭 거창한 퍼펫일 필요는 없다. 주변의 재료를 이용해 나만의 퍼펫을 만들어 보고 그 퍼펫에 이름을 붙여 주어 나의 이야기를 만들어 보자. 신문지, 양말, 입지 않는 옷, 박스, 종이, 비닐 팩 등 형식에 구애받지 않고 만들 수 있다. 퍼펫을 제작할 때 들었던 감정, 퍼펫을 만들고 나서 느껴지는 성취감, 퍼펫에게 이름을 붙이면서 생명을 주는 기쁨을 심리상담사가 먼저 느껴 본다면 아동과 함께 그 즐거움을 나눌 수 있을 것이다.

3. 퍼펫평가 소개

1) 버클리 퍼펫 인터뷰(BPI)

버클리 퍼펫 인터뷰(Berkeley Puppet Interview: BPI)는 유아(4~8세)를 위한 구조화된 인터뷰로 아동의 자기 및 환경 인식을 평가하기 위해 개발되었다(Measelle &

Ablow, 2017). 평가 시에는 같은 모양의 퍼펫(예: 두 마리의 퍼펫 강아지)을 사용한다. 이때 평가자는 두 마리의 똑같은 퍼펫을 양손에 끼우고 인터뷰를 진행하는데 두 마리의 퍼펫은 아동에게 두 가지의 상반된 진술을 할 수 있다. 예를 들어, 평가자의 오른손의 퍼펫은 "우리 부모님은 자주 싸우셔."라고 진술한다면 왼손의 퍼펫은 "우리 부모님은 안 싸우셔."라고 다른 의견을 진술하는 것이다. 두 마리의 퍼펫의 진술을 들은 아동은 자신의 생각과 같은 진술을 선택할 수 있고, 자신의 이야기를 할 수 있다(김지혜, 선우현, 2023).

BPI에서 아동은 자신만의 독특한 언어적·비언어적 방식으로 대답할 수 있고, 평가에 대한 방어가 줄며, 자연스러운 대화처럼 자신의 이야기를 하게 된다(Measelle & Ablow, 2017). 특히 유아의 경우는 자신의 환경과 관계를 언어로 표현하는 데 제한적이며 개인적인 독특성으로 평가에 한계가 있다. BPI는 유아를 대상으로 하는 평가의 한계점 극복에 도움이 된다(김수경, 신민섭, 손정우, 조수철, 김붕년, 2003).

BPI를 실행할 때, 아동과 라포 형성이 중요하며 퍼펫들이 아동과 이야기하는 것이 즐겁다는 것을 말해 주는 것이 좋다. 인터뷰의 어조는 따뜻하되 중립적이어야 하며, 일정하고 편안한 속도로 질문하도록 한다. 평가자는 아동의 어떠한 반응이든 인정하여 아동의 자의식이 과하게 높아지지 않도록 한다. 아동이 인터뷰를 힘들어할 때는 격려와 긍정적인 피드백으로 인터뷰를 마칠 수 있도록 돕는다. BPI는 평가자의 공식훈련을 통해 임상에서 사용할 수 있다.

2) 가족 퍼펫 인터뷰(FPT)

가족 퍼펫 인터뷰(Family Play Therapy: FPT)는 은유적 이야기로 가족의 상호작용 방식, 문제, 가족 간의 거리 등을 관찰하는 기술이다. FPT는 민감하거나 불편한 논의를 은유적으로 표현하기 때문에 가족 대화를 통한 정보수집이 편리하다.

FPT 실행을 하려면 20~30개 정도의 다양한 퍼펫(상징적인 퍼펫)을 준비해야 한다. 가족 구성원들은 다양한 퍼펫을 선택한다. 퍼펫은 인간, 동물, 캐릭터 무엇이든 좋다. 가족 구성원은 각자 생각, 감정 및 경험을 표현하는 방법으로 퍼펫을 선택하고 상호작용하도록 심리상담사가 안내한다. 이야기는 독창적인 이야기를 만들어 줄 것을 권하고 심리상담사는 일방경 뒤에서 관찰하거나 가족들의 동의가 있다면 녹화하는 것이 좋다(Gil & Sobol, 2005).

가족들은 퍼펫을 통해 이야기할 때 자신의 감정, 생각 및 경험을 표현할 수 있고, 이때 가족의 갈등, 감정 및 가족 역할에 대한 논의가 포함될 수 있다. FPT는 가족 내 갈등을 해결하기 위한 안전지대 역할을 하며, 가족 구성원은 대립하지 않고 상징적인 방식으로 오해나 문제를 해결할 수 있다. 퍼펫을 사용함으로써 가족 구성원은 더 나은 의사소통 기술, 적극적인 경청 및 공감을 연습할 수 있다. 심리상담사는 효과적인 의사소통을 촉진하기 위해 대화를 안내할 수 있다. 또한 퍼펫으로 가족 구성원이 각자의 생각과 감정을 더 편안하게 공유할 수 있는 안전하고 유머 넘치는 공간이 만들어지기도 한다. 판단이나 거절에 대한 두려움을 줄이고 퍼펫의 상징성은 가족의 역할과 관계에 대한 더 깊은 탐색을 가능하게 한다. 퍼펫과 퍼펫극은 가족의 경험과 역동성을 나타내는 은유적이거나 우화적인 이야기를 만드는 데 사용할 수 있으며, 가족들이 가족 내의 상호작용과 역동을 통찰하게 한다. FPT 실행 시 심리상담사는 면밀한 관찰을 바탕으로 가족 내 특정 문제를 해결하기 위한 개입과 지침을 제공하고 가족관계 개선을 위한 전략을 제공할 수 있다.

3) 퍼펫 문장 완성 검사(PSCT)

퍼펫 문장 완성 검사(Puppet Sentence Completion Test: PSCT)는 아동, 청소년, 성인을 대상으로 한 심리평가 도구이다. 이 도구는 다양한 감정과 캐릭터를 나타내는 퍼펫 세트와 내담자가 완료해야 하는 문장 어간으로 구성되어 있으며, 이 검사를 통해 내담자의 생각, 감정 및 경험에 대한 정보를 얻을 수 있다. 먼저 평가자는 다양한 퍼펫을 소개하며, 이때 사용되는 퍼펫은 다양한 특징(예: 공격성, 수줍음)을 나타내며, 내담자가 선택한 퍼펫의 이름, 나이, 성별을 말하며 퍼펫을 소개한다. 평가자는 퍼펫 A가 문장 어간을 제시하고, 퍼펫 B가 응답한다. 그런 다음 참가자가 들고 있는 퍼펫 C가 응답하도록 유도한다. 이 과정에서 평가자가 아동의 퍼펫 사용, 특정한 상징에 대한 퍼펫 선택, 퍼펫과의 상호작용을 관찰한다. PSCT는 아동의 생각과 감정을 안전하고 창의적인 방법으로 표현할 수 있도록 돕는 도구로 이 과정을 통해 아동의 기능과 정서적 문제, 욕구를 이해할 수 있다.

4. 퍼펫놀이치료의 실제적 활용

1) 퍼펫으로 안전지대 만들기

(1) 안전한 물리적 환경과 관계 맺기

편안하고 존중받는 놀이치료실의 환경 조성은 아동의 상상력과 감정을 풍부하게 한다(Gil, 2015). 잘 정돈된 장소는 아동의 몰입을 도우며 일반 놀이치료실이라고 해도(Malinowski & Miron, 2010) 퍼펫을 바구니에 담기보다는 하나의 캐릭터로 보이도록 소중하게 진열하는 것을 추천한다. 치료실 한쪽에는 퍼펫 극장을 할 수 있는 무대나 테이블, 의자의 간격을 띄어 놓고 천을 씌어서 무대를 만들 수 있는 천을 마련해 둔다. 아동이 사용하는 퍼펫 극장은 자신의 이야기를 보여 줄 수 있는 무대이기도 하며 천 안으로 숨어서 자신을 달랠 수 있는 피난처인 장소로 사용될 수 있다.

(2) 안전한 경계 설정과 자유 경험하기

① 퍼펫 소개하기

심리상담사는 아동에게 퍼펫을 정중하게 소개하며 마치 '살아 있는 생명'을 소개하듯이 퍼펫을 안내하며, 퍼펫놀이에 참여할지에 대한 여부를 물을 수 있다. 아동이 퍼펫을 선택하면 심리상담사도 퍼펫을 선택하여 자신을 소개한다. 퍼펫의 이름을 짓고 그 이름을 부르며 아동과 심리상담사는 퍼펫과 정서적으로 연결되어

간다(Schaefer, 2003). 아동의 정서에 맞는 비언어적 행동을 모방하거나 놀이 속도를 맞추어 아동과 정서적 일치를 이루는 것이 중요하다(Gil, 2015). 또한 아동이 퍼펫에 대한 거부감을 가지고 있는 경우에는 퍼펫으로 역할을 부여하거나 지나치게 적극적인 퍼펫 개입을 하는 경우에는 아동을 방어적으로 만들 수도 있기에 아동의 선호도를 존중하는 것이 좋다(Schaefer, 2003). 이런 경우에는 퍼펫에 노출하는 것에 초점을 두고 퍼펫을 사용한 놀이를 하거나 퍼펫을 제작하는 것이 도움이 될 수 있다.

② 한계 설정하기

퍼펫놀이치료의 장점은 정서 표현이 잘 드러나며 내면을 안전하게 표현할 수 있다는 것이다. 그러나 아동이 사회적 규칙을 어기거나 물리적 경계를 침범할 때는 적절한 한계를 설정해야 한다. 퍼펫을 함부로 다룰 수 없으며 퍼펫도 한 인격체처럼 다뤄 주어야 한다는 것을 분명히 해야 아동은 명확한 경계를 배우고 건강한 상호작용을 익힐 수 있다(Malinowski & Miron, 2010). 또한 아동이 정서를 표현하는 과정에서 아동의 이야기를 경청하고 감정을 반영할 수 있다. 예를 들어, "나도 슬퍼." "나라면 화났을 것 같아." 등의 반영을 통해 수용의 경험을 제공한다(Gil, 2015). 이러한 정서적 공유를 통해 아동은 자신의 부정적 감정이 치료실에서 안전하게 담아지는 경험을 하게 된다.

③ 안전한 자유 경험하기

아동은 놀이치료 과정에서 자신의 문제를 드러낼 때 죄책감, 수치심과 같은 부정적 감정으로 소극적이고 지나치게 의식적인 놀이를 하기도 한다. 심리상담사는 아동에게 "나는 너를 판단하는 사람이 아니야. 너는 무엇이든지 표현할 수 있어." 라고 이야기하므로 아동의 불안을 다루고 표현에 대한 허용적 메시지를 전달할 수 있다(Linn, 1982). 퍼펫은 감정이입을 빠르게 촉진하는 도구로 자유로운 표현을 통해 정서적 해소를 경험할 수 있다(Schaefer, 2003). 그러나 주의해야 할 점은 퍼펫으로 무엇인가 결과를 내야 한다는 압력이 생길 때 아동은 스스로를 통제하게 되어 표현의 자유를 제한하게 된다(Gil, 2015). 심리상담사는 아동이 자연스러운 분위기에서 자발적 선택을 통해 퍼펫놀이를 할 수 있도록 긍정적 반영과 격려를 제공해야 한다.

(3) 안전한 마무리

아동이 동의하는 경우 퍼펫놀이를 했을 때의 느낌이나 생각을 간략하게 공유할 수 있다. 언어로 이야기하기, 글로 써 보기 등의 활동은 치료실 안에서의 판타지에서 현실 세계로의 전환에 도움이 된다.

2) 퍼펫놀이치료의 상황별 접근법

(1) 퍼펫을 거부하는 아동

퍼펫놀이를 거부하는 아동은 자발적으로 참여할 때까지 기다리는 것이 필요하며 아동에게 '퍼펫을 선택해야 할 것' 같은 압력을 느끼게 하는 것은 좋지 않다. 아동이 퍼펫을 거부한다면 그 이유를 물어보고 아동의 욕구를 존중해 주어야 한다. 퍼펫을 거부하는 이유가 감각의 민감성 때문인지, 특정 재료에 대한 불편감 때문인지, 퍼펫이라는 매개체에 대한 흥미가 없는 것인지 등의 세밀한 이유를 탐색할 필요가 있다. 아동에게 퍼펫이 치료적으로 필요한 경우라면 아동이 퍼펫을 거부하는 감정, 걱정하는 부분 등을 놀이에서 다루도록 한다. 점진적인 접근이 중요하며 심리상담사의 민감한 태도가 필요하다. 또한 아동의 비언어적인 신호에 주목해야 하며 비언어적 신호를 언어로 반영해 주는 것도 도움이 된다. "너는 인형의 촉감을 생각하면 눈살이 찌푸려지는구나. 그 느낌이 불편하다고 느껴지네."와 같은 반영을 통해 심리상담사가 아동의 두려움을 공감한다는 것을 전달해야 한다.

아동이 점차 퍼펫에 거부감이 줄어들 때 심리상담사는 짧은 모델링을 통해 퍼펫과 소통하는 모습을 보여 줄 수 있다. 이때 심리상담사는 "잘 보고 있구나." "끝까지 참여하는구나." 등의 피드백을 통해 아동이 심리상담사의 모델링을 보는 것만으로도 수고하였음을 전달하는 반영을 해 줄 수 있다.

(2) 퍼펫의 역할에 지나치게 몰입되어 있는 아동

퍼펫놀이를 할 때 아동이 퍼펫의 역할에 몰입하는 것은 매우 자연스럽고 긍정적인 반응이다. 다만, 지나친 몰입으로 인해 아동의 고통스러움이 조절되지 못하거나 역할에만 몰두하여 퍼펫을 방어적으로 사용한다면 심리상담사는 신중할 필요가 있다. 이런 경우 심리상담사도 퍼펫의 역할에서 잠시 나와서 심리상담사로서 아동에게 직접 질문하거나 반영할 수 있으며 캐릭터의 역할과 경험에 대한 기분과 감정을 표현할 수 있고 목소리 톤의 변화를 주어 속삭이듯이 이야기할 수도 있다. 이때 부드럽고 자연스러운 역할전환을 하여 흐름이 갑작스럽게 끊기지 않도록 주의해야 한다. 고통스러운 몰입으로 인해 아동의 괴로움이 너무 클 때는 역할에서 잠시 쉬도록 하여 호흡법을 적용하거나 함께 숫자 세기 등을 통해 괴로움에 압도된 감정을 조절하고 긴장을 완화하도록 한다. 때로는 잠깐 역할을 바꾸는 것이 도움이 되기도 한다. 아동이 심리상담사의 역할을 할 수도 있으며 심리상담사는 아동이 했던 모습을 재연해 보임으로써 아동 스스로 자기 행동을 통찰할 수 있도록 한다.

(3) 퍼펫을 거부하지 않으나 바라만 보는 아동

퍼펫놀이에서 참여가 적극적이지 못한 아동과 놀이할 때는 공간이 안전한지, 심리상담사를 편안하게 느끼고 있는지를 점검한다. 불안, 수줍음, 민감성, 두려움이 높은 아동의 경우는 퍼펫에 대한 충분한 탐색 시간은 필수이다. 아동이 눈으로 탐색하는 시간 동안 심리상담사는 아동이 편안함을 느낄 수 있도록 눈으로 퍼펫을 보는 과정이 자연스러운 반응임을 안내해 준다. 또한 아동이 편안하게 접근할 수 있는 퍼펫이 무엇인지, 좋아하는 유형의 퍼펫이 있는지를 이야기해 볼 수 있다. 때로는 심리상담사가 퍼펫을 이용한 유머를 통해 아동의 심리적 장벽을 낮출 수도 있다. 유머러스한 행동을 과장되게 하거나 인사를 하려다가 퍼펫이 넘어지거나, 재미있는 방법으로 인사를 하는 것은 아이의 긴장된 정서를 부드럽게 만들 수 있다.

(4) 퍼펫놀이 시 심리상담사를 공격하는 아동

퍼펫놀이를 하다 보면 아동의 감정이 과잉되어 공격성을 표출하기도 하는데, 언어적 · 신체적으로 심리상담사에게 직접적인 공격을 할 때는 제한 설정이 중요하다. 심리상담사와 아동 모두에게 해를 끼지 않고 안전한 방식으로 공격성을 표현할 수 있도록 대안을 제시해야 한다. "화가 많이 났구나. 그러나 선생님을 직접 공격할 수는 없어. 퍼펫을 공격할 수는 있단다."라고 감정을 반영한 뒤 안전한 구조화를 해야 한다. 어떠한 상황에서라도 사람을 해치는 공격성은 수용될 수 없다는 것을 기억하며 아동이 심리상담사에게 공격을 가하는 촉발요인과 패턴을 면밀하게 관찰해야 한다. "퍼펫이 왜 화가 났을까?" "퍼펫이 이렇게 화난 행동을 표현하게 만드는 것은 무엇인지 궁금해."와 같은 반영으로 아동이 언어로 자신의 마음을 한 번 더 표현할 수 있도록 격려할 수 있다. 대안으로 퍼펫을 만들거나 그림 그리기, 공격성을 발산하는 놀이를 통해 화난 감정을 사회적으로 허용되는 방법으로 표현하도록 격려해야 한다.

(5) 잔인하고 기괴하게 퍼펫을 다루는 아동

사람마다 잔인함을 인식하는 정도는 매우 주관적이기 때문에 단순히 퍼펫을 함부로 다루는 것인지 아동의 말투, 스토리, 감정 등 전반적인 상황에서 잔인하고 기괴한 모습이 관찰되는지를 구분할 필요가 있다. 아동이 잔인하고 기괴한 퍼펫놀이를 하는 모습에 심리상담사는 압도당하지 않고 침착함을 유지해야 하는데, 이는 심리상담사가 당황하는 모습이나 겁먹은 모습을 보이는 것은 아동을 더 자극하거나 죄책감을 느끼게 할 수 있기 때문이다. 아동의 잔인성과 기괴성 이면에 전달하려는 숨은 의도와 아동의 시선이 무엇인지를 이해해야 한다. 아동이 경험한 부정적 사건과 연관된 것인지, 좌절, 두려움 등의 감정과 연결된 것인지, 아동의 기질적 특이성에서 비롯된 것인지를 관찰하고 그 의도에 대해 질문해 볼 수 있다. 이러한 표현을 통해 아동이 느끼는 기분이 어떤지, 어떠한 메시지를 전달하고 싶은지를 고민해야 한다. 심리상담사는 아동의 이러한 표현을 더 안전하고 건강한 방식으로 표현할 수 있도록 모델링해 주어야 한다. 중요한 점은, 아동이 심리상담사가 불편할 정도의 잔인성과 기괴성을 가지고 놀이한다면 반드시 슈퍼바이저의 슈퍼비전을 통해 아동을 이해할 수 있는 지침을 받는 것이 좋다는 점이다.

(6) 자신만 퍼펫을 가지고 심리상담사에게 퍼펫을 주지 않는 아동

퍼펫놀이에서 심리상담사와 아동이 모두 퍼펫을 사용해야 할 의무는 없다. 아동이 혼자만 퍼펫을 하고 싶어 한다면 심리상담사는 그것을 지켜봐 주고 격려하는 심리상담사 역할을 하거나 아동이 부여하는 역할을 해도 괜찮다. 오히려 심리상담사 스스로가 인형극에 자신을 끼워 주지 않는 것을 불안해하는 역동이 치료의 흐름을 방해할 수도 있다. 퍼펫은 심리상담사의 개인적인 초점이 아니라 아동의 표현을 편안하게 만드는 매체로 활용되어야 하기 때문이다. 심리상담사는 퍼펫놀이를 하고 역할에 몰입해 있는 아동을 적극적으로 경청하고 긍정적으로 반영하며 편안한 환경을 제공하면 된다.

5. 퍼펫에서 나를 만나다

1) 나의 첫 퍼펫

퍼펫은 애니메이션에 단골로 등장하는 친근한 존재이다. 영화 〈토이스토리〉도 주인공 퍼펫인 '앤디'가 카우보이 퍼펫 '우디'와 함께 성장해 나간다. 영화에 등장하는 인형들은 우디의 진두지휘를 따르고 우디가 소년에서 어른이 될 때까지 그의 곁을 지킨다. 소년이 어른이 되어 현실을 마주할 수 있을 힘을 기르는 과정을 함께하며 아동의 판타지를 구축한다.

나의 개인적인 경험을 나눠 보자면 나에게도 카우보이 인형 우디와 같은 존재가 있었다. 나의 첫 퍼펫은 아주 커다란 곰 인형이었다. 그 이미지는 매우 강렬하고 부드러웠으며 나의 몸만 한 커다란 곰 인형은 우리 집 한쪽 구석에 자리를 차지하고 있었다. 곰 인형을 떠올리면 부드러운 촉감, 무거운 든든함, 안전함이 생각난다. 나는 아직도 그 곰 인형의 촉감을 생생하게 기억해 낼 수 있다. 곰 인형은 내가 외로울 때, 심심할 때, 신날 때 내 몸을 있는 그대로 받아 주었던 든든한 지지자 같은 존재였다. 아마 3남매의 맏이이며, 바쁜 부모님과 두 동생에게 관심을 빼앗긴 첫째의 서러움을 나의 곰 인형이 위로해 주었으리라. 이 곰 인형에게 나의 비밀을 속삭이기도 했고, 위로가 필요할 때는 두 팔 가득 곰 인형을 안고 있기도 했으며 부모님의 몸 삼아 기대 있기도 했었다. 어린 시절을 떠올리면 나의 곰 인형은 많은 것을 준 나의 위로자이자 지지자였으며 친구였다. 비단 나뿐만 아니라 대부분은 첫 퍼펫의 기억이 있을 것이다. 어린 시절의 퍼펫의 느낌이 생생한 것은 감각의 경험 때문이다. 아이들도 마찬가지이다. 상담실에서 만나는 퍼펫이 인생의 첫 퍼펫이 될 수도 있고 인생에서 제일 중요한 퍼펫일 수도 있다. 퍼펫에게 이름을 붙이고 퍼펫과 함께 성장하는 아이를 상상해 보라. 치유의 과정에서 심리상담사는 퍼펫과 아이 사이의 가교이며 함께해 주는 존재이다.

2) 심리상담사의 자기 돌봄과 퍼펫

선택적 함묵증을 다룬 이야기인 Parinoush Saniee의 『목소리를 삼킨 아이(I Hid My Voice)』(2004)라는 소설에서 주인공 '사허브'가 등장한다. 사허브는 다섯 살이 되었는데 말을 하지 못하며 주변 사람들은 이런 사허브를 놀리고 무시한다. 사허브의 침묵에는 가족과의 관계에 대한 어려움 있다. 소설 초반에 이런 사허브가 자기를 드러내는 장면이 있다. 바로 '아시'와 '바비'라는 상상 속의 인물이다. 사허브는 '분노를 표현할 수 있는 아시'와 '위로해 주는 바비'에게만 자신의 일상과 감정을 이야기하며 힘겨운 시간을 견뎌 낸다. 이 소설을 읽으며 '심리상담사에게도 때로는 아시와 바비 같은 퍼펫이 필요하지 않을까?'라는 생각을 해 보게 된다. 심리상담사라는 직업은 무거운 비밀을 안고 있으며 타인의 고통을 함께 경험하는 간접 트라우마를 경험하는 사람들이다. 심리 손상 경험을 적절하게 소화하지 못하면 심리상담사로서 소진이 올 수 있으며, 직업 수명이 단축될 수 있다. 심리상담사의 소진을 예방하기 위해서 해소 통로로 퍼펫을 제안한다.

퍼펫 작업은 얽혔던 마음의 휴식을 주기도 하며 다양한 감각적 작업을 통해 성취감을 느낄 수 있게 한다. 또한 스스로 인지하지 못했던 생각과 감정들을 표현할 수 있으며 안전한 카타르시스를 경험해 스트레스 해소와 휴식을 제공한다. 그 활동으로는 앞서 제시하였던 애착 인형 만들기, 귀요미 인형 만들기, 주변 재료를 사용하여 위로 퍼펫 만들기 등을 통해 자신의 현재 상태를 알 수 있고 스스로를 정화하는 작업이 될 수 있다. 이 돌봄 작업은 스스로 자기반성과 개인적 통찰을 할 수 있게 하며, 이를 토대로 아동과 놀이에서 아동을 이해하고 공감적 반영을 하는 것에 긍정적인 영향을 미친다.

정리 해 봅시다

- 이 장에서는 퍼펫놀이치료에 대해 알아봤다. 퍼펫놀이치료는 '퍼펫'을 매개체로 아동의 감정, 정서, 생각을 표현하고 해소하는 놀이치료기법이다. 퍼펫놀이치료는 다양한 퍼펫을 사용하여 아동의 언어적 · 비언어적 의사소통을 촉진하고, 아동이 감정을 자유롭게 표현할 수 있는 안전한 환경을 제공한다. 아동과 심리상담사는 퍼펫을 통해 이야기를 나누며 내면의 마음을 드러내게 된다.
- 평가 도구로는 버클리 퍼펫 인터뷰(BPI), 가족 퍼펫 인터뷰(FPI), 퍼펫 문장 완성 검사(PSCT) 등이 있다. 이를 통해 아동의 자기 인식, 가족 역동, 감정 상태 등을 평가할 수 있다. 퍼펫놀이치료는 감각통합, 사회적 기술 향상, 문제 해결력 증진, 정서 조절 및 표현을 돕는 데 효과적이다.
- 심리상담사는 아동의 상태에 따라 적절한 퍼펫을 선택하고, 아동의 반응에 민감하게 대응해야 한다. 퍼펫을 통해 아동과 신뢰 관계를 형성하고, 아동이 자신을 자유롭게 표현할 수 있도록 격려와 지지를 제공하는 것이 중요하다. 심리상담사도 퍼펫을 활용하여 자기 돌봄을 실천할 수 있으며, 이를 통해 자신의 정서를 건강하게 관리하고 직업적 소진을 예방할 수 있다. 퍼펫놀이치료는 아동뿐만 아니라 치료사에게도 치유와 성장의 도구가 될 수 있음을 살펴봤다.

활동 해 봅시다

- 퍼펫 이야기 완성하기

준비물	• 퍼펫(손 인형, 손가락 인형 등) • 필요시 사용할 소품(작은 장난감, 배경 그림 등)

진행

단계	내용
① 퍼펫 소개	• 퍼펫을 손에 끼고 간단한 인사하기 예 "안녕! 나는 나나야. 너랑 재미있는 이야기를 만들고 싶어!"
② 이야기 시작	• 간단하고 흥미로운 이야기의 첫 부분을 시작하기 예 "나나는 소풍을 갔어요. 그런데 갑자기 숲에서 이상한 소리가 들렸어요."
③ 이야기 이어 가기	• 아동이 이야기를 이어 갈 수 있도록 반영하고 촉진하기 예 "그다음에 무슨 일이 일어났을까?" "나나는 어떻게 했을까?" 예 "이상한 소리는 어떤 소리였을까?" "숲에서 누가 나타났을까?"
④ 이야기 완성	• 아동과 심리상담사가 이야기 마무리하기 예 "나나는 마녀와 모험을 끝내고 따뜻한 집으로 돌아왔어요."
⑤ 이야기 속 감정 나누기	• 이야기에서 아동이 느꼈던 감정 탐색하기 예 "나나가 용기를 내서 숲으로 갔을 때 어떤 기분이었을까?" 예 "친절한 마녀를 만났을 때 나나는 어떤 생각을 했을까?"
⑥ 마무리	• 이야기를 완성한 후 아동과 함께 이야기를 돌아보고 나누기 예 "오늘 나나는 정말 용감하고 똑똑했어. 너도 그런 용기를 가진 것 같아!" • 긍정적인 반영과 함께 다음 회기에 대한 기대감 갖게 하기

참고문헌

강진령(2016). 상담연습: 치료적 의사소통 기술. 학지사.

김경미(1997). 인형극, 놀이를 통한 유아 사회교육. 학지사.

김경민(2011). 손인형을 이용한 사회적 상황이야기 중재가 아스퍼거 장애 청소년의 사회적 기술과 마음이론에 미치는 영향. 특수아동교육연구, 13(4), 311-330.

김광웅, 류인미(1996). 아동의 대인문제해결 사고의 발달에 관한 연구. 사회교육과학연구, 1(1), 1-23.

김성화(2020). 유아 문제행동에 대한 유아교사들의 인식. 특수교육재활과학연구, 59(1), 133-155.

김수경, 신민섭, 손정우, 조수철, 김붕년(2003). Berkeley Puppet Interview의 표준화를 위한 예비 연구: 증상 척도와 부모-자녀 관계척도: 증상 척도와 부모-자녀 관계척도. 소아청소년정신의학, 14(1), 103-111.

김애옥(1998). 인형극의 이론과 실제. 양서원.

김영옥, 이은화(2014). 유아사회교육. 양서원.

김용숙(1996). 인형극 활동과 그림동화 활동이 유아의 친사회적 행동에 미치는 효과 비교. 전남대학교 교육대학원 석사학위논문.

김은희, 이영(1991). 학령 전 아동의 대인 간 문제해결 능력에 관한 연구. 아동학회지, 12(1), 52-67.

김지혜, 선우현(2023). Berkeley 퍼펫 인터뷰에 나타난 학교 부적응 아동의 자기 인식 연구. 인형치료연구, 9(1), 1-22.

김현경(1993). 인형극을 통한 문제해결 상호작용이 대인문제해결 사고에 미치는 효과. 아동학회지, 14(2), 49-63.

박향숙(2002). 손 인형을 이용한 사회적 기술 훈련 프로그램이 장애유아의 사회적 행동과 문제행동에 미치는 영향. 공주대학교 특수교육대학원 석사학위논문.

배주현(2007). 유아의 성별 및 인형극 활동이 돕기와 나누기에 미치는 영향. 계명대학교 유아교육대학원 석사학위논문.

송승진(2011). 전래동화의 도덕적 갈등상황에 대한 토의활동이 유아의 도덕적 판단력 및 행동에 미치는 영향. 한국유아교육연구, 13(1), 79-103.

신관홍(1997). 새롭게 엮은 인형극의 이론과 실제. 에반에셀.

윤수인(2010). 갈등 상황에 대한 토의 활동이 유아의 조망수용능력 및 도덕적 판단력에 미치는 영향. 전남대학교 대학원 석사학위논문.

이금숙, 김현, 홍혜경(2008). 인형극 활동이 유아의 언어표현력과 창의성에 미치는 영향. **어린이미디어연구**, 7(1), 133-153.

이보라미(2011). 인형극의 연극적 가치와 활용에 관한 연구. 국민대학교 종합예술대학원 석사학위논문.

이수민, 노남숙(2017). 인형을 활용한 집단놀이치료 프로그램이 사회성과 자기상에 미치는 영향-지역아동센터 중학생을 중심으로. **청소년시설환경**, 15(2), 5-18.

이숙재, 이봉선, 김종선, 이방실(2006). **연극놀이를 통한 유아 경제 교육**. 창지사.

이승희(2021). 인형극을 활용한 토의 활동이 유아의 문제행동에 미치는 영향. 서울교육대학교 대학원 석사학위논문.

이은진, 선우현(2024). 퍼펫을 활용한 가족 놀이치료 단일 사례연구: 이혼 가정을 대상으로. **한국기독교상담학회지**, 35(3), 155-189.

조윤진(2016). 인형극의 연기법 연구: 손 인형의 연기를 중심으로. 성균관대학교 대학원 석사학위논문.

최광현(2014). **가족세우기 치료: 트라우마에 대한 통찰과 해결**. 학지사.

황길남(2006). 게임캐릭터애니메이션 동작연기연구. **한국콘텐츠학회논문지**, 6(9), 116-123.

Ayres, A. J. (2005). *Sensory integration and the child: Understanding hidden sensory challenges*. Western Psychological Services.

Bransford, J. D., & Donovan, M. S. (Eds.). (2005). *How students learn: History, mathematics, and science in the classroom*. National Academies Press.

Carter, R. B., & Mason, P. S. (1998). The selection and use of puppets in counseling. *Professional School Counseling, 1*(5), 50-53.

Drewes, A. A., & Schaefer, C. E. (Eds.). (2017). *Puppet play therapy: A practical guidebook*. Routledge.

Gil, E. (2015). *Play in family therapy* (2nd ed.). The Guilford Press.

Gil, E., & Sobol, B. (2005). Engaging families in therapeutic play. In C. E. Bailey (Ed.), *Children in therapy: Using the family as a resource* (pp. 341-382). W. W. Norton & Company.

Halimah, L., Arifin, R., Yuliariatiningsih, M. S., Abdillah, F., & Sutini, A. (2020).

Storytelling through 'Wayang Golek' puppet show: Practical ways in incorporating character education in early childhood. *Cogent Education, 7*(1), 1-12. https://doi.org/10.1080/2331186X.2020.1785184

Korošec, H., & Zorec, M. (2020). The impact of creative drama activities on aggressive behavior of preschool children. *Research in Education, 108*(1), 62-79. https://doi.org/10.1177/0034523720920008

Kröger, T., & Nupponen, A. (2019). Puppet as a pedagogical tool: A literature review. *International Electronic Journal of Elementary Education, 11*(4), 393-401. https://doi.org/10.26822/iejee.2019450796

Lake, G., & Evangelou, M. (2019). Let's talk! An interactive intervention to support children's language development. *European Early Childhood Education Research Journal, 27*(2), 221-240. https://doi.org/10.1080/1350293X.2019.1579540

Linn, S. (1982). Techniques for puppet therapy. *Association for Play Therapy Newsletter, 1*(3), 1-2.

Malinowski, A. J., & Miron, D. (2010). Creating therapeutic spaces: How to optimize play therapy settings for children. *Journal of Child and Adolescent Counseling, 6*(2), 123-135. https://doi.org/10.1080/01926187.2010.10212345

Measelle, J., & Ablow, J. C. (2017). The Berkeley Puppet Interview for child assessment. In C. E. Schaefer & D. M. Cangelosi (Eds.), *Puppet play therapy: A practical guidebook* (pp. 29-47). Routledge.

Petty, W. T., & Jensen, K. M. (1980). *Developing children's language*. Allyn & Bacon.

Rubin, K. H., & Krasnor, L. R. (1986). Social-cognitive and social behavioral perspectives on problem solving. In W. Damon (Ed.), *Minnesota symposia on child psychology* (Vol. 18, pp. 1-62). Erlbaum.

Schaaf, R. C., & Mailloux, Z. (2015). Sensory integration: Applying clinical reasoning to practice with diverse populations. In A. C. Bundy, S. J. Lane, & E. A. Murray (Eds.), *Sensory integration: Theory and practice* (3rd ed., pp. 319-340). F. A. Davis.

Schaefer, C. E. (2003). *Foundations of play therapy*. John Wiley & Sons.

Smith, A., & Charles, A. (1979). Puppetry and problem-solving skills. *Young Children, 34*(3), 4-11.

찾아보기

인명

내용

ㄴ

ㅈ

저자 소개

노남숙(Roh Nam Sook)

명지대학교 일반대학원 아동학과 아동가족심리치료전공 박사 졸업

AEDP Level 3 Therapist

놀이-가족심리상담 수련감독전문가

인형심리상담 수련감독전문가

예술상담 수련감독전문가

건강심리전문가

현 명지대학교 통합치료대학원 아동심리치료학과 교수

명지대학교 심리재활학과 박사과정 주임교수

한국인형치료학회 회장

한국통합치료학회 회장

음혜영(Eum Hye Young)

명지대학교 일반대학원 심리재활학 박사 수료

임상심리사 1급

청소년 상담사 1급

PCIT 국제 공인치료사

IDP 치료사

현 이음아이 심리발달센터 센터장

이형선(Lee Hyoung Son)

명지대학교 일반대학원 심리재활학 박사 수료

트라우마 가족심리상담사 슈퍼바이저

인형심리상담사 1급

임상심리사 2급

국제히말라야요가명상협회연합(AHYMSIN) 요가강사

현 오즈심리상담센터 센터장

손유라(Son You Ra)

명지대학교 일반대학원 심리재활학 박사 수료

놀이상담심리사 1급

가족상담사 1급

임상심리사 2급

PCIT 국제 공인치료사

현 마음숲언어심리연구소 센터장

박희연(Park Hee Yeon)

명지대학교 일반대학원 심리재활학 박사 수료

인형심리상담사 1급

임상심리사 1급

청소년 상담사 2급

트라우마 가족심리상담사

놀이상담심리사

PCIT 국제 공인치료사

IDP 치료사

현 선우가족놀이치료센터 심리상담사

김미미(Kim Mi Mi)

명지대학교 일반대학원 심리재활학 박사 수료

놀이상담심리사 1급

가족상담사 1급

PCIT 국제 공인치료사

IDP 치료사

현 일산하하가족상담센터 센터장

심리상담사를 위한 비언어적 의사소통 기술

Nonverbal Communication Skills for Psychotherapists

2025년 9월 10일 1판 1쇄 인쇄
2025년 9월 20일 1판 1쇄 발행

지은이 • 노남숙 · 음혜영 · 이형선 · 손유라 · 박희연 · 김미미

펴낸이 • 김진환
펴낸곳 • ㈜학지사
04031 서울특별시 마포구 양화로 15길 20 마인드월드빌딩
대표전화 • 02-330-5114 팩스 • 02-324-2345
등록번호 • 제313-2006-000265호

홈페이지 • http://www.hakjisa.co.kr
인스타그램 • https://www.instagram.com/hakjisabook

ISBN 978-89-997-3529-5 93180

정가 25,000원